Alamannia 150 plus

Festschrift zum 150. Stiftungsfest der K.St.V. Alamannia zu Tübingen

FSC
www.fsc.org
MIX
Papier aus verantwortungsvollen Quellen
Paper from responsible sources
FSC® C105338

Jost Reischmann (Hg.)

Alamannia 150 plus

Festschrift zum 150. Stiftungsfest der K.St.V. Alamannia zu Tübingen

Bibliografische Information der Deutschen Nationalbibliothek: Die Deutsche Nationalbibliothek verzeichnet diese Publikation in der Deutschen Nationalbibliografie; detaillierte bibliografische Daten sind im Internet über dnb.dnb.de abrufbar.

Herstellung und Verlag:
BoD – Books on Demand, Norderstedt

ISBN: 978-3-7562-0921-7

Inhalt

Zum Geleit

150 Jahre K.St.V. Alamannia – ein Jubiläum, das uns Alamannen mit Freude und Stolz erfüllt. In dieser Zeit ist in der Welt, in Deutschland, in Tübingen viel geschehen. Dabei gab es auch Phasen, in denen aufgrund der politischen Gegebenheiten die Existenz Alamanniae wie der korporierten Studentenschaft insgesamt in Frage stand. Aber wir haben diese Zeitläufte überstanden und sind nach wie vor eine lebendige Verbindung. Wie heißt es doch in unserer Farbenstrophe: „Fest wie unsre Burg wir stehen…“.

Glücklicherweise gab es immer wieder junge Männer, die über den Horizont ihres Studienfaches hinausschauten und für sich die Entscheidung trafen, Alamannia beizutreten. Viele waren und sind im Beruf erfolgreich geworden, manche gelangten bis in die höchsten Ämter unseres Staates. Die meisten dieser Alten Herren stellten rückblickend fest, wie entscheidend sie in ihrer aktiven Zeit geprägt wurden, wie wichtig das bundesbrüderliche Zusammenwirken innerhalb der Aktivitas und im Austausch mit den Alten Herren für die menschliche und berufliche Entwicklung war.

Und auch heute noch gibt es diese jungen Studenten, die Mitglied unserer Verbindung werden. Alamannia zeichnet sich seit Jahrzehnten nicht zuletzt durch interessante, abwechslungsreiche, von großer Themenvielfalt geprägte Semesterprogramme aus. Grundlage dieser Qualität ist das große Engagement, das die jungen Bundesbrüder für ihre Alamannia an den Tag legen. Dafür sind wir Alten Herren dankbar.

Ich wünsche mir, dass der Geist und die Haltung, aus denen Alamannia und viele andere Korporationen leben, in der Gesellschaft besser erkannt und anerkannt werden. Das würde es erleichtern, auch künftig junge Menschen für das Korporationswesen und für Alamannia zu interessieren und zu begeistern, damit Füxe und Aktive die Alamannenburg weiterhin mit Leben erfüllen.

Dr. Franz Ackermann, Philistersenior

Liebe Aktive und Alte Herren der
Katholischen Studentenverbindung Alamannia,

die Diözese Rottenburg-Stuttgart freut sich mit euch über die Feier eueres 150. Stiftungsfestes. In diesem langen Zeitraum habt ihr als katholische Verbindung Höhen und Tiefen erlebt. Schon die Gründung fiel in eine Zeit des Kulturkampfes, in denen katholische Verbindungen viele Widrigkeiten zu bestehen hatten - in Leipzig konnte die Alamannia nicht gegründet werden, Tübingen wurde der Nutznießer. Der Modernistenstreit zu Beginn des 20. Jahrhunderts verlangte von einer katholischen Verbindung manchen Bekennermut. Und die Auflösung im 3. Reich schien das Ende der katholischen Gemeinschaft zu sein.

In fide firmitas - in Treue fest - habt ihr all diese Widrigkeiten überstanden. 150 Jahre lang bekannten sich eure Mitglieder zum Prinzip „Religio". Dazu gehörten auch vielfältige Beziehungen zur Diözese Rottenburg Stuttgart: Die Alamannia hatte und hat viele Männer der Kirche als Mitglieder und Ehrenmitglieder, so den damaligen Weihbischof und späteren „Bekennerbischof" Johann Baptist Sproll, der zum 50. Stiftungsfest 1922 Ehrenmitglied der Alamannia wurde. Gottesdienste zum Semesteranfang und Semesterende - auf eurer schönen Burg -, Vorträge zu religiösen Themen, und nicht zu vergessen eure Teilnahme an der Fronleichnamsprozession in Rottenburg zeigen eure Verbundenheit zu Kirche und Diözese. Dafür sind wir dankbar

„In fide firmitas": das kann man auch übersetzen mit „Im Glauben fest!". In diesem Sinne möchte ich mich im Namen unserer Diözese Rottenburg Stuttgart den Gratulanten anschließen: Gratulation zu dem, was ihr erreicht habt, und

Gottes reichen Segen für die Zukunft. Ad multos annos!

Dr. Johannes Kreidler
Weihbischof der Diözese Rottenburg-Stuttgart
Ehrenmitglied der K.St.V. Alamannia zu Tübingen

Gratulation, K.St.V. Alamannia!

Als die Alamannia gegründet wurde, hatten studentische Zusammenschlüsse große Bedeutung im akademischen und politischen Leben der Stadt und in der Gesellschaft des jungen deutschen Kaiserreiches. Heute, nach wechselvoller Geschichte, haben Verbindungen, Korporationen, Burschenschaften ihre einstige Bedeutung weitgehend eingebüßt. Sie stehen in der Diskussion, gerade in einer meinungsfreudigen Stadt wie Tübingen. Aber mir scheint, dass das Verhältnis der Bürgerschaft, der Universität und auch der Studentenschaft zu den Verbindungen in den letzten Jahren etwas entspannter geworden ist, dass die Diskussionen – ich nenne nur das Maieinsingen – im Großen und Ganzen an Schärfe verloren haben. Ohnehin plädiere ich für den differenzierenden Blick und einen fairen Dialog: Denn bisweilen wird im pauschalen Urteil übersehen, dass akademische Gemeinschaften wie die Ihre heute eine gute Rolle spielen können. In unserer Zeit mit all ihren Umbrüchen und Konflikten – Klimakrise, Corona-Pandemie, ganz aktuell der Krieg in der Ukraine –, scheint es mir lohnenswert zu sehen, wie aus dem Geist akademischer Tradition und christlicher Wertorientierung heraus eine generationenübergreifende, lebenslange Gemeinschaft gepflegt wird, in der man das Gespräch und den fachliche Austausch sucht, wo man neugierig ist auf die Welt und versucht, sie mit den Mitteln der Wissenschaft, über Fakultätsgrenzen hinweg, zu verstehen und zu verbessern.

Für die jungen und nicht mehr ganz so jungen Mitglieder Ihres Bundes – warum, diese Frage sei mir dann doch erlaubt, eigentlich nur Männer? –, ist in diesen Tagen freilich anderes entscheidend: die Freude an gemeinschaftlich verbrachten Studentenjahren auf der Alamannenburg. Dieses gesellige Miteinander wird sicher im Mittelpunkt Ihrer Feierlichkeiten stehen. Ich begrüße daher alle Alamannen und ihre Gäste herzlich in Tübingen. Mögen Sie schöne Stunden verbringen und Ihre Erinnerungen mit denen teilen, die gegenwärtig ihr Studium in Tübingen verbringen und die Traditionen der Alamannia fortsetzen und hoffentlich auch weiterentwickeln.

Ich gratuliere herzlich zum 150. Geburtstag und wünsche ein fröhliches Stiftungsfest!

Boris Palmer
Oberbürgermeister der Universitätsstadt Tübingen

Liebe Kartellbrüder, verehrte Gäste,

mit der Katholischen Studentenverbindung Alamannia feiert einer der ältesten Vereine unseres KV sein 150jähriges Jubiläum, zu dem ich die herzlichsten Glückwünsche des KV-Rats, in besonderer Weise der gesamten Altherrenschaft des KV übermitteln darf.

Die Wurzeln der Alamannia reichen bis in den Januar 1864 zurück; die Wiedergründung des Lesevereins am 31. Januar 1871 bedeutete die Transformation in einen klar strukturierten Studentenverein, der sich den Namen Alamannia gab. Rasch erfolgte der Antrag auf Mitgliedschaft im KV, dessen Annahme am 9. Dezember 1871 offiziell mitgeteilt und im Februar 1872 feierlich vollzogen wurde.

Auch heute – 150 Jahre später - gelten die gleichen Grundprinzipien wie damals: sich dauerhaft für ein Ideal zu begeistern, sich nicht durch vorübergehende Schwierigkeiten entmutigen zu lassen, allen Widrigkeiten und Anfeindungen zum Trotz den eigenen Prinzipien treu zu bleiben, auf der Basis gemeinsamer Prinzipien Kontakte und Freundschaften zu ähnlich gesinnten Studenten zu pflegen und nicht, nur sich selbst zu genügen.

Alamannia verkörpert Grundsätze, mit denen Ihr Euren Wahlspruch „In fide firmitas“ mit Leben erfüllt. Engagiertes Einbringen in Kirche, Staat und Gesellschaft verkörpern herausragende Persönlichkeiten wie Dr. Gebhard Müller, Dr. Kurt-Georg Kiesinger oder Dr. Heiner Geißler. Aufgaben im KV hat sich Alamannia immer wieder gestellt, z.B. fünfmal als Vorort (1890/91, 1909/10, 1933-35, in neuerer Zeit 1956/57 mit VOP Dr. Gebhard Ziller und zuletzt 1984/85 mit VOP Dr. Rupert Felder) oder auch im Vorstand des Altherrenbunds und KV-Rat (Sylvester Held 2007 bzw. 2009 bis 2013).

Der Alamannia wünsche ich darum ein wunderbares gemeinschaftsstärkendes Jubelfest und noch viele weitere Jahre mit dem begeisternden Schwung, der sie seit ihrer Gründung auszeichnet und so schließe ich mit einem herzlichen

„Ad multos felices annos KStV Alamannia et KV“

Dr. Markus Wittenberg (Mk, Li, AR, Smn E Wk)
Vorsitzender des Vorstands des Altherrenbunds des KV,
Mitglied des KV-Rats

Verehrte Damen, sehr geehrte Herren, liebe Farbenbrüder,

Ob 1871, welch wichtiges Jahr für Deutschland, oder doch 1864, vielleicht 1872. Egal, wie man es anschauen will, mein Glückwunsch zu diesem hohen Fest ist deshalb in keiner Weise geteilt. Und diesen Glückwunsch vermittle ich gleichzeitig von allen Bünden im **A**rbeits**K**reis **T**übinger **V**erbindungen.

Alamannia und AKTV sind ja schon seit Anbeginn, seit fast 20 Jahren, miteinander verbunden. Über fast 9 Jahre war Ihr Bundesbruder Dr. Max Gögler der stellvertretende Vorsitzende im AKTV. Er war einer der ersten AHx, der die Notwendigkeit und Tragweite dieses Zusammenschlusses erkannte und seine Mitarbeit sofort einbrachte. Ich erinnere mich gerne, wenn wir in der Vorstandssitzung darüber beraten wollten, wie man eine bestimmte Persönlichkeit im öffentlichen Leben ansprechen könnte, da kam so oft die trockene Bemerkung von ihm: „Des ist schon erledigt". Wenige Tage später bekam der Vorsitzende dann die positive Rückmeldung. Das Amt des stellvertretenden Vorsitzenden bleib auch nach dem Ausscheiden von Dr. Gögler aus dem Vorstand in Alamannen-Hand. Helmut Kiener sprang in die Bresche und führte dieses Amt für 3 Jahre.

IN TREUE FEST – Ihr Wahlspruch ist mehr als ein Motto eines Ordens aus dem 15. Jahrhundert. Es ist eine Einstellung, zu der Sie sich bekennen. Eine Einstellung, die von jedem Einzelnen viel verlangt. Dies gilt auch für den AKTV. Ihr Bund hat sich für die Mitgliedschaft entschieden. Auch wenn es immer wieder Stimmen gibt, dass man doch nicht noch einen zweiten Verband, ein neues – über die KV-Grenzen – reichendes Kartell, oder wie man es immer bezeichnen mag, brauche, so unterstützen Sie den AKTV – in Treue fest.

An dieser Stelle bleibt mir nur, noch einmal den Glückwunsch zu wiederholen und für die Zukunft der Alamannia ein

vivat – crescat – floreat – in aeternum

auszubringen.

Andreas Strecke Landsmannschaft Schottland im CC
Vorsitzender im ArbeitsKreis Tübinger Verbindungen

O alte Burschenherrlichkeit:
„Der Forderer"

Jost Reischmann[1]

„Der Forderer", das bedeutete in meiner Aktivenzeit in den 1960/70er Jahren zweierlei:

Zunächst den schwarzen Band, den damals jeder von uns zur Burschung in die Hand gedrückt bekam. Zugegeben, von der „Geschichte Alamannias seit den Anfängen" war ich damals nicht sonderlich beeindruckt. Ich wusste auch nicht so recht was ich damit anfangen sollte. Also landete „der Forderer" zunächst irgendwo im Bücherschrank. Erst als ich mich bei Senioren-Reden genötigt sah, ein paar fundierte Sätze über Alamannia, ihre Geschichte und ihr Wesen zu sagen, erinnerte ich mich an diese Quelle – wurde auch immer fündig, und ließ damit meine Worte eindrucksvoll und historisch begründet erscheinen. Viele Jahre lang konnte ich feststellen, dass nachfolgende Senioren offenbar die gleiche Idee hatten; manche Ausführungen kamen mir sehr bekannt vor.

Welchen Schatz „der Forderer" für Alamannia darstellt, wurde mir erst nach und nach bewusst. Solch ein Werk, hundert Jahre umfassend, sorgfältig auf Quellen gestützt und mit journalistischer Feder geschrieben, fand ich bei keiner anderen Verbindung. Auf diesen Band wird in diesem Beitrag später noch ausführlich eingegangen.

Zur publizistischen Leistung für Alamannia von Bb Josef Forderer gehört aber als zweites auch das Alamannenblatt. Als sich unsere Verbindung 1948 wieder neu zusammenfand, hat Bb Forderer die Herausgabe der Alamannenblätter übernommen. Seit der ersten Nummer 1948 ist er verantwortlicher Schriftleiter bis zur Nummer 21 (1959 - das Alamannenblatt wird in einem gesonderten Beitrag dieser Festschrift beschrieben). „Er hat mit dem von ihm gestalteten Alamannenblatt der Verbindung ein Mitteilungs- und Publikationsorgan gegeben, das für die Verbindung von bleibender Bedeutung sein wird, das seinesgleichen sucht und das weit über unsere Verbindung hinaus Beachtung gefunden hat. Mit seinen vielen aktuellen und geschichtlichen Beiträgen hat er dem Alamannenblatt ein hohes Niveau gegeben. Er hat es verstanden, in ihm immer wieder das Wesen unserer Verbindung, ihrer Bedeutung in ihrer

---

1 Jost Reischmann, Prof. Dr. Dr. habil., geb. 1943 in Schwäbisch Gmünd, Studium in Schwäbisch Gmünd, dort 1962 Eintritt KSTV Rosenstein, und Tübingen (Pädagogik, Psychologie, Soziologie). Eintritt 1966 in KStV Alamannia. Senior WS 1966/67 und 1971 (hundertstes Stiftungsfest). Langjähriger Schriftleiter der Alamannenblätter. 1993 bis 2008 Lehrstuhl Andragogik an der Universität Bamberg.

Fux Josef Forderer 1906

Gesamtheit und in ihren Mitgliedern lebendig und zeitnah darzustellen“ - so wertet unser AHx Haile (Ala.bl. 51, 1974, S. 1). Eine Vielzahl von Berichten ist mit seinem Namen, oder einfach “F.“ unterzeichnet, oder auch gar nicht. Aber es ist klar: Er ist der Mann hinter dem sorgfältigen Dokumentieren von vielem im Leben von Alamannia und Generationen von Bundesbrüdern, was ohne ihn vergessen wäre. Aber mehr noch - was wir heute leicht übersehen: In diesen schwierigen Jahren nach 1948, nach jahrelangem Verbot der Verbindung, nach Krieg, Vertreibung, Kriegsgefangenschaft, Arbeitslosigkeit und weiteren Katastrophen, sah er mit dem Alamannenblatt ein Instrument, die verstreuten Bundesbrüder wieder zur Verbindung zurückzuführen. Zu seinem 70. Geburtstag wurde dies im Alamannenblatt (Nr. 17, Dezember 1957, S. 296) besonders herausgehoben: „Wenn er bei Übernahme seiner Arbeit die Aufgabe gestellt hat, mit diesem periodisch erscheinenden Schrifttum das Philisterium zu sammeln und wieder zu einer festgefügten Einheit zusammenzufassen, so kann man ihm bescheinigen, dass er dieses Ziel voll erreicht hat.“

Aber mit „der Forderer“ wurde natürlich auch der Mann bezeichnet, der vielmals bei Veranstaltungen auf dem Haus zu sehen war, immer präsent war. Manchmal konnte er einen auch erschrecken, wenn er plötzlich aus der immer verschlossenen Tür im Damensaal im ersten Stock auftauchte und ein Bier verlangte; er hatte Stunden mit Recherchearbeiten im Archiv verbracht, und niemand wusste, dass er sich dort aufhielt.

Josef Forderer wurde 1888 in Albersweiler, Kreis Biberach, geboren. Nach seinem Studium in Tübingen (mit Eintritt in die Alamannia 1906), München und Berlin widmete er sich dem Zeitungswesen. Mitten in diese seine Anfangsjahre fiel der Erste Weltkrieg, in dem er drei Mal verwundet wurde. Nach dem

Krieg beginnt er bei der Osnabrücker Volkszeitung, bevor er dann 1920 Chefredakteur der „Tübinger Chronik“ wird. Noch im gleichen Jahr gründete er mit einigen andern Bundesbrüdern zusammen den Ortszirkel Tübingen. Von den Nazis 1933 wegen seiner demokratisch-republikanischen Einstellung seines Amtes enthoben, muss er sich jahrelang als Hilfsredakteur herumschlagen. 1939 wird er aus dem Offizierskorps wegen „gemeiner, niederträchtiger und gehässiger Bekämpfung der NSDAP“ ausgestoßen und unter Kontrolle der Gestapo gestellt, schließlich wegen des Verdachts verhaftet, ‚im Besitz einer Liste von Naziführern zu sein, die im Falle eines Näherrückens der Front umgelegt werden sollten‘" (Nölle, Ala.Bl. 17, 1957, S. 296).

Am 21. September 1945 erscheint die erste Nachkriegs-Ausgabe der neuen Zeitung „Schwäbisches Tagblatt“. Auf der ersten Seite findet sich - unbelastet von Nazi-Vergangenheit - als Chefredakteur „Dr. Josef Forderer“. Im Leitartikel „Vor neuen Aufgaben“ wird ausgeführt: „Vor uns liegt wahrlich eine schwere, aber auch dankbare Aufgabe. Furchtbar ist das Erbe, das uns die Nazis hinterlassen haben: das Reich aufgelöst, unsere Städte vielfach ein Trümmerhaufen, das weitverzweigte Verkehrswesen lahmgelegt, das Wirtschaftsleben erstickt, - wo man hinsieht: Hilflosigkeit, Not und Sorge.“ Und man kann den Geist Forderers im Kommentar herauslesen: „Darum ist unsere Aufgabe, … Aufklärung in die Massen zu tragen, ihnen immer wieder die furchtbare Jahre des Naziregimes und seine Folgen in Erinnerung zu bringen. Unsere Epoche gehört der Demokratie und ihren Formen.“ Seine Journalisten-Tätigkeit beendete er 1949 bis 1956 als Chefredakteur des Reutlinger General-Anzeigers.

Zu seinem 70. Geburtstag, am 11. März 1958, erreichten ihn Gratulationen von vielen hochgestellten Persönlichkeiten. Alamannia ehrte ihn in einer Feier auf dem Verbindungshaus, zu dessen Ende er die Anwesenden und die „Alamannenfamilie“ anredete: „Ihr seid meine Freunde, mein Stolz. In Nöten, in Ängsten, bei Misshandlungen, in den Gefängnissen, in Mühen, in Todesgefahren, bei Ehre und Schmach, bei übler Nachrede, bei Lob und bei allem, was immer mir in meinem wechselvollen Leben widerfahren ist, - stets habe ich in diesen Kreisen Freunde gehabt.“ (Ala.bl. 18, 1958, S. 316). Wenige Tage danach erhielt er das Verdienstkreuz 1. Klasse des Verdienstordens der Bundesrepublik, das der Bundespräsident ihm „in Anerkennung der um Staat und Volk erworbenen besonderen Verdienste“ verliehen hatte.

Nach dem Ruhestand gab es für Forderer keinen Ruhestand: Vielfältig sind auch seine historischen Arbeiten: Städtemonographien, kunstgeschichtliche Abhandlungen, Urkundenerschließung usw. Und seine vielbeachteten Städtemonographien über Tübingen, Tuttlingen, Reutlingen und Schramberg.

Insgesamt hat Bb Forderer über 100 Abhandlungen über geschichtliche, kunst- und rechtshistorische Fragen geschrieben.

Und dann kam 1962 das Buch, mit dem er Alamannia ihre Geschichte geschenkt hat (und das im Folgenden zusammengefasst werden soll). Mit Anhang umfasst es über 300 Seiten. Dass Forderer viele der Gründer und Männer der ersten Stunden noch persönlich gekannt hat, trägt zur Lebendigkeit und Präzision seiner Darstellung bei. Und als ein Rezensent nach einigem Lob auch einige kritisch Worte fallen ließ („Ein Außenstehender würde in vielen Fällen etwas mehr Kürze und Prägnanz wünschen, auch der Verzicht auf zahlreiche, kaum haltbare Verallgemeinerungen und ein unzeitgemäßes Pathos an manchen Stellen ...“ da konnte man Forderer in seiner kämpferischen Form erleben. Er griff zur spitzen Feder und schrieb einen „offenen Brief“ an den Schriftleiter der Zeitschrift für Württembergische Landeskunde. Etwa siebenmal so lang wie die „böse“ Rezension. Siehe Ala.bl. 33, 1965, S. 551.

Am 19. Oktober 1974 verstarb er, 86jährig, in Tübingen. Zu der Trauerfeier kamen viele Bundesbrüder, unter ihnen befand sich der damalige Präsident des Bundesverfassungsgerichtes Gebhard Müller und Altbundeskanzler Kurt-Georg Kiesinger. Unser AHx Alfred Haile würdigte ihn als herausragenden Bundesbruder: „Die Verbindung hat Bb Forderer viel, sehr viel zu verdanken. Wir haben mit Bb Forderer einen aufrechten, treuen, stets einsatzbereiten, kämpferischen Bundesbruder verloren. Er hat sich um unsere Verbindung in hohem Maße verdient gemacht!“ (Ala.bl.51, 1974, S. 2)

Über viele Alamannenblätter hinweg hat Bb Forderer immer wieder Lobreden über hoch- und höchstrangigen Mitgliedern unsere Verbindung geschrieben - manchem erschien: immer wieder auch zu den gleichen - es hätte auch ein bisschen weniger sein können. Auch die vorliegende Festschrift widmet entsprechend Raum unseren „Großen“. Viel zu wenig in den Alamannenblättern - außer anlässlich runden Geburtstagen - erwähnt wird jedoch Bb Josef Forderer selbst. Dabei kann man ihn sehr wohl zu den „viri probati“ oder den „patres Alamanniae“ zählen, an den man sich bei Alamannia erinnern sollte. Seine unerschrockene politische Haltung, seine vorbildliche Prinzipientreue und sein immerwährender Einsatz für Alamannia rechtfertigen dies.

Alamannia verdankt Bb Forderer eine eigene Sicht auf die „alte Burschenherrlichkeit“. Ob diese „goldene“ Zeit immer so „froh und ungebunden“ war, wie das Lied nahelegt, ist sicherlich ein Stück weit zutreffend, aber doch auch eine romantisch-verklärte Erinnerung. Dennoch: Wir möchten sie nicht missen.

Geschichte der K.St.V. Alamannia

Daniel Couzinet Al![1]

1. Einleitung

Gerade heute in einer Zeit voller Umbrüche und Orientierungslosigkeit ist die Rückbesinnung auf die Geschichte wichtig. Die Rückbesinnung auf die Geschichte ist freilich wie die Geschichtswissenschaft überhaupt kein Selbstzweck; vielmehr soll uns die Geschichte befähigen, die richtigen Lehren aus ihr zu ziehen und damit in die Lage versetzen, hier und heute die richtigen und notwendigen Entscheidungen zu treffen, ohne dabei mit bewährten Traditionen zu brechen.

Der Zugang zur Geschichte Alamanniae ist untrennbar mit dem Namen Forderer verknüpf und seiner exzellenten Geschichte Alamanniae:

Josef Forderer: Katholische Studentenverbindung Alamannia Tübingen. Von ihren Anfängen bis zur Gegenwart. Tübingen 1962.

Im folgenden Beitrag sollen die wichtigsten Stationen aus dem Forderer kurz zusammengefasst werden. Keinesfalls erhebt dieser Beitrag den Anspruch, den Forderer ersetzen zu können. Vielmehr soll jeder, der Interesse an der Geschichte Alamanniae hat, ermuntert werden, einen Blick in den Forderer zu werfen, wenn ihm etwas in diesem Beitrag zu knapp erscheint oder er einfach mehr Details wissen möchte.

2. Vorgeschichte (bis 1871)

(Forderer S. 1-21)

Die katholische Studentenverbindung Alamannia hat wie alle in der zweiten Hälfte des 19. Jahrhunderts gegründeten katholischen Verbindungen eine lange Vorgeschichte, die bis Anfang des 19. Jahrhunderts zurückreicht. Ausgangspunkt aller weiteren Entwicklung bildet hierbei die Säkularisation im Gefolge der napoleonischen Kriege, die nach dem Reichsdeputationshauptschluss von Regensburg 1803 ihren Anfang nahm und zur Zerschlagung des reichen katholischen Lebens und der Macht der Kirche führte, indem die Besitztümer der katholischen Kirche (Klöster, Stifte, Grundbesitz) enteignet und dem Staat zugeführt („verweltlicht“ = „säkularisiert“) wurde. Beispiel hierfür ist etwa die Auflösung der katholischen Universitäten Trier, Freiburg

[1] Daniel Couzinet, geb. 1973 in Waiblingen. Studium der Rechtswissenschaften und Referendariat in Tübingen. Eintritt in Alamannia SS 1994. Promotionsstipendiat der Konrad-Adenauer-Stiftung. Dissertation 2006 mit dem Promotionspreis der Universität Tübingen ausgezeichnet. Rechtsanwalt in Stuttgart.

i.Br., Köln u.a. und die Verlegung der katholisch-theologischen Fakultät von Ellwangen nach Tübingen im Jahre 1817, die damit zur paritätischen Universität wurde. Insgesamt war die Zeit nach der Säkularisation durch eine deutliche Übermacht des Protestantismus gekennzeichnet, was sich auch daran zeigte, dass bisher rein katholische Gegenden der Herrschaft protestantischer Dynastien unterstellt wurden. Diese Entwicklung gipfelte schließlich in der zweiten Hälfte des 19. Jahrhunderts in dem von Bismarck geführten Kulturkampf gegen die Katholiken, der aber letztlich nur das Identitätsbewusstsein und Zusammengehörigkeitsgefühl der Katholiken stärkte und deshalb von Anfang an zum Scheitern verurteilt war.

Erste katholische Verbindungen in Tübingen waren mehrere von katholischen Theologen im Wilhelmsstift gegründete geographisch-landsmannschaftliche Verbindungen, z.B. Danubia, Guelfia u.a., die sich teilweise bis zur nationalsozialistischen Machtergreifung hielten. Zweck dieser Verbindungen war „Unterhaltung und Geselligkeit, Disziplin und Ordnung".

Mitte des 19. Jahrhunderts nahm das katholische Leben in Deutschland einen neuen Aufschwung, der etwa mit dem Namen des katholischen Publizisten Görres verbunden ist. Dieser Aufschwung erfasste auch studentische Kreise, was 1853 in Berlin zur Gründung des ersten katholischen Lesevereins führte (ab 1881 als „Askania" und „Burgundia", Gründungsverein des KV). Hauptzweck dieses Vereins war nach Forderer weniger das „pompöse Auftreten" als vielmehr die charakterliche Bildung der Mitglieder. 1856 bildete sich auch in Breslau ein katholischer Leseverein. Später traten diese beiden Vereine mit der KDStV Aenania zu München in Verbindung; dieses Korrespondenzverhältnis sieht der CV heute als seinen Ursprung an.

Auch in Tübingen wurde ein katholischer Leseverein nach Berliner Vorbild gegründet, und zwar am 14. Januar 1864. Dieses Datum wurde lange Zeit als das eigentliche Gründungsdatum Alamanniae gesehen (so vor allem in der Anfangszeit der Verbindung), bevor sich der 31. Januar 1871 als Gründungsdatum durchsetzen konnte (s.u.). Treibende Kraft hinter dieser Gründung waren die beiden württembergischen Theologen Camerer und Schott, die auch später in der Verbindungsgeschichte eine herausragende Rolle spielen sollten. Damalige Treffpunkte dieses Lesevereins waren die „Eberhardtei", nachmals „Hades" und das „Waldhorn" in der Neckargasse, wo auch ein Lesezimmer eingerichtet wurde. Zweck dieses Lesevereins sollte sein, für alle katholischen Studierenden einen Vereinigungspunkt zu bilden und „insbesondere das Interesse für katholische Literatur (zu) erhalten und (zu) befördern" (Forderer, S. 8). Dies geschah durch gemeinsame Vorträge, Kneipen und Versammlungen, aber auch durch soziale Veranstaltungen (so wurde etwa eine Armenkasse unterhalten). Die heute durchgeführten sozialen Veranstaltungen können also auf eine lange Tradition zurückblicken. Wichtig ist festzuhalten, dass dieser Leseverein noch keine Verbindung im heutigen Sinne darstellte und wohl auch nicht darstellen wollte; insbesondere besaß er nicht die straffe Organisation einer Verbindung. Doch ist ebenso festzuhalten, dass der Gründer des Lesevereins, Alfred Camerer, bereits damals über einen bloßen Leseverein hinausdachte und die Gründung einer Korporation im Auge hatte. Dass diese Unterscheidung zwischen Verbindung und Leseverein damals durchaus von Relevanz war, zeigt deutlich die Generalversammlung der katholischen Vereine 1865 zu Trier, auf der sich die farbentragenden Verbindungen (später CV) von den nichtfarbentragenden Vereinen bzw. den damaligen Lesevereinen (später KV) trennten.

Zusammenfassung der wichtigsten Daten von Kapitel 1.2.:
1803 Reichsdeputationshauptschluss (Beginn der Säkularisation)
1817 Verlegung der kath.-theol. Fakultät von Ellwangen nach Tübingen
1853 Gründung des ersten katholischen Lesevereins in Berlin
1864 Gründung des katholischen Lesevereins in Tübingen
1865 Generalversammlung der katholischen Vereine zu Trier

3. Gründungszeit bis zur Statutenrevision 1880 (1871-1880)

(Forderer S. 23-56)

Einen wichtigen Punkt in der Verbindungsgeschichte Alamanniae stellt das Jahr 1871 dar. In diesem Jahr, genauer am 31. Januar 1871, erfolgte durch eine Änderung der Statuten des Lesevereins die Reorganisation desselbigen zum Studentenverein. Vorausgegangen war ein jahrelanger schwelender Konflikt mit Guestfalia, die den Anspruch erhoben hatten, die einzige katholische Verbindung in Tübingen zu sein und diese Stellung auch beibehalten wollten, so dass sie letztlich gegen die von Camerer geplante Statutenrevision waren und mit aller Kraft verhindern wollten, dass es zur Entstehung einer zweiten katholischen Verbindung komme. In der entscheidenden Sitzung am 31. Januar 1871 konnten sie sich jedoch nicht durchsetzen, worauf die Statutenänderung mit Zweidrittelmehrheit beschlossen wurde. Die Folge war, dass die Guestfalen geschlossen aus dem Leseverein austraten und sich so auch in Tübingen die Trennung zwischen farbentragenden und nichtfarbentragenden Verbänden, d.h. zwischen KV und CV verwirklichte. In dieser Statutenänderung wird heute zurecht die eigentliche Gründung Alamanniae, die freilich zu dieser Zeit diesen Namen noch nicht trug, gesehen. Gründungsort war „Prinz Karl", die jetzige Mensa in der Altstadt.

Der Charakter dieses neugegründeten Studentenvereins kann mit folgenden Stichworten umschrieben werden:

- Neben die Prinzipien der religio und scientia trat die Aufgabe, „den studentischen Frohsinn durch Geselligkeit zu beleben“ (= amicitia)
- Als Vereinspatron wurde der heilige Bonifatius gewählt
- Es fanden abwechselnd wissenschaftliche Abende und wöchentliche Kneipabende statt
- An Festen wurden gefeiert das Stiftungsfest (14. Januar = Gründung des Lesevereins), und das Patronatsfest (erst später wurden beide zusammengelegt und beide im Juni gefeiert, das Patronatsfest später gestrichen)
- strikte Ablehnung des studentischen Zweikampfes
- ab 1871 Bierzipfel in den Farben schwarz-weiß-blau (später schwarz!!!, Forderer S. 29f)
- Vereinslokal: „Eberhardtei“ (späterer „Hades“)
- Problem: Wenige Mitglieder!!!

Mit Schreiben vom 7. Februar 1872 wurde der Verein als 9. Kartellverein in den KV aufgenommen. Damit war gleichzeitig das Überleben Alamanniae gesichert, da der KV Studenten von anderen KV-Vereinen, insbesondere aus München, nach Tübingen schickte. Zu nennen ist hier etwa der aus München gekommene Hermann Mayerhausen. Ferner wurde 1872 der Fuxenstatus in den Statuten verankert.

Am 27. Mai 1873 legte sich der Verein den Namen „Alamannia“ zu. Dieser Name geht zurück auf die missglückte Gründung eines katholischen Studentenvereins in Leipzig und ist eng mit dem Namen Würminghausen verknüpft. Im Wintersemester 1872/73 spielte sich in Leipzig kurz zusammengefasst folgendes ab: Einem Appell des Vororts, auch in Leipzig einen katholischen Kartellverein zu errichten, folgend, fand sich eine Anzahl Kartellbrüder zusammen, die einen katholischen Kartellverein namens „Alamannia“ gründen wollten. Diese Gründung wurde jedoch aus fadenscheinigen Gründen, bei denen u.a. das Katholizitätsprinzip eine wichtige Rolle spielte, untersagt - man bedenke, man befand sich auch in Sachsen auf der Höhe des Kulturkampfes. Nach der formellen (endgültigen) Auflösung dieses Vereins verließen viele seiner Mitglieder Leipzig, so auch besagter Karl Würminghausen, der sich anschließend auf Camerers Werbung nach Tübingen begab und so den Namen „Alamannia“ und den ins Lateinische übersetzten Wahlspruch „In Treue fest“ („in fide firmitas“) nach Tübingen brachte, wo der Name „Alamannia“ einhellig Annahme fand und auch bald vom Universitätsgamt genehmigt wurde.

Im Sommersemester 1874 war auch das Problem der geringen Mitgliederzahl überwunden, da auf Werbung und Unterstützung des Verbandes aus fast allen größeren Kartellvereinen aus Nord und Süd Kartellbrüder zur personellen Unterstützung Alamanniae herbeieilten.

Zusammenfassung der wichtigsten Daten von Kapitel 1.3.:

1871 Reorganisation des Lesevereins zum katholischen Studentenverein
1872 Aufnahme als 9. Kartellverein in den KV
1873 Namensgebung durch Würminghausen

4. Statutenrevision bis Hausbau 1904 (1880-1904)

(Forderer S. 57-92)

Eine weitere wichtige Etappe stellt die Statutenrevision und Reorganisation der Verbindung von 1880 dar, die zu einer strafferen Organisation und Ausrichtung am Typ der Korporation führte. Waren bis dato noch die Verwurzelung und die Herkunft aus dem katholischen Leseverein spürbar, so kann m.E. erst seit dieser Reorganisation von einer richtigen „Verbindung" im heutigen Sinn gesprochen werden; Alamannia erhielt damals ihr im Wesentlichen heute noch gültiges Gesicht. Die Verbindung erhielt damals u.a. folgende Ordnung: Die Verbindung bestand aus ordentlichen Mitgliedern, zu denen Füchse und Burschen gehörten, dann aus Außerordentlichen, ferner aus Auswärtigen und endlich aus Philistern, wobei es erst zu einem späteren Zeitpunkt auch zu einer Organisation des Philisteriums kam (am 2. Februar 1892 Gründung des ersten Philistervereins für Württemberg in Stuttgart).

Diese Reorganisation (und weitere in der Folgezeit) wird in der Verbindungsgeschichte nicht nur positiv gesehen. So sieht etwa Forderer darin auch eine zunehmende Verflachung des Verbindungslebens. So schreibt er etwa (S. 64 f.): „Wesen und Wert einer Verbindung wurde mehr und mehr in äußerlicher Schneidigkeit, in einem möglichst flotten, pompösen Auftreten gesucht, eine Erscheinung, die auch auf die nichtfarbentragenden Verbände abfärbte". Merkmal dieser Zeit sind etwa die damals eingeführten Spuzfahrten zu Pferde mit Landauern und Zweispänner anlässlich des über mehrere Tage hinweg gefeierten Stiftungsfestes, das nun endgültig in das Sommersemester verlegt worden war und das Patronatsfest ersetzte.

Damalige Treffpunkte waren der „Ochsen", die „Schottei" und „Marquardtei" (letztere seit dem WS 1891/92).

Zu erwähnen ist aus dieser Zeit noch die Geschichte um den Vereinspudel Philo („ein ganz intelligentes Vieh mit klugen, schwarzen Augen und glänzend weißem Fell" (Forderer, S. 69 f.)), den das Schicksal ereilte, eines Tages besoffen vom Zug überrollt zu werden.

Weiters zu erwähnen ist der in der Verbindung geführte Streit um das Gründungsdatum Alamanniae. Während einige dieses im 14. Januar 1864 (Gründung des katholischen Lesevereins) sahen, nahm insbesondere Mayerhausen das Jahr 1872 für sich in Anspruch, da er in diesem Jahr zu Alamannia gestoßen war. Erst sehr viel später nach der Einsetzung einer historischen Kommission durch den Philistervorstand 1962, die die Frage des wahren Gründungsdatums Alamanniae zu untersuchen hatte, hat sich als Gründungsdatum der 31. Januar 1871 endgültig durchgesetzt. In den Jahren 1890/91 hatte Alamannia erstmalig die Ehre, den KV als Vorort zu vertreten.

An weiteren wichtigen Daten aus dieser Zeit sind zu nennen: Gründung des Hausbauvereins (1901) und Gründung der Tochterverbindung Rheno-Nicaria (1903).

Zusammenfassung der wichtigsten Daten von Kapitel 1.4.:

1880	Statutenrevision (Ausrichtung am Typ der Korporation)
1890/91	Alamannia Vorort
1891/92	Zimmer in der Marquardtei
1892	Gründung des ersten Philistervereins für Württemberg in Stuttgart
1901	Gründung des Hausbauvereins
1903	Gründung der Tochterverbindung Rheno-Nicaria

5. Hausbau 1904 bis zur Machtergreifung Hitlers (1904-1933)

(Forderer S. 92-153)

Einen weiteren wichtigen Markstein in der Verbindungsgeschichte stellt der Bau des Verbindungshauses 1904 in der Biesingerstraße dar. Diesem gingen umfangreiche Vorbereitungen voraus. So musste zunächst ein Grundstück erworben, das Geld für den Bau zusammengebracht und ein Baumeister für das Haus gefunden werden. Treibende Kraft hinter dem Hausbau waren Oberlandesgerichtsrat Schanz und Justizrat Jehle, denen es schließlich gelang, für 10.170 Mark einen Bauplatz in der Biesingerstraße zu erwerben. Zur Aufbringung des Geldes für den Bau diente in erster Linie der bereits erwähnte, 1901 gegründete Hausbauverein. Als Architekt konnte der Stuttgarter Bauinspektor Joseph Bayer gewonnen werden. Die Bauarbeiten am Haus, das im damals verbreiteten und dem Lebensgefühl der Studenten entsprechenden Stil der Neoromantik erbaut wurde, wurden im Frühjahr 1904 vollendet, so dass das Haus zu Beginn des Sommersemesters 1904 eingeweiht werden konnte. Der Bau des Alamannenhauses, dessen Gesamtkosten sich auf ca. 74.000 Mark beliefen, ist in Zusammenhang mit den Bauaktionen vieler anderer Verbindungen zu sehen. Im Jahre 1900 hatten bereits 15 Verbindungen Häuser gebaut, andere sollten noch folgen. Dass die meisten Verbindungshäuser gerade auf dem Schloß- und Österberg entstanden, hat seinen Grund nicht von ungefähr, sondern war vielmehr Ausdruck des damaligen studentischen Lebensgefühls:

man wollte sich bewusst absondern und abheben vom „gemeinen Volk", das da „drunten im Tale" wohnen musste.

Ein kurzes und eher düsteres Zwischenspiel in der Entwicklung Alamanniae brachte der studentische akademische Kulturkampf 1904/05. Dieser ging von Jena aus, wo sich die dortigen katholischen Verbindungen den Angriffen schlagender Verbindungen, insbesondere der Burschenschaften ausgesetzt sahen. Der studentische Kulturkampf war gekennzeichnet durch das Bestreben der schlagenden Verbindungen, den Einfluss der katholischen Verbindungen in der Öffentlichkeit und in der Universität zurückzudrängen. In Tübingen ging der studentische Kulturkampf vom SC aus. So wurde etwa der Antrag gestellt, den drei damaligen katholischen Verbindungen Tübingens, Alamannia, Guestfalia und Cheruskia weder das Recht des Vorsitzes, noch Sitz und Stimme in der Studentenschaft (der damaligen Studentenvertretung) zu gewähren, weil sie einen „notorisch politischen, ultramontanen (= „jenseits der Alpen"; gemeint ist damit ein an Rom und dem Papst orientierter) Charakter" hätten. Diese Bewegung gegen die katholischen Verbindungen verlief schließlich jedoch im Sande und endete wie an allen anderen Orten, mit einem Sieg der katholischen Verbindungen: es zeigte sich somit, dass die katholischen Verbände mittlerweile zu groß und zu einflussreich geworden waren, um ihnen einfach die Lebensberechtigung aberkennen zu können.

Alamannia im modernen (1922) Stil

Einen Einschnitt in der Entwicklung Alamanniae brachte der Erste Weltkrieg. Hier hatte Alamannia über 40 Gefallene zu verzeichnen. Die Zeit nach dem Ersten Weltkrieg war geprägt von der steigenden Inflation und den immer teurer werdenden Preisen. In dieser Situation sprang das Philisterium in die Bresche und sponserte ein gemeinsames Mittagessen auf dem Haus (auch das gemeinsame Abendessen hat also eine lange Tradition). Ab September 1926 gab Alamannia eine eigene Mitgliederzeitschrift heraus, die Alamannenblätter (1934 eingestellt). Am 18. Dezember 1927 wurde die Tochterverbindung K.St.V. Rechberg zu Tübingen gegründet.

Insgesamt war die Zeit der Weimarer Republik eine Blütezeit sowohl für Alamannia als auch für den gesamten KV.

Zusammenfassung der wichtigsten Daten von Kapitel 1.5.:

1904 Bau des Verbindungshauses - neues Wappen
1904/05 Studentischer Kulturkampf
1906 Alamannia nennt sich "Verbindung"
1910/11 Alamannia Vorort
1926 Herausgabe der Alamannenblätter
1927 Gründung der KStV Rechberg

Exkurs: Wappen Alamanniae:

Zeitlich eng verknüpft mit dem Bau des Hauses war die Wappenfrage. Das Aufkommen der Wappen im KV hängt eng zusammen mit dem Bekenntnis der Vereine zum Korporationsprinzip.

Das alte Wappen stand für die drei Prinzipien religio, scientia, amicitia (Kreuz als Glaubenssymbol, Anker als Symbol der Festigkeit im Glauben

Wappen (1877-1904; seit 2000)

Wappen 1904-2000

[beachte Wahlspruch: in fide firmitas, sowie der weiteren Übersetzungsmöglichkeit „im Glauben fest“], Schriftrolle und Eule als Symbol für Wissenschaft [Eule klassisches Weisheitssymbol seit der griechischen Antike, in der Athene mit einer Eule dargestellt wird], sich reichende „treue Hände“ für die Freundschaft).

Das neue Wappen war ein Werk des Historikers Prof. Dr. Günter, dessen Gedanken sich vor allem im Bild des Altars niederschlugen, da er den schwäbischen Stammesverband „Alamannia“ nach der früheren, aber unmöglichen, mittlerweile widerlegten und abstrusen Deutung als „Altarmänner“ auffasste. Darüber hinaus sollte der Reichsadler die Treue zum Reich ausdrücken und das Stadtwappen Tübingen die Treue zu dieser Stadt. Seit dem SS 2000 verwendet Alamannia wieder das ursprüngliche Wappen.

6. Machtergreifung Hitlers bis zur Wiederbegründung 1933-1948

(Forderer S. 154-217)

Einen tiefen Einschnitt in das Verbindungsleben sowohl Alamanniae als auch des gesamtem KV brachte das Dritte Reich. Als ideologischer Ausgangspunkt, der alle weiteren Entwicklungen unter dem Dritten Reich verständlich macht, muss der Totalitätsanspruch des Nationalsozialismus gesehen werden, der durch das Bestreben gekennzeichnet war, alle staatlichen und auch gesellschaftlichen Bereiche zu durchdringen und mit seiner Organisation zu erfassen. So lag es letztlich in der Konsequenz der nationalsozialistischen Ideologie, allen nicht-nationalsozialistischen Organisationen und Verbänden (und damit auch den katholischen Verbindungen) die Lebensberechtigung abzusprechen, und so versuchten die nationalsozialistischen Machthaber auch in der Tat, alle nicht-nationalsozialistische Organisationen und Verbände in nationalsozialistische Organisationen zu überführen. Ein besonderer Dorn im Auge waren den NS-Machthabern die konfessionellen, insbesondere die katholischen Verbände, da sich der christliche Glaube nicht mit der neuen, maßgeblich von Rosenberg geprägten arischen Weltanschauung vertrug und von den neuen Machthabern als Fremdkörper im Staate empfunden wurde. Anfangs versuchte Hitler freilich, diesen antichristlichen Zug seiner Herrschaft zu verdecken, um die Kirchen für die Mitarbeit an seiner Bewegung zu gewinnen. Einen großen Prestigegewinn unter den deutschen Katholiken brachte Hitler dabei vor allem das am 8. Juli 1933 mit Papst Pius X abgeschlossene Reichskonkordat, mit dem die katholische Kirche den Sieg Hitlers anerkannte und billigte.

Was soeben für die konfessionellen Verbände und Organisationen im Allgemeinen gesagt wurde, galt natürlich auch für die katholischen Verbindungen. Von Anfang an war ihr Untergang beschlossene Sache. Aufgrund ihrer gesellschaftlichen und sozialen Mächtigkeit und nicht zuletzt wegen der anfangs (scheinbar) so kirchenfreundlichen Politik Hitlers vollzog sich ihr Untergang allerdings nicht mit einem Male, sondern in mehreren Etappen, über die im Folgenden ein kurzer Überblick verschafft werden soll. Dabei soll auch die Entwicklung im KV betrachtet werden, da in dieser historischen Phase das Schicksal Alamanniae eng mit dem des KV verbunden war.

Die Herrschaft der Nationalsozialisten begann mit umfassenden Gleichschaltungsaktionen; diese umfassten zunächst nur den politisch-staatlichen Bereich, ergriffen bald aber auch den gesellschaftlichen Bereich und erreichten auch den KV: am 22. Juli 1933 wurde im KV das Führerprinzip eingeführt, zu einer Zeit, als Alamannia den Vorort unter dem damaligen VOP und späteren Philistersenior Konstantin Hank innehatte. Weiteres Ziel des NS-Regimes war es, den Verbändepartikularismus zu beseitigen; dazu diente etwa die Vereinigung von KV und Ring Katholischer Deutscher Burschenschaften (R.K.D.B.)

zur „Katholischen Burschenschaft“ (KB). Des Weiteren wurde im KV das Konfessionsprinzip abgeschafft.

Der Nationalsozialismus hatte ein bestimmtes Idealbild eines Studenten. Forderer beschreibt dieses wie folgt: „Zu seinen Erziehungsgebieten gehörten Arbeitsdienst, SA-Dienst, politische Schulung und Wissenschaftsdienst. Der Arbeitsdienst war nunmehr als pflichtgemäßes Diensthalbjahr für jeden Studenten, der die Hochschule besuchen wollte, angesetzt. Die politische Erziehung wurde den Verbänden und Korporationen übertragen, gleichzeitig aber faktisch wieder entzogen und ... dem Nationalsozialistischen Deutschen Studentenbund (NSDStB) [...] übertragen“.

Am 20. November 1935 kam es dann schließlich unter dem Nachfolger von Konstantin Hank, Dr. Spahn zur Selbstauflösung des KV. Zur Begründung führte Dr. Spahn an, dass sich der KV durch seine Auflösung „zu seinem Teil dazu (bekenne), dass im deutschen Studententum neue Formen am Werden (seien) und dieses Werden durch keine alten Bindungen gehemmt und gestört werden (solle)“ (Forderer, S. 192). Von der Auflösung des KV waren mitbetroffen alle Organe des Verbandes, nicht dagegen die einzelnen Korporationen und die Philister-vereine. In der Folge schlossen sich viele Korporationen des KV dem Vorgehen des KV an und lösten sich auf.

Das gleiche Schicksal ereilte, wenn auch mit zeitlicher Verzögerung, Alamannia: Im Februar 1936 fasste die Aktivitas Alamanniae den Beschluss, sich selbst aufzulösen. Gleichzeitig wurde aber auf einer Tagung am 22. März 1936 einstimmig beschlossen, den Hausverein Alter Tübinger Alamannen zunächst fortzuführen, der zugleich Träger des gesamten Vermögens Alamanniae wurde.

Im Rückblick kann festgestellt werden, dass es mehrere Ursachen waren, die im Februar 1936 zur Selbstauflösung geführt haben. Hauptursache war sicherlich die Sorge der jungen Akademiker um ihre Zukunft, die es zu jener Zeit nicht förderlich erscheinen ließ, Mitglied einer katholischen Korporation zu sein. Zudem gab es innerhalb der Aktivitas eine starke Strömung, die eine „vorbehaltlose Haltung zum Nationalsozialismus“ verlangten (vgl. Forderer, S. 197) und daher auf Selbstauflösung drängten. Ein weiterer Grund für die Auflösung war die starke Konkurrenz durch den NSDStB, die es Alamannia fast unmöglich machte, noch neue Mitglieder zu bekommen.

In der Folgezeit (1937) wurde das Alamannenhaus zur Wohnung für den damaligen Philistersenior Kaisser umgebaut, der gleichzeitig zum treuhänderischen Verwalter für das Haus bestellt wurde.

Am 20. Juni 1938 kam es zu einem offiziellen Verbot aller katholischen Studenten- und Altherrenverbände mit ihren sämtlichen Untergliederungen durch den Reichsführer SS und Chef der Deutschen Polizei, Heinrich

Himmler; ihre Fortführung bzw. Wiedererrichtung wurde unter Strafe gestellt. Gleichzeitig konnte der damalige Philistersenior Kaisser eine gewisse Sonderbehandlung für Alamannia erreichen: Ende Januar 1939 war erreicht, dass die Beschlagnahme des Vermögens aufgehoben, die Selbstliquidation des Hauses zugestanden und die Weiterführung der Geschäfte des Hausvereins durch den Vorsitzenden Kaisser gestattet wurde.

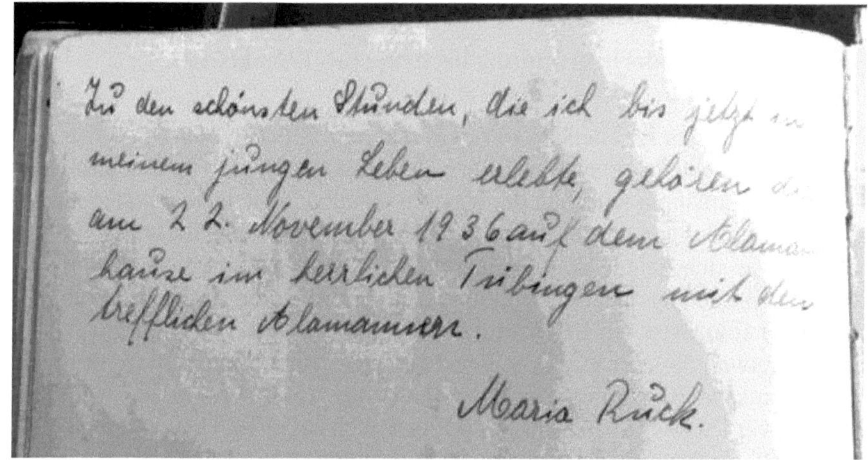
Zu den schönsten Stunden, die ich bis jetzt in
meinem jungen Leben erlebte, gehören die
am 22. November 1936 auf dem Alaman-
hause im herrlichen Tübingen mit den
trefflichen Alamannen.

Maria Rück.

Anrührend: Letzter Eintrag im Gästebuch der Vorkriegs-Alamannia

Am 5. März 1939 kam es dann schließlich zur Selbstauflösung des Hausvereins. Das Vermögen der Verbindung wurde in die Altherrenkameradschaft „Südmark", die im Hause der benachbarten Verbindung „Stochdorphia" untergebracht waren, überführt und auf dem Stochdorphenhaus untergebracht. Am 28. April 1941 wurden das Haus und der Quenstedtsche Garten, um einer Zwangsbeschlagnahme zu entgehen, zu einem Gesamtpreis von 40.000 RM verkauft. Das damalige Hausinventar wurde größtenteils versteigert, wobei es gelang, zur Erhaltung und Pflege der wichtigsten und teuersten Erinnerungsgegenstände auf dem Stochdorphenhaus ein Traditionszimmer einzurichten.

Am 22. November 1942 kam ein Teil der Altherrenschaft ein letztes mal auf dem Haus zusammen und feierte die - vorläufig - letzte Kneipe auf dem Alamannenhaus als Abschiedskneipe.

Zusammenfassung der wichtigsten Daten von Kapitel 1.6.:

1933 Machtergreifung Hitlers - Reichskonkordat - Einführung des Führerprinzips im KV

1933 Alamannia Vorort

1935 Selbstauflösung des KV

1936 Selbstauflösung der Aktivitas - vorläufige Fortführung des Altherrenvereins
1937 Umbau des Hauses in eine Wohnung für Philistersenior Kaisser
1938 Verbot aller katholischen Studenten- und Altherrenverbände mit ihren sämtlichen Untergliederungen
1941 Verkauf des Hauses
1942 letzte Kneipe

7. Wiederbegründung bis heute (ab 1948 bis 1962)

(Forderer ab S. 217)

Mit dem Ende des Zweiten Weltkrieges und dem Zusammenbruch des nationalsozialistischen Regimes war die erste Voraussetzung für eine Neugründung der KStV Alamannia wie auch der anderen von den Nationalsozialisten aufgelösten Verbindungen geschaffen. Die Hoffnung auf baldige Neugründung war jedoch, wie sich zeigen sollte, illusorisch, da starke Vorbehalte seitens der alliierten Besatzungsmächte bestanden. Diese Vorbehalte waren in Tübingen, das ja zur französischen Besatzungszone gehörte, besonders stark. So erklärt es sich etwa, dass unsere Tochterverbindung Rheno-Nicaria in Stuttgart (amerikanische Besatzungszone) früher als die KStV Alamannia wiederbegründet werden konnte. In Stuttgart erfolgte auch auf einer Tagung am 03. Oktober 1948 die Neuorganisation des Philisteriums.

Zu dieser Zeit konnte in Tübingen, wie bereits erwähnt, noch nicht an eine Wiederbegründung Alamanniae gedacht werden. Dies war erst möglich, nachdem es dem Staatspräsidenten von Württemberg-Hohenzollern und späteren Präsidenten des Bundesverfassungsgerichts, AH Dr. Gebhard Müller, gegen den Widerstand der örtlichen Besatzungsmacht am 19. Februar 1949 bei persönlichen Gesprächen mit dem französischen Ministerpräsidenten Robert Schumann gelungen war, die Genehmigung zur Wiederbegründung der von den Nationalsozialisten verbotenen Verbindungen zu erlangen.

Die eigentliche Wiederbegründung der Aktivitas, wenn auch noch ohne Anerkennung durch die Universität und die Besatzungsmacht, erfolgte am 22. Januar 1949 unter Leitung des stud. med. Alfred Kaumanns. An diesem Tage wurde eine neue Satzung ausgearbeitet und bei der Universität mit der Bitte um Genehmigung eingereicht. Die für das Ende des Jahres 1949 in Aussicht gestellte Genehmigung durch den Kleinen Senat blieb jedoch aus, so dass Alamannia zumindest formell noch nicht existierte, was die Verbindung aber dennoch nicht davon abhielt, sich als bestehend zu betrachten, was die von der Aktivitas im Namen Alamanniae durchgeführten Veranstaltungen bezeugen. Die Genehmigung und damit offizielle Zulassung der KStV Alamannia durch den Großen Senat erfolgte am 11. Februar 1950.

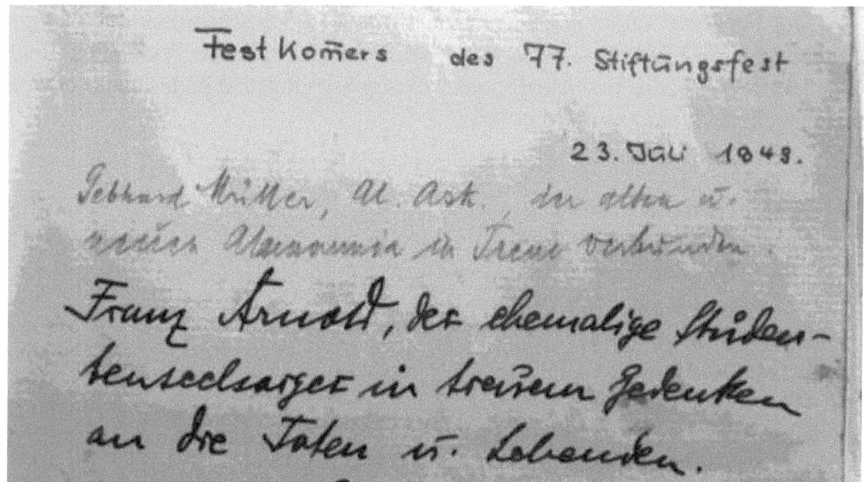

Fest Komers des 77. Stiftungsfest

23. Juli 1949.

Gebhard Müller, Al. Akt. der alten u. neuen Alamannia in Treue verbunden.

Franz Arnold, der ehemalige Studentenseelsorger in treuem Gedenken an die Toten u. Lebenden.

Erster Eintrag im neuen Gästebuch der Alamannia - „der alten und neuen Alamannia in Treue verbunden“

Eines ihrer größten Probleme bereitete der Verbindung das Alamannenhaus. Wenngleich es dem Hausbauverein am 7. Oktober 1950 gelungen war, das Eigentum am Haus und 1956 auch das am Quenstedtschen Garten durch einen gerichtlichen Vergleich zurückzuerhalten, so konnte das Haus dennoch nicht bezogen werden, da es u.a. von mehreren Flüchtlingsfamilien bewohnt war, die angesichts der bedrängenden Wohnungslage in Tübingen nicht andernorts unterkommen konnten. 1951 war es schließlich möglich, einige Zimmer auf dem Haus freizubekommen, so dass zumindest kleinere Veranstaltungen auf dem Haus abgehalten werden konnten. 1953 wurde das Erdgeschoss frei, bis 1956 auch die übrigen Stockwerke, so dass das Haus wieder komplett von Alamannen bezogen werden konnte. Gleichzeitig wurde in diesen Jahren das Haus renoviert und neu eingerichtet. In den Jahren 1956/57 und 1984/85 hatte Alamannia erneut die Ehre, den KV als Vorort zu vertreten.

Zusammenfassung der wichtigsten Daten von Kapitel 1.7.:

1948	Neuorganisation des Philisteriums
1949	AH Gebhard Müller erreicht bei der französischen Militärregierung die Genehmigung der Wiedererrichtung der verbotenen Verbindungen; Wiederbegründung der Aktivitas
1950	Genehmigung durch Universität; Rückerwerb des Hauses
1953-56	Haus wird wieder bezogen; Renovation und Wiedereinrichtung
1956	Rückerwerb des Quenstedtschen Gartens
1956/57	Alamannia Vorort
1984/85	Alamannia Vorort

„Der Forderer" endet in den 1950er Jahren. Ob sich jemand einmal an eine Fortsetzung und Aktualisierung wagt? Die Alamannenblätter einerseits, diese Festschrift sowie die Festschrift zum 125sten Stiftungsfest andererseits bieten dafür sicherlich einiges an Material.

Die Philistersenioren

- Franz Schanz (ab 1889)
- Rudolf Jehle (ab 1915)
- Emil Schweitzer (ab 1920)
- Karl Alfons Kaißer (ab 1923)
- Paul Mattes (ab 1948)
- Konstantin Hank (ab 1954)
- Alfred Haile (ab 1966)
- Kuno Walter (ab 1990)
- Max Gögler (ab 1997)
- Franz Ackermann (ab 2011)

Alamannia war Vorort:

1890/91, 1910, 1933, 1956, 1984/85

8. Literatur

BRENDLE, FRANZ: Alamannia und die 68er Bewegung. Über das Verhältnis einer katholischen Korporation zu den Studentenunruhen, in: Katholische Studentenverbindung Alamannia, Festschrift zur 125-Jahr-Feier, Tübingen 1996, Seite 21 ff.

BRENDLE, HANS GEORG: Wie präsentiert sich die Aktivitas heute?, in: Katholische Studentenverbindung Alamannia, Festschrift zur 125-Jahr-Feier, Tübingen 1996, Seite 56 ff.

ENGELFRIED, JOSEPH: Herkunft und Sinngehalt des Namens Alamannia, in: Katholische Studentenverbindung Alamannia, Festschrift zur 125-Jahr-Feier, Tübingen 1996, Seite 4 ff.

FORDERER, JOSEF: Katholische Studentenverbindung Alamannia Tübingen. Von ihren Anfängen bis zur Gegenwart, Verlag: Altherrenverein der Tübinger Alamannen, Tübingen 1962.

WOCHNER, WALTER: Von Philister-Senioren und sonstigen „patres Alamanniae", in: Katholische Studentenverbindung Alamannia, Festschrift zur 125-Jahr-Feier, Tübingen 1996, Seite 10 ff.

Brüder reicht die Hand zum Bunde.
Die Pfeiler, auf denen wir stehen: Die Prinzipien

Jost Reischmann

Drei kurze Beobachtungen:

Wir alle kennen unsd singen gerne das alte Kommerslied: *Im Krug zum grünen Kranze ... da saß ein Wandrer drinnen. Ich tät mich zu ihm setzen, ich sah ihm ins Gesicht., das schien mir gar befreundet, und dennoch kannt' ich's nicht. Da sah auch mir ins Auge der fremde Wandersmann ... Wie brannte Hand in Hand, Herzbruder ...* Seltsam: Immer wenn ich dieses Lied singe, denke ich: Das sind zwei KVer! Dieses unbekannt-bekannte Vertrautsein erinnerte mich an (Zufalls-) Treffen als Student wie als gestandener Mann. Bei denen stellte sich dann heraus: Der war Albinge aus Hamburg, Askane aus Berlin, Mainfranke aus Bamberg, Alemanne aus München ...

Zweite Beobachtung: Beruflich werde ich in eine fremde Stadt berufen. Allein nach einsam-langweiligen Abenden ein Anruf beim KV-Ortszirkel (Adresse aus KV-Jahrbuch): schnell hatte ich ein Dutzend Ansprechpartner, und alle paar Wochen einen Zirkelabend in fröhlicher Runde. Und auch hier passiert jenes spontane Gefühl des Verbundenseins.

Dritte Beobachtung: Nach längerer Corona-Abstinenz komme ich wieder aufs Verbindungshaus. Ich muss etwas für diese Festschrift aus dem Archiv suchen. Nach einiger Zeit kommt ein unbekannter Junger, Bundesbruder, dazu. „Alter Herr, kann ich dir was helfen? Magst du was trinken?" Ein zweiter kommt dazu. Zusammen husten wir über den Archivstaub und freuen uns über unsere Funde: „1873! 1904! 1936! ..." Und der Gedanke: In hundert Jahren schauen andere neugierig unsere Fotos an! Das halbe Jahrhundert Altersunterschied zwischen uns verschwimmt: Wir sind Alamannen!

Sicher: Dieses Gefühl des Vertrautseins, des entspannten Umgangs miteinander, des Sich-aufeinander-verlassen-könnens stellt sich nicht mit jedem KVer ein. Und auch außerhalb lässt sich das finden. Dennoch ist auffallend, wie dieses Verbundensein sowohl ein Auswahlkriterium für den Eintritt in die Verbindung ist, als auch durch unseren Umgang in der Verbindung über die Jahre zu wachsen scheint.

Was aber macht dieses Verbundensein aus, das wir als Gefühl deutlich spüren, aber selten im Wort explizit benennen? Was macht diesen „Stallgeruch" aus, der uns zusammenführt und zusammenhält? Was macht uns zu Persönlichkeiten, die sich gegenseitig achten und gegenseitig aufeinander achten? So, dass dies einen Lebensbund trägt und man sich in diesem lange - lebenslang - erträgt?

„KVer verbindet die Orientierung an den Grundsätzen Religion, Wissenschaft und Freundschaft." So lesen wir auf der Homepage des KV (www.kartellverband.de). Und beim Antrittskommers interpretieren die Senioren üblicherweise in ihrer Prinzipienrede, was sie jeweils damit meinen. Zumeist nimmt man das eben so hin, wie man gute Worte eben so hinnimmt. Aber es ist überlegenswert: Ob die Mischung dieser „goldenen" Prinzipien im Leben unserer Verbindungen und in unserem persönlichen Leben eine viel bestimmendere Wichtigkeit hat als uns manchmal bewusst ist?

Das Nachdenken und Interpretieren unserer Prinzipien birgt immer die Gefahr in sich, dass man meint, in Wolkenkuckucksheimen zu schweben: Wohlklingende Forderungen werden gestellt, die fern der fassbaren Realität scheinen. Das trifft zu, darf aber nicht wundern: Prinzipien dienen dazu, ein Richtung vorzugeben, sind aber niemals erreichbar. In der Realität kann man nur stufenweise „in Richtung" der Prinzipien handeln. Und da lohnt es auch, sich nicht nur dem nicht erreichbaren Idealzustand nachzuweinen (und zu resignieren), sondern zu schauen, wo wir denn schon einiges in die Richtung dieser Prinzipien erreicht haben - nicht, um sich darauf auszuruhen, sondern um Kraft und Motivation zu schöpfen für den nächsten Schritt. Dann schweben Prinzipien nicht in Wolkenkuckucksheimen, sondern helfen wirklich.

Religio

Johannes Kreidler[1]

150 Jahre Alamannia, das bedeutet auch einen 150-jährigen Schatz an Tradition. Es ist gut und es ist schön, in lebendige Tradition eingebettet zu sein. Und wer die Freiheit hat, zu Tradition in eigener Verantwortung Ja oder Nein zu sagen, und das tut, wer sich als aufgeklärter Mensch seines eigenen Verstandes bedient, der kann sich im Strom von Tradition als freier und bereicherter Mensch bewegen. Es ist bereichernd, in einer Weggefährtenschaft mit Menschen, auch mit Menschen früherer Zeiten zu leben.

Wandel und Beschleunigung auf allen Ebenen sind im dritten Jahrtausend zur Signatur der Zeit geworden. Denken wir daran, welcher Wandel auch im universitären Bereich und im Studentenleben sich vollzogen hat. Ebenso grundlegende Veränderungen und Umbrüche verzeichnen wir im Bereich von Religion und christlichem Leben. Die geschlossenen konfessionellen Milieus sind abgeschmolzen. Das Hineinwachsen in eine kirchliche Gemeinschaft, ehemals fast Normalfall, wird heute zur Ausnahme. Solche Tendenzen gehen auch am Leben der Alamannia nicht vorbei. Was heißt das, wenn man früher sagen konnte: Man wurde Christ und blieb Christ, und man heute sagen muss: Es ist eher unwahrscheinlich, dass einer künftig bewusst als Christ leben wird. Christ sein hat seine Selbstverständlichkeit verloren.

Religio und Religion

Was sollen wir unter diesen Bedingungen mit Religio verbinden? Es gibt heute ganz verschiedene Religionsbegriffe und verschiedene Weisen der Menschen, Religion zu leben und für sich zu adaptieren. Religion im biblisch-christlichen Sinn hat für mich ein anderes Gepräge als die sogenannte Zivilreligion, die Art und Weise also, wie sich Religion im gesellschaftlich-politischen Rahmen öffentlich präsentiert. Die Religion im biblisch-christlichen Sinn trägt auch nochmals andere Züge als die in den letzten Jahrzehnten neu erwachte, frei vagabundierende Religiosität. Hier verdrängt eine auf den Einzelnen zugeschnittene, von diesem entworfene individuelle Religion mit freien Anleihen aus allen Weltreligionen, aus Esoterik und Therapie die eindeutige Ausrichtung an Jesus Christus und an seiner prophetisch-radikalen Lebensart.

Religio im biblisch-christlichen Sinn meint die Rückbindung an Jesus Christus. Im Johannesevangelium hören wir Jesus sagen: „Ich bin der Weg und

---

1 Johannes Kreidler, Dr., Weihbischof, geb 1946 in Grünmettstetten. Er studierte von 1966 bis 1970 katholische Theologie in Tübingen und Paris. Priesterweihe 1972 in Rottenburg. 1991 von Papst Johannes Paul II. zum Weihbischof in der Diözese Rottenburg-Stuttgart ernannt. Ehrenphilister bei Alamannia seit 2002

die Wahrheit und das Leben“ (Joh 14,6) und „Ich bin dazu in die Welt gekommen, dass ich für die Wahrheit Zeugnis ablege“ (Joh 18,37). Die Wahrheitsfrage entscheidet sich am Gottesbild, das Jesus Christus vorstellt und vorlebt. Da geht es nicht nur um Wahrheit im Sinne von theoretischen Erkenntnissen und Einsichten. Da geht es um die grundlegende Frage, was unser Leben in Wahrheit trägt. Was das Leben trägt, in aller Schuld und vor aller Leistung, im irdischen Lebensweg, aber auch noch im Tod, in der Freude, aber noch im Scheitern und im Zerbrechen von Lebensentwürfen. Religio handelt immer vom Menschen selbst, von den Grundlagen seiner Existenz. Kein Mensch kann immer nur unbeteiligt von außen auf die Welt und seine Mitmenschen zusehen.

Religio und Werte

Immer wieder gibt es durch gesellschaftliche Ereignisse oder durch Medien angestoßen Zeiten, in denen – so auch heute – ein Werteverlust diagnostiziert wird. Überblickt man demoskopische Forschungsergebnisse, gewinnt man insgesamt aber den Eindruck, dass wir es nicht mit einem Werteverlust zu tun haben, sondern mit einem Wertewandel, der verbunden ist mit einer Pluralisierung von Werthaltungen, einer Relativierung der individuellen Wertüberzeugungen, aber eben auch mit einem höheren Maß an gegenseitiger Toleranz. Der beschleunigte Prozess des Wertewandels im Bewusstsein und im Verhalten ist nicht zu leugnen, aber er ist auch nicht nur destruktiv. Es vollzieht sich eine Entwicklung hin zu einer offeneren Gesellschaft, in der jeder und jede für sich selbst mehr Verantwortung übernehmen muss. Diese Gesellschaft der individuellen Optionen ist zugleich eine Orientierungsgesellschaft. Ethik gewinnt in allen Bereichen an Bedeutung. Ethikkommissionen überall; Lehrstühle für Wirtschafts-, Sozial-, Umwelt-, Bioethik in einer Zeit allgemeinen Beratens. Die Nachfrage nach ethischer Orientierung wächst und sie wächst gerade dort, wo die geistige Bewältigung der Probleme mit der Dynamik der technisch-ökonomischen Veränderung, mit Wertewandel und Globalisierung nicht Schritt gehalten hat.

Religio und Verbindlichkeit

Werte lassen sich heute nicht mehr in dem Sinne „weitergeben“, dass es ausreichen würde, andere darüber zu belehren, oder durch eine strenge Erziehung auf sie zu verpflichten. Selbst grundlegende moralische Normen und Werte, die wir als unaufgebbar betrachten und die faktisch auch von vielen Menschen in unserer Gesellschaft geteilt werden, müssen in dem Sinn zur Disposition gestellt werden, als ihre Begründung immer wieder in kommunikativen Prozessen, in gesellschaftlichen Diskursen rational eingeholt werden muss. Es kann heute kein Wertebewusstsein mehr geben jenseits der von den Individuen beanspruchten Freiheit und Autonomie. In dieser individuellen

Freiheit gilt aber trotzdem: Keiner kann ohne Werte leben, wir sind als Menschen unaufhebbar moralisch ansprechbar, wenn auch nicht nur zum Guten, sondern auch zum Bösen verführbar. Jeder Mensch braucht für sich Unterscheidungen wie „Gut oder Böse“, „Falsch oder Richtig“, „Lebensförderlich oder Lebensvernichtend“. Religio meint hier Verantwortung übernehmen und verbindlich handeln. Doch Religio ist auskunftspflichtig. Um sich in ihrem Wesen zu erhalten, etwa in dem Sinne: mehr Communio und Diskurs als autoritäre Deklamation, weniger zentraler Befehl und regionaler Gehorsam. Es geht dabei nicht um Anpassung an den Zeitgeist, wohl aber um die Augenhöhe mit den Zeichen der Zeit und um die für heute geeignete Plausibilität des Widerstandes gegen das Humane.

Gerade im Bereich der Religio, des vor Gott verbindlichen Lebens, hat sich unser Blick ausgeweitet. Es geht nicht mehr nur um die Menschen von heute, sondern wir blicken auch auf die Menschen der kommenden Generationen. Wir blicken auf alle Geschöpfe Gottes – auch für diese haben religiöse Menschen eine Verantwortung, auch ihre Hoffnung und Angst teilen sie. Religio besinnt sich heute im Blick auf die bedrängenden Fragen der Zeit auf die Wertmaßstäbe, die wir von unserem biblisch-christlichen Glauben her gewinnen können. Um Haltungen geht es in der Religio, nicht gleich um konkrete Handlungsanweisungen oder Verhaltensänderungen. Diese ergeben sich aus einer religiösen Haltung. In den drängenden Fragen der Klimaveränderung spricht Religio statt von „Natur“ von „Schöpfung“ und hält an einem liebenden Schöpfergott fest. Religio ist dabei kein Gegenbegriff zur naturwissenschaftlichen Lehre von Evolution zum Beispiel, sondern es soll deutlich werden, dass gerade der Dialog von Schöpfungsglaube mit Naturwissenschaften und Technik zur Wahrnehmung der Schöpfungsverantwortung führen wird. Die Schwierigkeit besteht darin, dass sich die Natur nicht einfach so als Schöpfung bemerkbar macht; unsere Zeit ist bestimmt vom Wissenschaftsdenken der Naturwissenschaften und diese sprechen eine andere Sprache als die der Religio. Das ist unser Problem, dass wir vor zwei Sprach- und Sinnwelten stehen, wenn wir einerseits von Natur und andererseits von Schöpfung sprechen. Der religiöse Bezug des Begriffs „Schöpfung“ ist in Vergessenheit geraten und muss heute neu entfaltet werden – nicht im Sinne einer Abgrenzung gegenüber den Wissenschaften, sondern um in den Dialog zu kommen und eine neue Wertigkeit und die daraus resultierende Verantwortung des Menschen aufzuzeigen.

Religio und Lebensperspektive

Religio – christlich verstanden – ist die biblische Perspektive und Grundeinstellung. Wo sie realisiert wird, kommt es zu einer tief greifenden veränderten Wirklichkeitssicht und Handlungsorientierung. Es bedeutet, statt nach der

Frage nach Effekt, Nutzen und Leistung wieder die Frage nach dem Ursprung der Dinge und ihrem Eigenwert, ihrer Schönheit, ihrem Zusammenhang und Sinn zu stellen. Gott ist also der Bezugspunkt, an dem sich die Menschen bedingungslos festmachen dürfen. „Religio" kommt dem hebräischen Wort für „Glauben" nahe. Es meint: Sich festmachen in dem, was allein Halt gibt; sich verlassen auf das, was allein absolut verlässlich ist. Religio macht deshalb einen wohltuenden Unterschied: Nichts in der Welt braucht mehr divinisiert und bedingungslos verehrt zu werden, weder der Mensch noch die Natur; nichts braucht mehr ängstlich dämonisiert, verteufelt und gefürchtet zu werden. Alles kann in seiner Schönheit, aber auch in seiner Gefährdung voll wahrgenommen werden. Der Mensch darf freier Mensch sein, der sich nicht erst selbst fundamental begründen, überheben und einen Sinn verschaffen muss, weil er in einer letzten Gunst steht und einen Sinn schon hat. Er ist befreit zum gelassenen Dasein, zur behutsamen Gestaltung und Bewahrung der Welt.

Religio im christlichen Verständnis drängt zur Rückbindung an ein Gegenüber, zum Dialog mit einem Du. Im Gespräch sein, in Beziehung sein, diese Beziehung ausdrücken, das stärkt und macht die Verbindung und die Verbindlichkeit fester. Religio ist eine Perspektive, mit der ein wertorientiertes Handeln einhergeht. Der religiöse Mensch weiß um seine Verantwortung und er ahnt die Grenzen, die ihm damit gesetzt sind.

Religio heute ist auch die Suche nach der Wiederbelegung stabilisierender und gemeinschaftsstiftender Traditionen, nach neuen oder verlorenen Lebensstilen und Handlungskompetenzen, nach einer kulturellen Neubestimmung der gesellschaftlichen Entwicklungsziele sowie nicht zuletzt nach Frieden und weltweiter sozialer Gerechtigkeit. Hier kommt auch das Leben in der Verbindung in den Blick. Wo alles unverbindlich bleibt, wo nur versucht und am Glas genippt wird, ohne zu essen und zu trinken, wird das Leben zum Experimentierfeld. Zu einem wahren Leben gehört aber auch heute, verwurzelt zu sein; einen Wert zu haben, für den es sich zu leben lohnt und nach einem guten Ende ausschauen zu können. Ohne Religio wären wir nicht mehr verlässlich, ohne Religio würde unser Leben in tausend flüchtige Eindrücke zersplittern, hätten wir erst recht keine Überzeugungskraft. Deshalb ist ein wichtiges Kriterium, das anzeigt, ob wir auf dem Weg der Religio sind, die Freude der Gemeinschaft. Freude ist immer ein Ausdruck von Gemeinschaft und Teilnahme, eben von verbindendem Tun: Verbindung in der Weite des Geistes, die Bewährtes aufgreift und sich Neuem nicht verschließt. Religio als weitherziger und geistvoller Glaube kann die Welt verändern und wird auch in Zukunft ansteckend sein.

Scientia

Jost Reischmann[1]

Dieses unser zweites Prinzip ist einerseits einfach, andererseits schwierig. Keine der 149 Stiftungsfestreden hat sich explizit dieses Thema gestellt – was sagt uns dies?

Meistens werden in den Prinzipienreden drei Argumente zum Prinzip Scientia genannt – das ist der einfache Teil:

1. Wir sind (oder waren) Studenten an einer Universität. Durch Fleiß und Ausdauer ist es unsere Aufgabe, erfolgreich zu studieren. „Die Gründer unserer Gemeinschaft ... haben allezeit die Betätigung des 2. Prinzips in einem ernsten, erfolgreichen Studium gesehen“ (Forderer, Ala.bl. 33, 1965, S. 531). Scientia im Sinne von Fachwissen stellt sich dabei ein. Manchmal mit einer Unterstützung, die es in unserer Verbindung auch immer wieder gab: Zum Beispiel Repetitorien für bestimmte Fächer, oder auch das bundesbrüderliche Hausarbeiten-Besprechen oder Prüfungseinpauken.
2. Durch die interdisziplinäre Zusammensetzung unserer Verbindung begegnen wir auch Studenten anderer Fächer, bleiben also nicht im engen Fachkreis gefangen.
3. Auch durch die jedes Semester stattfindenden Vorträge eröffnet sich ein Blick „über den Tellerrand hinaus“ – eine dann gerne gebrauchte Floskel. Zu Scientia gehört dann über das Fachwissen hinaus auch eine umfassendere Perspektive – der Begriff „Bildung“ liegt hier nahe.

Aber ist das schon alles?

Es lohnt sich schon, etwas weiter zu fragen.

Ein Problem bei diesem Prinzip liegt im Gegensatz zu den beiden anderen Prinzipien auch darin, dass Wissenschaft dem neuen Studenten erst mit dem Studienbeginn begegnet. Zu Religio und Amicita bringen die neuen Studiosi schon Erfahrungen mit. Diese „Lebensformen“ gehören schon ein stückweit zum vorhandenen Repertoire, sind ein stückweit schon Auswahlkriterium, ob jemand zu uns kommt – und zu uns passt.

Wer aus dem katholischen Oberland oder aus Ellwangen kommt, dem sind religiöse Riten und Verhaltensweisen durchaus bekannt. Er bringt also ein Stück des „Stallgeruches“ Alamannias schon mit. Da braucht man nicht beim Punkt Null anfangen, sondern kann auf Vorhandenes aufbauen. Ähnliches gilt für Amicitia: Fragt man die neuen Bundesbrüder, dann erfährt man in der Regel, dass sie schon in Vereinigungen aktiv waren, oft auch schon dort Aufgaben und Funktionen wahrgenommen haben. Ein stückweit ist also auch die

---

[1] Bio siehe Seite 13.

Perspektive Amicitia mit Kameradschaft und Verantwortung übernehmen bereits angelegt.

Scientia ist im Gegensatz zu unseren beiden anderen Prinzipien beim Studienanfänger nicht angelegt. Sicherlich hat jeder Schüler in der Oberstufe über Wissenschaft gehört, bei manchen Lehrern auch im jeweiligen Fach wissenschaftliches Vorgehen erfahren – was möglicherweise die Wahl des Studienfaches beeinflusst hat. Vielleicht hat auch ein Deutsch- oder Geschichtslehrer wissen lassen, das Kant die Aufklärung damit kennzeichnete, dass man sich seines eigenen Verstandes bedienen und aus der selbstverschuldeten Unmündigkeit befreien solle – aber das dürfte in den meisten Fällen relativ fern der Lebenswirklichkeit geblieben sein.

An das Thema Scientia soll hier zunächst nicht mit Appellen herangegangen werden, was alles schön und wünschenswert ist, sondern mit dem Versuch, auszuloten, was alles in diesen Begriff eingeschlossen sein kann. Dabei wählen wir ein Verfahren, das in der Pädagogik „operationalisierte Zieldefinition" genannt wird: Man beschreibt, was am Ende eines Lernprozesses als Ziel herauskommen soll. Und von dieser Zielbeschreibung aus versucht man dann, Wege zu konstruieren, auf denen man hofft, diese Ziele zu erreichen.

Woran erkennt man jemanden, der Scientia verinnerlicht hat?

Dazu einige unvollständige Stichworte.

- Von einem Akademiker erwartet man, dass er/sie in der Lage ist, „sine ira et studio" (lateinisch für „ohne Zorn und Eifern", mit der Bedeutung ‚ohne emotionale Beteiligung und Parteinahme, sachlich und objektiv') zu denken und zu handeln. Egal, in welchem Beruf.
- Dazu gehört, dass man in der Lage ist, unparteiisch an Probleme heranzugehen, auseinanderzusortieren, ob und wann man selbst ein Eisen im Feuer hat.
- Scientia meint auch die Einsicht, sich bewusst zu sein, dass man „auf den Schultern von Riesen" weiter sehen kann als aus der eigenen Zwergenperspektive. Das bedeutet: Man ist in der Lage, mühsame Literatur-, Archiv-, Bibliotheksarbeit oder Labor-/Experimentalarbeit auf sich zu nehmen, bevor man den Mund aufmacht.
- Dazu gehört, dass man in der Lage ist, für lange Wege Geduld und Ausdauer in Kauf zu nehmen - lange Dursttrecken zu überstehen. Der Student, der seine Master- oder erst recht Doktorarbeit schreibt, wird dies schmerzhaft erfahren.
- Von einem Akademiker gleich welcher Fakultät erwartet man, dass er/sie es aushält, dass es offene Fragen gibt – zu wissen, wenn man etwas nicht

weiß. Und solche offenen Fragen mit wissenschaftlichen Methoden anzugehen (z.B. Hypothesen bilden und testen), weder zu resignieren noch kurzschlüssig haltlose Phantasien zu entwickeln.

- Scientia beschreibt auch eine Einstellung, Probleme durch Vernunft und Nachdenken zu lösen. Nicht mit Gewalt, nicht mit lauthalsiger Besserwisserei.
- Lebenslanges Lernen, die Bereitschaft immer wieder zu lernen, zeichnet jeden Beruf aus, der über ein wissenschaftliches Studium erreicht wird. In keinem Bereich reicht das Wissen von heute für morgen aus. Alle Berufe werden in zehn Jahren anders aussehen, als wir es heute mit Studienabschüsse zu beschreiben meinen.
- Nicht zu vergessen: Zur Scientia gehört auch die wissenschaftliche Redlichkeit , die fremde Gedanken respektiert und kein Plagiat begeht.
- Und schließlich dann doch Kant: Der Weg zu Scientia fordert, sich seines eigenen Verstandes zu bedienen. Das schließt ein, „gewaltigen" Worten und Autoritäten zu misstrauen, sondern Einsichten durch das tastende Hinausdenken zu gewinnen.

Um das alles zu erreichen, bedarf es Universitäten und Universitätslehrer, die diese Persönlichkeitsentwicklung fördern. Wieweit das heute in den bologna-organisierten Universitäten noch möglich ist, vermag ich nicht zu sagen. Der Präsident und Pädagogik-Professor der Universität Hamburg, Prof. Dieter Lenzen, fasst im Sinne von Scientia zusammen: „wenn es das Ziel sein soll, Persönlichkeiten herauszubilden, die nicht auf Glauben, sondern auf Wissen setzen, nicht auf Meinungen, sondern auf Tatsachen, nicht auf Indoktrination , sondern auf kritische Reflexion und Zweifel, dann können sie dieses kaum besser erwerben als in einem wissenschaftsmethodisch qualifizierten Unterricht, der auf Prozesse des Verstehens, Zweifelns und Kritisierens setzt und nicht auf fertige Ergebnisse" (in: Die Zeit, 15.3.2012).

Was bedeutet das für die Verbindung?

Wir meinen oft, dass die Prinzipienreden vor allem zur Erziehung der jungen Bundesbrüder gemeint ist. Das ist sicher nicht falsch. Doch hier soll der erste Blick auf uns selbst als erwachsene Akademiker gehen. Jeder kann sich anhand obiger Liste selbst fragen, inwieweit sich im drängenden Alltag diese allgemeinen Maximen noch wiederfinden. So wie bei den anderen zwei Prinzipien verliert man auch dieses allmählich aus den Augen. Deshalb ist es gut, dass in Prinzipienreden in unserer Verbindung auch immer wieder explizit diese Prinzipien angesprochen und angeboten werden. Ob dies als Belehrung große Wirkung zeigt, kann man in Frage stellen. Vielmehr kann dies als Wiedererinnern - „Das habe ich auch mal für wichtig und hilfreich gehalten" - seine

Wirkung entfalten und an der einen oder anderen Stelle uns wieder zu dem zurückführen, was uns als Akademiker ausmacht.

Bewusst wurde hier die Bezeichnung „Akademiker" gewählt, und nicht „Wissenschaftler". Nur ein geringer Teil unserer Bundesbrüder wird als „Wissenschaftler" tätig sein. Aber die Verpflichtung auf Scientia gilt für alle akademischen Beruf, ist entscheidendes Kriterium und Orientierung.

Und für die Jungen, die Aktiven? Auch hier wieder zunächst der Blick auf unsere Verantwortung als Alte Herren: Sind wir gute Vorbilder, dass und wie wir in unseren akademischen Berufen das Pinzip „Scientia" leben? Die „Burggespräche", in denen Alte Herren mit den Aktiven zusammensitzen, sind sicherlich ein guter Anlass, darüber miteinander ins Gespräch zu kommen. Aber auch vieles andere in und neben unseren Semesterprogrammen - Vorträge und Diskussionen, Arbeitsgruppen und Prüfungsvorbereitungen - können dazu dienen, über das nachzudenken, was scientia über Fachwissen und Fächergrenzen hinaus bedeutet.

Kritik und Grenzen

„Scientismus" bezeichnet die Auffassung, dass sich mit wissenschaftlichen Methoden alle sinnvollen Fragen beantworten lassen. Schon bald wurde aber kritisch angemerkt, dass sich damit ein verengtes Weltbild ergibt.

In dem sehenswerten Film „Der Name der Rose" nach dem Buch von Umberto Ecco gibt es eine kurze Szene, die auch die Begrenztheit von Scientia zeigt. Die Inquisition ist im Kloster eingetroffen, die Mönche beraten, was zu tun ist. Der Protagonist der Geschichte, Bruder William (– hach, Sean Connery!) warnt, man solle Bruder XY verstecken. Der Abt antwortet ihm: „Es ist schon alles vorbereitet. Du bist es, um den wir uns Sorgen machen, William." Und dickköpfig beharrt William auf seinem Standpunkt: „Es ist die Wahrheit und ich habe recht". Wir erleben in diesem kurzen Austausch unterschiedliche Einstellungen zum Leben. Bruder William ist der Aufgeklärte, dessen Leitmotiv „die Wahrheit" – Scientia - ist (auch wenn er gewarnt wird: „Sei gewarnt, dass es dir nicht geht wie Giordano Bruno!" - der bekanntermaßen verbrannt wurde). Der Abt hat ein anderes Lebensprinzip: „Um dich machen wir uns Sorge!" Ist das nicht das Prinzip Amicitia, das er über das Rechtbehalten der „Scientia" setzt??

Galilei - mit Sicherheit ein Mann der Scientia - hat sich da feiger, aber klug verhalten: Er hat seiner wissenschaftlichen Erkenntnis „Die Erde dreht sich um die Sonne!" abgeschworen, wurde nicht verbrannt, und soll dann hinterher trotzig gesagt haben: „Und sie bewegt sich doch!"

Mit diesen beiden Beispielen soll gezeigt werden, dass das Prinzip Scientia - die Berufung auf Vernunft und Wissenschaft - für sich allein als oberste

Maxime problematisch ist. Es ist sicher richtig, dass von Studenten, erst recht von Akademiker im Beruf erwartet wird, dass sie sich nicht von blindem Glauben oder genauso blindem Eifer hinreißen lassen: egal ob als Richter, Pfarrer, Lehrer, Arzt, Betriebswirt oder in anderer Funktion. Sich von eigenen Überzeugungen auch distanzieren zu können gehört zu den Eigenschaften eines Akademikers, gehört zur Botschaft von Scientia. Aber das Formulieren eines Idealtyps darf nicht mit der normativen Forderung gleichgesetzt werden, das sei das „Ideale". Denn das Leben ist zu vielfältig, als dass ein einziges Prinzip über allem stünde.

Es hat doch seinen Sinn, dass wir in unserer Verbindung drei Prinzipien haben. Und hoffentlich auch die Weisheit besitzen, sie angemessen für den Einzelfall gegeneinander abzuwägen.

Amicitia - Freundschaft

Was damit in studentischen Verbindungen gemeint ist

Josef Nolte[1]

Das Thema mag überraschen. Denn das Lebensprinzip Freundschaft scheint doch tief eingeprägt zu sein in alles akademische Verbindungswesen. Freundschaft wird dort allgemein als tragende Säule der beschlossenen Lebensbunde erachtet. Auch im Kartellverband katholischer deutscher Studentenvereine sind die Mitglieder auf dieses Grundprinzip verpflichtet. Freundschaft bildet neben Religion und Wissenschaft die dritte Säule jeder einzelnen Verbindung. In unser gutes, altes Latein rückübersetzt heißt dies: Religio, Scientia, Amicitia. Diese Drei bilden das Fundament solcher Gemeinschaften, die sich in ihren Verbindungen eine eigene Lebenskultur schaffen.

Was diese unumstößlichen Prinzipien betrifft, so sind sie untereinander verbunden, sind jedoch auch im Einzelnen zu unterscheiden. Denn mit Religio und Scientia ist der vorgegebene und nicht hinterfragbare Rahmen katholischer Studentenverbindungen gesetzt, während Freundschaft - Amicitia also - als ein Versprechen und als die Frucht gelingenden Verbindungslebens anzusehen ist. Umso mehr verwundert es, dass in den Akademischen Monatsblättern des Kartellverbands und auch in den regelmäßigen Mitteilungen unserer inzwischen einhundertfünfzig Jahre alt gewordenen Alamannia zu Tübingen nur sehr selten von Freundschaft die Rede ist.

---

1 Josef Nolte, Prof. Dr. theol., geb. 1940 in Breitenberg. Studium der Philosophie, Theologie, Geschichte und Kunstgeschichte in Tübingen und Florenz. 1963 Eintritt in die KStV Stauffenberg, 1971 B-Philister Alamanniae. 1984-2005 Lehrstuhl Europäische Kulturgeschichte und Kunstwissenschaft Universität Hildesheim.

Dies mag auch daran liegen, dass mit dem hohen Begriff ein Maßstab gesetzt ist, der sich für den Lebensvollzug einer Verbindung als beinahe unerreichbar hoch erweist, weshalb hier zunächst zu fragen ist, was Freundschaft in diesem hohen und engeren Sinne heißt und was darüber hinaus in einem sekundären Verständnis so genannt wird. Im Zuge einer solchen Unterscheidung kann sich zeigen, dass studentische Lebensgemeinschaften sich zwar mit dem Begriff von Freundschaft im übertragenen Sinn begnügen müssen, aber dennoch Anteil haben an diesem hohen Prinzip.

Die idealistische Bedeutung: Uneigennützigkeit und Wahlfreiheit

Was Freundschaft im elementaren und primären Wortsinn ist und bewirkt, ist in vielfacher Hinsicht bedacht und beschrieben. Am nachhaltigsten vielleicht von Marcus Tullius Cicero, der in seinem Traktat „De amicitia" den Protagonisten Laelius sagen lässt, Freundschaft sei der Gipfel aller Gesellschaft und sei das Höchstmaß geistig verstandener Liebe. Er folgert dies aus dem sprachlichen Befund, wonach amicitia mit amor zusammenhängt. „Beide Worte", so folgert der römische Staatsmann und Humanist, „sind von amare abgeleitet. Amare aber bedeutet nichts anderes als einen Menschen zu erwählen, den man liebt, ganz ohne ihn nötig zu haben, ohne einen eigenen Vorteil zu suchen." Dieser Vorteil aber geschieht von selbst, auch wenn man ihn nicht eigens gesucht hat, meint unser Cicero. Der aufgewiesene Grundzug der Freundschaft und deren Verwurzelung in der Liebe wird im Folgenden immer wieder als amikable Voraussetzung von Freundschaft bezeichnet.

Aus dieser idealistischen Sichtweise liegt es nahe, dass Freundschaft im primären Sinn nur im Vollzug absoluter Freiheit geschieht und dementsprechend unverfügbar ist. Ein Freund schuldet dem Freunde nichts; er verlangt von dem Freunde nichts; er liebt den Freund, damit dieser ist und sein kann, der er ist. Der Freund glaubt alles, was der Freund glaubt und setzt seine Hoffnung in das, was für den Freund Grund der Hoffnung ist. Unverkennbar berührt sich diese hohe Auffassung von Freundschaft mit der Botschaft des Paulus von Tarsus, der in das allbekannte hohe Lied der Liebe Elemente von Freundschaft einsetzt, wenn er sagt: „Die Liebe sucht nicht ihren Vorteil. Sie glaubt alles, hofft alles und duldet alles" (1. Kor 3).

Uneigennützigkeit und Wahlfreiheit in der Freundschaft sind somit deren hervorragende und unverzichtbare Merkmale. Diese finden sich auch in dem eindringlichen Essay von Michel de Montaigne, welcher der Freundschaft gewidmet ist. Der hervorragende Kenner menschlicher Schwächen und Bedürfnisse sieht wie Cicero Freundschaft als den Gipfel menschlicher Lebenskultur an. Er lässt darum Elternliebe, Geschwister, Gattentreue und Liebesbeziehungen zwischen den Geschlechtern wegen ihrer nur in der Natur begründeten Zwanghaftigkeit hinter der Freundschaft zurücktreten. Denn diese allein ist einzig von dem geistigen Wert der Wahlfreiheit bestimmt.

Dementsprechend treten in einer Freundschaftsbeziehung dieser hohen Art alle Erwartungen auf Vorteil und Nutzen zurück. Montaigne nimmt dabei nicht einmal die zu allen Zeiten für heilig gehaltene Gastfreundschaft von dem Verdacht aus, auch hierbei sei immer noch ein Vorteilsdenken und eine Bringschuld im Spiel. Er weiß wie Cicero, dass der Freund dem Freund von sich aus beisteht und dass dieser sich in der Not darauf verlassen kann. Der Satz „Amicus certus in re incerta cernitur" (ein sicherer Freund erweist sich in einer unsicheren Lage als ein solcher) gehört darum zu allen Zeiten zu den stärksten Lebensgewissheiten.

Die sekundäre Bedeutung

Die Rede und die Dimension von Freundschaft verändert sich, wenn dieser nicht mehr eine konkret-erlebte und persönlich ausgestaltete Beziehung zwischen zwei Menschen, sondern eine kollektive Größe in Gestalt von Gruppen, Parteien oder gar Nationen zugrunde liegt. Diese Ausweitungen begegnen uns, wenn in politischem und gesellschaftlichem Umfeld von Freundschaftsverträgen, Freundschaftsbekundungen und im Sport dann eben von Freundschaftsspielen gesprochen wird. Die jüngere Generation dehnt heutzutage die Rede von Freundschaft zudem auf den Kreis all derjenigen aus, die sich in angenehmer Weise wiederholt begegnen, nicht selten dabei auch nur Mahlzeiten verzehren oder gymnastische Körperübungen betreiben.

Was das Recht und die Angemessenheit dieser sekundären und übertragenen Rede von Freundschaft angeht, so werden dabei in aller Regel auch die zuvor festgestellten Grundvoraussetzungen von Freundschaft unterlaufen. Von Wahlfreiheit und Unverfügbarkeit und von Verzicht auf jedwede Vorteilsnahme ist die sekundäre Verwendung des Begriffs in der Regel nicht geprägt. Wo lediglich der Ausbau von Netzwerken, die Herstellung von Amigo-Verbindungen und sonstige Formen von Meistbegünstigung und Vorteilswahrung gemeint sind, sollte von Freundschaft nicht die Rede sein.

Dies gilt noch mehr für die Beschwörung von Freundschaft in der politischen Rhetorik, die damit auf bedingungslose Gefolgschaft und auf die sprichwörtliche Nibelungentreue abzielt. Nicht frei von Zwang und Zwangsideen ist darum auch die Heroisierung von Freundschaftspaaren, die sich bei der Durchführung ihrer oftmals fatalen Ziele im moralischen Ausnahmezustand bewegen und infolge dessen ihr Leben aneinander ketten. Cicero erwähnt in diesem Zusammenhang das Freundespaar Orestes und Pylades, die im griechischen Mythos die Rache an der Mörderin Klytämnestra durchführen. In Erinnerung geblieben ist auch das Freundespaar Pollux und Castor, die den Tyrannenmord auf sich nehmen. Und selbst noch im volkstümlichen Freundespaar Max und Moritz hält sich das prekäre Verlangen einer rückhaltlosen Einmütigkeit auf, der am Ende sogar böse Streiche zugestanden werden. Ganz zu schweigen aber ist in diesem Zusammenhang von den obskuren Ritualen einer Blutsbruderschaft, die noch bei Goethe als Teufelspakt zwischen Faust und Mephisto begegnet.

„Amikables Milieu“: Aufmerksamkeit, Entgegenkommen

Im Hinblick auf diese Unterscheidungen kann gesagt werden, dass in studentischen Verbindungen ausschließlich von Freundschaft im abgeleiteten und übertragenen Sinn die Rede ist. Doch auch bei dieser Form behält der Freundesbegriff seinen Wert, wenn dabei die immer wieder genannten Grundbedingungen in Geltung bleiben; wenn also die Freiheit, Unverfügbarkeit und der Verzicht auf Vorteilsnahme gegeben sind und damit die geistige Verankerung der angestrebten Freundschaftsverhältnisse sicher ist.

Was studentische Verbindungen mit ihrem Freundesversprechen jedoch herstellen können, ist vor allem jenes amikable Milieu, von dem Platon und Paulus sowie Cicero und Montaigne bereits sprechen. Dies umfasst ungeschuldete Hilfeleistung in allen Studien- und Lebensbelangen. Auch sollte in einer Verbindung jedem einzelnen Mitglied eine gleichberechtigte Kommunikation und die persönliche Hochschätzung gewährt werden. In keinem Falle sollten Verbindungen ihren Mitgliedern pauschale Leistungsversprechungen in Aussicht stellen. Und gerade der Kartellverein darf nicht zum Kartell von Vorteilsnahme und Meistbegünstigung herabsinken. Darum lässt Cicero seinen Laelius sagen: „Der Anstand, der Anstand ist es, der Freundschaften hervorbringt und erhält. Im Anstand ist Harmonie und Vollkommenheit gewährleistet.“

Bei der Ausgestaltung des Freundschaftsprinzips in studentischen Verbindungen wird es darauf ankommen, den geistigen und moralischen Austausch an die oberste Stelle zu setzen. Dabei steht - nochmals gesagt - die Herstellung und Bewahrung eines amikablen Milieus allem voran. Dieses wird erreicht durch gegenseitige Aufmerksamkeit und beständiges Entgegenkommen.

Das gemeinsame Haus und die Anhebung gemeinschaftlicher Geselligkeit zu Erkenntnissen in der Wissenschaft und auch zum gemeinsamen Religionsvollzug bieten Möglichkeiten und auch den Anlass zur Ausgestaltung einer wachsenden Lebenskultur, die von Freundlichkeit bis hin zu gemeinschaftlich erfahrener Freundschaft reicht. Dazu mögen die althergebrachten Rituale und Gesänge beitragen, wenn sie zuweilen auch nur mit einem Augenzwinkern vollzogen werden. Wenn also „zur frohen Feierstunde“ der Bund aus dem Kommersbuch von 1802 vom „Freundschaftskuss“ und „Freundschaftsband“ redet. Und wenn schwärmerisch mit Schillers Hymne an die Freude die Freude ausgesprochen wird, die darin besteht, „eines Freundes Freund zu sein“. Oder wenn gar das Bundeslied aufklingt „Bruder reicht die Hand zum Bunde“ und dabei schwärmerisch gewünscht wird, dass diese hohe Freundschaftsstunde „währe ewig jung und schön“.

Projekte im Geiste der Freundschaft: Erfahrung von Selbstübersteigung und Selbstüberwindung

Nachhaltiger und gewichtiger als solche Rituale und Simulationen dienen konkrete Projekte innerhalb der Verbindung zu einer gemeinschaftlichen Erfahrung von Freundschaft. Dabei hatten konkrete Projekte den Vorrang, die der stets naheliegenden Selbstbezogenheit und Selbstverliebtheit von Korporationen entgegen wirken. Solche Projekte sollten auf eine soziale Dimension und Wirkung bedacht sein und vor allem jene Kommilitonen außerhalb der Verbindung in den Blick nehmen, die in Not geraten. Denn immer noch ist der Studienanfänger und Studierende wie vor 150 Jahren bei der Universität in eine wüste und fremde Welt gestellt. Immer noch ist er von Orientierungsbedarf bestimmt und von Einsamkeit umgeben, immer noch kommt ihm Unterstützung in dieser besonderen Lebenssituation recht. Aber auch solche Projekt wie seinerzeit der Kontakt mit dem St. Konradihaus in Schelklingen oder den Damen vom Poloni-Altenheim zählen hierzu.

Es spräche auch nichts dagegen, wenn solche Projekte geistlich und religiös ruckgebunden würden an das Fundament des christlichen Glaubensvollzugs. Es wäre schön und hilfreich, wenn etwa die dazu gewillten Mitglieder der jeweiligen Aktivitas sich zu einer morgendlichen Psalmenlesung zusammenfänden und dabei ihr Projekt zu einer Freundschaftspflege auf Menschenfreundlichkeit und Notminderung hin besprechen. Freundschaft würde auch in diesem sekundären Sinn zu einer Lebenskultur und zu einer Erfahrung von Selbstübersteigung und Selbstüberwindung - zu einer Erfahrung konkreter Transzendenz.

Stärker noch als in den Freundschaftsbeschwörungen unserer Kommerslieder tritt der Rang und Wert gemeinschaftlich gelebter Freundschaft in Texten wie dem 133. Psalm in Erscheinung, den der bedeutende niederländische Dichter und Theologe Huub Osterhuis in die Gegenwart übersetzt hat mit den Worten:

Allein geht auch
mit zweien noch besser
zwei oder drei
mit zwölfen
oder sieben mal sieben
einträchtig.

Du wäschst deinen Wuschelhaarkopf
dein Haar wird weich
du reibst die Salbe hinein
es tropft über deine Wangen
in deinen Hals

So fühlt es sich an: sein mit
vielen, sicher -
Tau sinkt nieder
vom Hochgebirge
in der Morgensonne.

Man kennt einander
man weiß, zu wem man gehört
gesegnet bist du

so fühlt sich die neue Welt an
die kommen wird.

Was den große Ring bewohnet ...
Alamannia und ihre Beziehung zum KV

Sylvester Held Al![1]

Der Kartellverband katholischer deutscher Studentenvereine – KV - ist ein Zusammenschluß von derzeit ca. 140 Mitgliedsvereinen. Seine Unterstützung hat Alamannia in ihrer Anfangszeit mehrmals das Fortbestehen gesichert. Der durchschnittliche Kartellverein besteht aus ca. 120 Alten Herren und bis zu 10 Aktiven. Alamannia gehört also zu den großen Verbandsmitgliedern. Auch mit Tübingen, dem Neckar, dem Stocherkahn und natürlich unserer Burg punkten wir im Verband, ziehen Kartellbrüder an und sind gern gesehene Gäste auf anderen Kartellhäusern und Etagen.

Gründerzeit und erste Spuren unserer Alamannia

Der KV gründete sich in dem Mitte des 19. Jahrhunderts geführten Kampf säkularer gegen kirchlicher Kräfte. Alle religiös gebundenen Studentenverbände wurden in dieser Zeit gegründet. Durch die napoleonische Zeit erfolgten erhebliche Veränderungen der politischen Verhältnisse. So entstand z.B. aus dem Herzogtum Württemberg durch die Eingliederung der vorderöstereichischen Lande sowie der Freien Reichstädte und vieler kleinerer Herrschaften das Königreich Württemberg. Seine Bevölkerung umfasste nun sowohl die evangelischen Alt-Württemberger als auch die hinzugekommenen katholischen Untertanen der bislang freien bzw. österreichischen Lande. Zudem erstarkte Mitte des 19. Jahrhunderts das Bürgertum, was zur Gründung vieler Vereine führte, insbesondere auch solcher zur Stützung des Katholizismus im Königreiche.

Die religiös gebundenen Studenten dieser Zeit wollten auch und insbesondere an den Universitäten ihr christliches Leben führen und einer staatlich geförderten Entchristlichung Widerstand entgegensetzen.

Im Jahre 1853 wurde in Berlin der erste „Katholische Leseverein“ gegründet. Dieser Verein, aus dem im Jahre 1881 der K.St.V. Askania (Universität) und der K.St.V. Burgundia (TU) hervorgegangen sind, ist damit die Keimzelle des KV. Der Leseverein unterhielt bereits Kontakte nach München zur Aenania, die später Gründungskorporation des CV werden sollte.

In den Folgejahren wurden an weiteren deutschen Universitäten Studentenvereine gegründet, die sich der Stärkung des katholischen Glaubens in der

[1] Sylvester Held Al! geb. 1958 in Rottenburg, Eintritt in Alamannia WS1978/79, x SS 1980, vx WS 1980/81. EM.d.C! EM d. Rh-N! Erm AHX Sem! Urb! Stfbg (AHBX, AHVX, AHXXX, X, VX).

wissenschaftlichen Betätigung verpflichtet hatten. Auf dem 16. Deutschen Katholikentag im Jahre 1864 gründeten sieben Vereine den „Würzburger Bund". Bereits 1865 trennten man sich in Trier wieder, da die Meinungsverschiedenheiten über die Organisation des Bundes und der einzelnen Mitgliedsvereine nicht zu überbrücken waren. Die vier farbentragenden Verbindungen übernahmen das bereits 1865 zwischen Aenanina München und Winfridia Breslau begründete Cartellverhältnis. Die fünf nicht farbentragenden Vereine gründeten im Januar 1866 den Verband der katholischen Studentenvereine, dessen Sitz heute noch Würzburg ist. Die Kartellvereine verzichteten auf das Tragen von Farben und andere äußere studentische Bräuche, die sie als Ablenkung von ihren wissenschaftlichen und religiösen Grundsätzen ansahen.

Dies war auch der Grund , warum der erste Anlauf der Alamannia, die Mitgliedschaft im KV zu erwerben, scheiterte. Der Tübinger Convent hatte am 8. August 1871 beschlossen, Bierzipfel in den Farben schwarz-weiss-blau zu tragen. Dies wurde vom Vorort des KV als „Farbentragen" abgelehnt. Erst der Kompromiss mit dem schwarzen Grundzipfel löste den Knoten. Mit Schreiben vom 7. Februar 1872 wurde den Tübinger Verbandsbrüdern die Aufnahme in den KV mitgeteilt. So gehört Alamannia mit zu den Gründern der sogenannten „Schwarzen" Verbindungen, die heute noch schwarze Grundzipfel zwischen Leibbursch und Leibfux tauschen.

Rarität: Alamannenkrug von 1874! Bildnachweis: Bastian Held

Schwarz-weiß-blau blieben die Farben der Alamannia. Ein Bierkrug aus dem Besitz des Autors zeigt, dass die verbindungstypischen Elemente trotz aller Bemühungen um Distanz nicht gänzlich verbannt werden konnten. Ein Bierkrug mit einer Datierung aus dem Jahr 1874 weist alle bis heute üblichen korporativen Elemente aus: Wappenschild, studentische Heraldik, Helmzier, Farben, Wahlspruch. Bemerkenswert an diesem Krug, außer dem Jahr der Dezidierung, ist der Deckelknauf: Eine sich die Pfote (nach dem Inhalt?) leckende Katze. Die kaiserreichtypischen Adler waren damals offenbar noch nicht in Mode.

Gründungsvereine des KV und die „Alamannen-Familie"

Die Gründungskorporationen sind:
1. K.St.V. Askania-Burgundia im KV zu Berlin,
2. K.St.V. Unitas-Breslau im KV zu Köln
3. K.St.V. Arminia im KV zu Bonn
4. K.St.V. Germania im KV zu Münster
5. K.St.V. Walhalla im KV zu Würzburg

Diesen Kartellvereinen schlossen sich in den Folgejahren an:
6. K.St.V. Ottonia im KV zu München (gegr. 1866, aufgenommen auf der 1. GV 1867)
7. K.St.V. Laetitia im KV zu Karlsruhe (gegründet 1866, aufgenommen 3. GV 1869)
8. K.St.V. Winfridia im KV zu Göttingen (gegründet 1870, aufgenommen WS 1870/71)
9. K.St.V. Alamannia im KV zu Tübingen (gegründet 1871, aufgenommen am 07.02.1872)

Später traten auch Tochtervereine der Alamannia dem KV bei:
45. KAV Rheno-Nicaria im KV zu Stuttgart, (gegründet 1903, aufgenommen 1905)
85. K.St.V. Rechberg im KV zu Tübingen (gebründet 18.12.1927, aufgen. 03.02.1928)
114. K.St.V. Stauffenberg im KV zu Tübingen (gegr. 25.02.1958, aufgen. 1958)
115. K.St.V. Rosenstein im KV zu Schwäbisch-Gmünd (gegr. 1954, aufgen. 1959)
120. K.St.V. Vineta im KV zu Weingarten (gegr. 1961, aufgen. 1961)

Unsere Tochter V.D.St. Cimbria zu Reutlingen (gegründet 1922) hatte ebenfalls Antrag auf Aufnahme in den KV gestellt, konnte aber seinerzeit mangels „akademischer Qualität" des Lehrinstitutes in Reutlingen nicht Kartellverein werden. Trotzdem wächst, blüht und gedeiht unsere Reutlinger Tochter hervorragend und macht uns in Reutlingen alle Ehre!

Netzwerk KV

Wer ist der Kartellverband?

Wir sind 80 Kartellvereine mit Aktivitates, ca. 60 Kartellvereine ohne Aktivitas, ca. 13.000 Alte Herren, ca. 2.500 Aktive. Nicht zu vergessen der jeweilige Damenflor!

Lange vor den heutigen „sozialen“ Netzwerken erbauten die Mitglieder von Kartellvereinen durch den KV ein eigenes, Deutschland, ja Europa und die Welt umfassendes Netzwerk.

Dieses Netzwerk kann, sofern der einzelne Bundesbruder hierzu willens ist, durch die Teilnahme an Veranstaltungen des Verbandes, der KV-Akademie, des Ortskartells (z.B. Köln, Münster, Aachen) und einzelner Kartellvereine (Stiftungsfeste, Semesterveranstaltungen aller Art, Übernachtungsmöglichkeiten jeweils vor Ort, Bude für Auswärtssemester etc.) seine positiven Auswirkungen entfalten. Kartellbrüder werden (idR) stets herzlich aufgenommen, ein Willkommensbier ist nie weit und so entstandene Kontakte halten oft ein Leben lang. So mancher Zipfelbund gibt davon ein schillerndes Beispiel ab.

Wappen des KV

Ein weiteres Bindeglied zwischen Verband, Kartellverein und einzelnem Bundesbruder kann die Zeitschrift des Verbandes, die Akademischen Monatsblätter, sein. Nicht jeder Kartellverein leistet sich wie unsere Alamannia eine eigene Mitgliederzeitung, die sogar zweimal im Jahr erscheint. Eine nicht zu unterschätzende Leistung der beteiligten Bundesbrüder! Wer solche Nachrichten von seinem Kartellverein nicht erhält, bekommt wenigstens über die Verbandszeitung Nachrichten aus der korporativen Welt. Besonders erwähnt sein soll hier auch, dass alle Ausgaben der Monatsblätter und der Vorgänger, die Korrespondenzblätter, im internen Bereich der Homepage des Verbandes aus dem Archiv abrufbar sind.

Alle Kartellangehörigen vor Ort können einen „Ortszirkel" bilden. Damit schaffen sie ein Netzwerk am Ort. Insbesondere Neuzugezogene können regelmäßig von der Ortskenntnis der Kartellbrüder profitieren und erhalten Einblicke in die Umstände und Zusammenhänge am neuen Wohnort. Das kartellbrüderliche „Du" erleichtert den Einstieg ungemein. Nach dem erfolgreichen Einstieg lenken dann Familie und Beruf regelmäßig die Aufmerksamkeit der Kartellbrüder weg vom Ortszirkel. Spätestens mit der Vorbereitung auf den Ruhestand ändert sich dies oft schlagartig wieder. Zudem gibt der Ortszirkel dem Kartellangehörigen fern des heimatlichen Kartellvereins eine Möglichkeit einer korporativen Heimat, Teilnahme an korporativen Veranstaltungen (Stiftungsfeste vor Ort, überregionale Kommerse, gemeinsame Teilnahme an Veranstaltungen der KV-Akademie, gemeinsame Anreisen zu Veranstaltungen (nach Tübingen von Heilbronn, Ellwangen oder Ravensburg aus). Nicht vergessen sein soll auch die Möglichkeit des Kartellbruders vor Ort, sich persönlich einzubringen in das Keilgeschäft des eigenen Vereins bzw. der Kartellvereine an den benachbarten Studienorten. Wie sagte Bb Max Gögler stets sehr eindringlich: Keilen tut Not!

Alamannia übernimmt Verantwortung im KV

Erster Vorort 1890/91

Noch in ihren Teenagerjahren übernahm Alamannia die Verantwortung im Vorort - wie im „Korrespondenzblatt des Verbandes der Katholischen Studentenvereine Nr. 53" nachzulesen.

Die V. O. K. für das W. S. 1890/91 besteht aus:

Anton Michel, cand. iur., Vorortspräsident, Tübingen, Herrenbergerstr. 2.
Johannes Frankenbach, stud. reg., Schriftführer, Herrenbergerstr. 2.
Gottfried Armbruster, stud. med., Kassierer, Jesingerstrasse 3.
Paul Sorger, cand. cam., I. Beisitzer.
Otto Henne, stud. med., II. Beisitzer.

Zweiter Vorort 1910/11

Den zweiten Vorort stellte Alamannia in den Jahren 1910/11. Forderer benennt als Vorortspräsidenten Bb Dr. med. Wolfgang Bippus, Ravensburg und als Vorortsschriftführer Bb Winfried Braunger, Apotheker aus Ehingen. Prinzipiell wurde schon damals die jeweilige Kartellvereine zum Vorort gewählt. Diese bestimmte dann die jeweiligen Mitglieder des Vorortspräsidiums.

Dritter Vorort 1932 – 1935

Bb Dr. iur. Konstantin Hank, späterer Altherrenvorsitzender der Alamannia, wurde im Jahre 1932 zum Vorortsvorsitzenden (V.O.V.) des deutschen KV gewählt. In der Zeit des aufkommenden Nationalsozialismus kämpfte er zusammen mit dem Ehrenmitglied der Alamannia, dem Vorsitzenden des

Altherrenbundes des KV, dem ehemaligen Reichskanzler Bb Wilhelm Marx um den Fortbestand des Verbandes und der Kartellvereine. Letztlich erfolglos.

Am 5./6. Oktober 1935 berief der zwischenzeitliche „Verbandsführer“ Hank die verantwortlichen Gremien des KV zu einer Sitzung nach Würzburg. Dort, unter der Leitung von Bb Robert Thuma, wurde über die Zukunft des Verbandes durchaus streitig verhandelt. Letztlich wurde von Hanks zweitem Assistenten, dem späteren Tübinger Rechtsprofessor Bb Dr. Fritz Baur, dessen Rücktritterklärung verlesen. Kaum einen Monat später, am 20. Novemer 1935, wurde der Verband aufgelöst.

Aller guter Dinge sind wenigstens drei. Bei uns Alamannen sogar vier bis fünf!

Vierter Vorort 1956/1957

Im Jahre 1956 übernahm Alamannia zum vierten Mal Verantwortung. Bb Dr. Gebhard Ziller wurde Vorortspräsident des KV, der VO-Übergabe-Kommers in Ravensburg, Präside war kein anderer als unser späterer AHX Bb Dr. iur. Max Gögler, wird noch heute im Oberland gerühmt. Die weiteren Mitglieder der drei Vororte sind leider in den Alamannenblättern nicht verzeichnet. Zu einer tieferen Nachforschung blieb leider keine Zeit.

Fünfter Vorort 1984/1985

Im Jahre 1984 übernahm Alamannia bei der Verterterversammlung des KV in Aachen zum fünften Mal den Vorort des KV. Den Vorort bildeten die Bundesbrüder

- Vorortspräsident — Bb Dr. iur. *Rupert Felder*
- Vorortsvizepräsident (vertretungsberechtigt im KVR) — Bb *Thomas Bausch*
- zweiter Vorortsvizepräsident — Bb *Martin Warlies*
- Vorortsschriftführer — Bb *Wolfgang Hönle*
- Vorortskassier — Bb *Thomas Fraidel*

Weitere Bundesbrüder, die im Verband Verantwortung übernommen haben:

Bb *Alfred Haile*, langjähriger AHX der Alamannia, war lange Jahre Beisitzer am Kartellgericht

Bb Pater Prof. Dr. *Friedo Rieken*, SJ, war langjähriger Verbandsseelsorger

Bb Dr. *Günter-Georg Kinzel*, langjähriger AHX unserer Tochter Rechberg, B-Philister Al, war Vertreter des Altherrentages im KV-Rat, Erster Vorsitzender der Kultur- und Sozialstiftung des KV, Träger des Ehrenringes des KV

Bb *Klaus-Georg Niedermaier*, 2003 bis 2005 Mitglied im Vorstand des Altherrenbundes, 2005 bis 2009 Stellvertretender Vorsitzender des Altherrenbundes

Bb *Gernot Unseld*, 2007 bis heute Mitglied des Kartellgerichts, seit 2013 Stellv. Vorsitzender des Kartellgerichts

Bb *Sylvester Held*, 2005 bis 2007 Tagungspräsidium VV und Hauptausschuss, 2007 bis 2009 Beisitzer im Vorstand des Altherrenbundes, 2009 bis 2013 Vorsitzender des Altherrenbundes des KV, Mitglied des KV-Rates, Mitglied der KV-Akademie. Seit 2007 Beauftragter des KV für die Diözese Rottenburg-Stuttgart

Carl-Sonnenschein-Preis, Förderpreis des KV

Carl Sonnenschein (*15.07.1876 in Düsseldorf, + 20.02.1929 in Berlin) stammte aus einer Handwerkerfamilie. Nach theologischen Studien in Bonn wechselte er nach Rom, wo er in Philosophie und Theologie promovierte. Dort erhielt er auch am 28.10.1900 die Priesterweihe.

Bereits in Rom beschäftigte sich Sonnenschein mit sozialpolitischen Themen. Nach Kaplanstellen in Köln-Nippes und Elberfeld richtete Sonnenschein in Mönchengladbach das Sekretariat Sozialer Studentenarbeit ein. Nach anfänglicher Zurückhaltung gegenüber Korporationen hat sich sein Verhältnis insbesondere zu den katholischen Studentenvereinen deutlich verbessert. Insbesondere unser Gründungsverein Askania-Burgundia erfreute sich eines engen Kontaktes zu ihm.

Der KV verleiht anlässlich der Vertreterversammlung den Carl-Sonnenschein-Preis. Mit dem Preis werden wissenschaftlich hervorragende Diplomarbeiten, Dissertationen, Habilitationen etc. gewürdigt. Der Preis ist mit einem namhaften Preisgeld ausgestattet. Die Arbeiten sind beim KV-Rat einzureichen, der sie an qulifizierte Kartellbrüder zur Begutachtung weitergibt. Die Entscheidung trifft schließlich der KV-Rat.

Preisträger aus unseren Reihen sind:

2007: Bb Dr. iur. *Hannes Hartung*

2008: Bb Dr. med. *Claudius Wolfgang A. Falch*

Die KV-Akademie

Die KV-Akademie ist eine selbständige Rechtsperson unter dem Dach der Kartellverbandes. Durch die KV-Akademie werden verschiedenste Veranstaltungen organisiert und durchgeführt: die Würzburger KV-Tage, Seminare zu wissenschaftlichen Themen aus Technik und Geographie, Seminare für Füxe und Chargen, Sportseminare (z.B. Kiten an der Nordsee), Rom-Seminare, Europa-Seminare in Brüssel, Seminare auf Anfrage einzelner Kartellvereine oder Ortskartellen (Rhetorik z.B.).

Die KV-Akademie ermöglicht jedem Neueintritt im Rahmen eines Willkommenspaketes kostenlose Teilnahmen an ihren Veranstaltungen über einen Gutschein im Wert von 100 €uro.

Zu erreichen ist die KV-Akademie über das Sekretariat des Verbandes in Marl und die Homepage des Verbandes www.Kartellverband.de.

Die Kultur- und Sozialstiftung des KV

Die Kultur- und Sozialstiftung des KV wirbt bei den Kartellbrüdern und dem Umfeld der Kartellvereine (beim Finanzamt abzugsfähige) Spenden ein um dem Stiftungszweck zu dienen. Zudem werden oft Bußen durch die Verbandsgremien an die Stiftung weitergeleitet. Die Kultur- und Sozialstiftung kann einzelnen Kartellbrüdern in sozialen Notlagen finanzielle Unterstützung geben. Sie unterstützt Spendenaktionen einzelner Kartellvereine im Bereich Bau und/oder Erwerb von Etagen oder ganzen Häusern. Laufende Unterhaltungsspenden können ebenfalls über die Stiftung abgewickelt werden.

Auch hier können weitere Informationen über das KV-Sekretariat in Marl eingeholt werden.

Der Kartellverband und Europa

Der KV ist Mitglied im Europäischen Kartellverband, einer Arbeitsgemeinschaft verschiedener christlicher Studentenverbände Europas.

Mitglieder

Mitglieder sind derzeit 15 Verbände sowie die sogenannte Kurie der freien Vereinigungen im EKV, dadurch sind insgesamt rund 120.000 Akademiker, Studenten und Schüler in ca. 675 Verbindungen innerhalb des EKV organisiert. In der Kurie sind 19 Verbindungen vereint, die keinem Dachverband des EKV angehören. Im EKV sind konfessionsübergreifend katholische, protestantische und allgemein christliche Dachverbände und Verbindungen von Studenten und Schülern zusammengeschlossen. Sie stammen aus , Deutschland Österreich, der Schweiz, Belgien, Frankreich, Italien, Litauen, Polen, Ungarn,, der Slowakei, Slowenien, der Ukraine und Rumänien. In den Mitgliedsverbänden des EKV gibt es reine Damen- und reine Männerverbindungen, sowie gemischte Verbindungen. Es gibt sowohl farbentragende als auch nichtfarbentragende Verbindungen.

Dachverbände

Mitglieder des EKV sind die jeweiligen nationalen Dachverbände sowie die Mitglieder aus der Kurie. Unter den Mitgliedern des Verbandes gilt der Duz-Comment. Die korrekte Anrede ist dann: Du, lb. Kartellbruder im EKV, ...

Studenten

- Akademischer Bund katholischer-österreichischer Landsmannschaften – KÖL
- Cartellverband der katholischen deutschen Studentenverbindungen, CV
- Cartellverband der Katholischen Österreichischen Studentenverbindungen ÖCV
- Kartellverband katholischer deutscher Studentenvereine KV
- Kartellverband katholischer nichtfarbentragender akademischer Vereinigungen Österreichs ÖKV
- Schweizerischer Studentenverein StV bzw. SchwStV
- Ring Katholischer akademischer Burschenschaften RKAB Österreich
- Ring Katholischer Deutscher Burschenschaften RKDB Deutschland
- Technischer Cartell-Verband TCV
- Unitas – Verband der wissenschaftlichen katholischen Studentenvereine UV
- Vereinigung christlicher Studentinnenverbindungen Österreichs VCS
- Katholieke Vlaamse Studentenraad KVSR Belgien

Schüler

- Mittelschul-Kartell-Verband MKV Österreich
- Verband farbentragender Mädchen VfM Österreich
- Schweizerischer Studentenverband StV bzw. SchwStV

Kurie der freien Vereinigungen

Die Kurie der freien Vereinigungen bietet verbandsfreien Korporationen die Möglichkeit, sich dem EKV anzuschließen. Zur Zeit sind dort 19 Mitglieder aus Österreich, Slowenien, Tschechien, Slowakei, Ukraine, Frankreich, Litauen, Syrien und Rumänien verzeichnet.

Aufgaben

Die Satzung des EKV beinhaltet folgende Aufgaben für die Arbeitsgemeinschaft:

- die Vertretung in und gegenüber den europäischen Einrichtungen,
- das Schaffen, Fördern und Koordinieren von Initiativen insbesondere im Sektor der Bildungs- und Gesellschaftspolitik im europäischen Bereich,
- die Informationsvermittlung zwischen den europäischen Einrichtungen und den Mitgliedsverbänden,
- die Beobachtung geistiger und gesellschaftspolitischer Entwicklungen in Europa,
- die Förderung der Zusammenarbeit der Mitgliedsverbände,
- die aktive Mitarbeit an der Neugestaltung Europas.

Der EKV betreut einige caritative Projekte, unter anderem „Sprache Verbindet“ in der Ukraine. Bei diesem Projekt werden Kinder aus sozial schwachen Familien ganzjährig gefördert und unterstützt. Das Sommercamp, welches besonders wichtig für das Projekt ist, findet immer im August in Ternopil statt.

Verbandsbundeslieder

Der KV verfügt über zwei offizielle Verbandsbundeslieder. Das historische Lied (auch liebevoll der „Verbandsbundesroller“ genannt) wird jedoch bei offiziellen Anlässen nicht mehr gesungen. Seinen Platz hat das neue Verbandsbundeslied nach der Meldodie von „In allen guten Stunden“, KV-Liederbuch Seite 133, übernommen. Zu beachten ist jedoch: Das neue Verbandsbundeslied wird OHNE Wiederholung des Refrains gesungen!

- Nun roll zum Himmel deine Feuerwellen.... Von der Generalversammlung 1898 als Verbandsbundeslied angenommen, KV-Liederbuch Seite 171f
- Wie uns die Väter lehrten... Zweites gebräuchliches Verbandsbundeslied, KV-Liederbuch Neue Ausgabe 2011, Seite 272

O Tübingen, du wunderschönes Nest ...
Tübinger Bünde, der Arbeitskreis Tübinger Verbindungen (AKTV) und die Alamannia

Von Stefan Sacharjew AV Hibernia Tubingensis Z!

Der AKTV gehört seit fast zwanzig Jahren zu den wichtigsten Institutionen im Tübinger Verbindungswesen.

Der Zusammenschluss der Tübinger Altherrenverbände ermöglicht eine Bünde übergreifende Zusammenarbeit. Diese genießt in der, auf Grund der Geschehnisse um 1968, immer noch schwierigen Zeit einen besonderen Stellenwert.

Nach dem zweiten Weltkrieg gelang es den meisten Tübinger Verbindungen sich zu restituieren. Sie bekamen ihre, im NS beschlagnahmten, Häuser zurück oder kauften sie zurück, bauten eine florierende Aktivitas auf und genossen in der Öffentlichkeit ein Ansehen, welches dem vor dem Kriege in nichts nachstand.

Schwierige Zeiten

Mit den 68ern änderte sich das jedoch fast schlagartig. Was den Tübinger Bünden (wie auch anderen Bünden in Deutschland) entgegenschlug war nicht Respekt, sondern Vorurteile, Ressentiments und purer Hass. Plötzlich galten Verbindungen als die Ausgeburt einer reaktionären Hölle. Der Nachwuchs schwand, die Altherrenverbände befürchteten ein Ende des Aktivenlebens. Während vor dem Krieg die Verbindungen pro Semester bis zu dreißig neue Füchse aufnahmen, sank diese Zahl bis heute auf zwei bis sechs Anwärter. Wenn davon zwei bis drei Füchse geburscht werden, dann ist das gut.

In dieser Epoche der extremen Bekämpfung studentischen Brauchtums mussten neue Lösungen gefunden werden.

Einige suchten ihr Heil im Rückzug aus der Öffentlichkeit und in der Hoffnung, dass man mit dem Haus und dem Nachwuchs der Alten Herren schon irgendwie am Leben bliebe. Andere Bünde öffneten sich für das weibliche Geschlecht, um so die potentielle Anzahl an Neuzugängen zu erhöhen.

Die Konviktsverbindungen schlossen sich 1958 zur AV *Albertus Magnus* zusammen. Anfänglich ein reiner Männerbund, nahm die AV Albertus Magnus ab den 90er Jahren auch Damen auf. Ähnlich war es bei der AG *Stuttgardia*, bei welcher Damen schon in den 70er Jahren im Verbindungshaus wohnen durften und seit den 90ern auch Vollmitglieder werden können.

Man öffnete sich zwar damit nach außen, blieb aber in den Augen linksradikaler Kräfte dennoch ein Feind. Eine Art Wolf im Schafspelz.

Es gab jedoch Verbindungen die sich vertagen, gar auflösen mussten. Mit *Saxonia* und *Nicaria* seien nur zwei Beispiele der Korporationen genannt, die das 68er-Beben nicht überlebten.

Einen ganz anderen Weg gingen die *Rothenburger, Tübinger Lichtensteiner, der Föhrberg und die Luginsländer*, die heute nicht mehr viel mit Verbindungen zu tun haben und de facto reine Studentenwohnheime bzw. ein Bibelkreis sind.

Neugründungen

Trotz dieser anscheinend negativen Entwicklung, gab es in den letzten Jahren auch Neugründungen zu erleben.

Den Anfang machte (lässt man AV Albertus Magnus als Nachfolge-Bund der Konviktsverbindungen einmal außen vor) die AV *Laetitia.*

Die Gründungsdamen hatten sich nach einer Veranstaltung im Januar 1986 adH Rechbergs im Aufzug „aus einer Sektlaune heraus“ dazu entschlossen, eine Damenverbindung zu gründen.

Die erste reine Damenverbindung in Tübingen und eine der ältesten in Deutschland war geboren. Bis heute erfreuen sich die Laetiten, obwohl kein Haus besitzend, über einen steten Zulauf an Füchsen. Besonders ihr Engagement im Bereich der sozialen Medien verhilft Ihnen dabei, Neumitglieder zu keilen.

Im Jahr 2008 kam es zur Gründung der ersten, von vornherein gemischten, Verbindung in Tübingen. Die AV *Hibernia Tubingensis* tat etwas, was im 21. Jahrhundert niemand mehr für möglich gehalten hätte: eine Neugründung als traditionelle Verbindung mit neuphilologisch-musischem Prinzip.

Das besondere an der im Februar 2008 im Pfauen gegründeten Hibernia ist ihre Gewichtung auf die Neuphilologie, insbesondere der Anglistik. Daher auch der Name Hibernia (lat. Irland) welcher als pars pro toto für alle englischsprachigen Länder steht.

Mit Band, Schiebermütze und Tweedanzug verbinden die Hibernen traditionelles und neues und konnten sich so in der Tübinger Verbindungslandschaft einen festen Platz erarbeiten.

Auch die Hibernia besitzt kein Haus und keilt daher über Veranstaltungen wie zum Beispiel Irish Pub Nights mit Quiz und Musik, Highlandgames und Workshops zu verschiedenen Themen.

Damenverbindungen

Die jüngste Neugründung geschah im Mai 2012. Im Boulanger gründeten mehrere Damen, die teilweise vorher bei der Laetitia aktiv waren, die ADV! *Olympea.*

Der Name gilt dem Andenken Olympe de Gouges, einer Revolutionärin und Frauenrechtlerin der Französischen Revolution.

Wie die Hibernia, verstehen sich die Olympinnen als Verbindung des 21. Jahrhunderts, die Tradition und Moderne zusammenführen.

2017 gründete sich mit der *Audacia* eine dritte Damenverbindung am Hochschulort. Allerdings konnte sich dieser Bund nicht halten und wurde bereits 2019 wieder aufgelöst.

Diese Beispiele zeigen, dass das Verbindungsleben trotz aller Schwierigkeiten nicht tot ist, sondern im Gegenteil prosperiert. Dazu hat unter anderem der ArbeitsKreis Tübinger Verbindungen (AKTV) viel beigetragen.

ArbeitsKreis Tübinger Verbindungen

Der ArbeitsKreis Tübinger Verbindungen wurde im Jahr 2004 offiziell gegründet. Bereits 2002 kamen die Altherrenschaften von drei Bünden auf dem Haus der Palatia zusammen, um die Idee eines Bünde übergreifenden Zusammenschlusses zu diskutieren. Sehr schnell folgten die anderen Tübinger Bünde die sich, bis auf Hohenstaufia, anschlossen und so 2004 die Statuten des AKTV unterschreiben zu können. Schon ein Jahr zuvor gab es an der Universität eine erste gemeinsame Festveranstaltung. Bis auf *Hohenstaufia* und *Suevia* sind heute alle Tübinger Bünde im AKTV vertreten.

Die Grundidee des AKTV war es, eine geschlossene Gemeinschaft zu bilden, die vor der Universität und der Stadt die Interessen der Verbindungen vertritt.

Wie Andreas Strecke, Vorsitzender des AKTV berichtet, hatten die Bünde „seitens der Verwaltung permanent Gegenwind. Die Verbindungen sollten besser aufgelöst und die Häuser enteignet werden“.

Als einzelne Verbindung bekam man zu diesem Zeitpunkt kaum bis gar nicht einen Termin beim Rektor oder beim Oberbürgermeister. Als Vertreter fast aller Verbindungen gelang es dem AKTV eben jene Termine zu erlangen. Vorteil war es, dass Rektor und Oberbürgermeister nicht mehr mit jedem einzelnen Bund, sondern mit dem Gesamtvertreter sprechen konnten.

Im Laufe der Zeit konnte der AKTV viel für die Tübinger Verbindungen erreichen. Einer der wichtigsten Punkte war mit Abstand der Kompromiss um das Maieinsingen. Diese traditionelle Veranstaltung der Korporationen wurde von der Antifa und anderen linksextremen Gruppierungen bombardiert. Es kam regelmäßig zu Ausschreitungen, Gewalt und Polizeieinsätzen.

Im Gespräch mit OB Palmer gelang es dem AKTV, in Persona Andreas Strecke, die verpflichtende Zusage zu erhalten, dass, wenn das Maieinsingen nicht mehr stattfindet, die Durchführung des Bürgerschoppens garantiert wird.

Bürgerschoppen vor der Alten Burse

Dieser Bürgerschoppen hat viel für die Außenwirkung der Tübinger Bünde getan. Zwar gab es auch während des Bürgerschoppens immer Gegenveranstaltungen der Antifa – und es sei gesagt, dass es nicht die Tübinger Antifa ist, sondern Gruppierungen aus anderen Städten, die hier für Stress sorgen.

Jedoch konnten die Tübinger Polizeikräfte bisher immer für ein friedliches Zusammensein von Bürgern und Burschen sorgen.

Andreas Strecke, Vositzender des AKTV mit Oberbürgermeister Boris Palmer

Ein zweiter wichtiger Punkt für die Außenwirkung waren die zwei Ausstellungen im Stadtmuseum: „Burschen und Bürger“ und über korporierte Damen. In beiden Ausstellungen konnten sich die Bürger der Stadt ein eigenes Bild des verbindungsstudentischen Lebens machen.

Diese Veranstaltungen, verbunden mit dem beliebten Stocherkahnrennen, haben in den letzten Jahren zu einem positiveren Bild der Verbindungen geführt. Aber auch zur inneren Wirkung hat der AKTV viel beigetragen.

Man darf nicht vergessen, dass hier schlagende Bünde mit musischen, christlichen, gemischten und reinen Damenverbindungen zusammen an einem Tisch sitzen und gemeinsam an Problemen arbeiten und sie zu lösen suchen.

Von Vorteil ist auch, dass der AKTV der Zusammenschluss der Altherrenschaften ist. Laut Vorsitzenden Strecke ist es vor allem die Konstanz in den Altherrenschaften, Hohe Damenschaften, Alte Damenschaften, die hier von Bedeutung ist. In den letzten Jahren hat sich die Studienzeit stark verkürzt. Wenn man vor zwanzig Jahren noch acht bis neun Semester studierte, so sind es heute nur noch vier bis fünf Semester. Diese große Rotation führt dazu, dass die Aktivitates kaum noch in der Lage sind, einen gemeinsamen Weg zu finden.

Dieser Weg läuft vorrangig über die Altherrenschaften. Gleich dem sprichwörtlichen Felsen in der Brandung.

Die Alamannia hatte insbesondere in den Anfangsjahren des AKTV einen sehr wichtigen Beitrag in Persona Altregierungspräsident Dr. Max Gögler leisten können.

AH Gögler hatte sich sehr schnell als stellvertretender Vorsitzender zur Verfügung gestellt. Farbenbruder Strecke erinnert sich: „Herr Gögler kannte Gott und die Welt und noch fünfzehn andere."

Ein Vorteil, auf den der Vorstand stets zurückgreifen konnte. Denn immer dann, wenn es hieß, dass man mit bestimmten Personen sprechen müsste, so kam von Seiten Herrn Dr. Göglers stets „des isch scho erledigt" oder „den treffe ich übermorgen und den treffe ich am Samstag". Der Vorstand konnte sich darauf verlassen, dass die Sache damit erledigt wurde. Herr Strecke dazu: „es hat immer geklappt." Als Dr. Gögler aus gesundheitlichen Gründen sein Amt niederlegen musste, war dies für den AKTV ein schwerer Verlust. In dem Sinne, hat der AKTV der Alamannia viel zu verdanken.

1968 bis heute

Betrachten wir nun also noch einmal die Situation nach 1968 und die von heute.

Anfang der 70er Jahre gab es zwar schon starke Proteste aber es blieb bei einem „leben und leben lassen". Die Gewalt kam Anfang der 80er Jahre mit Angriffen und extremen Aktionen gegen das Maieinsingen. In einer obskuren, extremistischen Sicht wurde die Idee des Maieinsingens verdreht.

An der Universität kam es Anfang der 70er Jahre zu einem großen Senatsbeschluss, der das Tragen von Couleur auf dem Gelände der Uni verbot. Dank der unbedingten Arbeit von Aktiven und Alten Herren, ist es heute wieder möglich, Couleur zu tragen. Bei Veranstaltungen der Bünde an der Universität ist Vollcouleur gestattet, ansonsten der Zipfelbund. Und das obwohl der Beschluss weiterbesteht. Glücklicherweise sieht der Rektor diesen Beschluss unter bestimmten Voraussetzungen als rechtlich nicht durchsetzbar an.

Es hat sich also vieles gebessert, zumindest von Seiten der Universität und der Stadt.

Dennoch kommt es immer noch zu gewaltsamen Übergriffen auf Korporierte. Ob es nun der liberale, gemischte Bund ist, der sich als frauenhassende Nazis bezeichnen lassen muss oder der einsam Richtung Haus schlendernde Bursch, dem man mit Schlagstöcken in den Rücken fällt. Nur weil er Bursch ist. Hier muss weiterhin darauf hingearbeitet werden, dass so etwas nicht mehr geschieht.

Abschließend sei noch einmal gesagt, dass das geeinte Handeln aller Tübinger Korporationen unter dem Dach des AKTV für das Verbindungswesen der Stadt ein Glücksfall ist. Es sind Bünde wie die K.St.V. Alamannia, die mit ihrem entschlossenen Handeln einen wichtigen Beitrag zum Zusammenhalt in Tübingen beitragen.

Tübinger Korporationen

Achim Haibt Al! Ig![1], Tim Rauland Al![2]

Mit ihren Burgen und Villen prägen die 32 noch existierenden Tübinger Verbindungen das Stadtbild. Mit ihren Festen, traditionellen Veranstaltungen und dem Stocherkahnrennen sind sie auch aus der Freizeitkultur nicht wegzudenken. Da Verbindungen in der Öffentlichkeit jedoch ansonsten nicht besonders präsent sind, ist es schwer zu beurteilen, wie groß und wie aktiv die Tübinger Verbindungsszene ist.

Die folgende Liste hilft, einen Überblick über die bunte Korporationswelt Tübingens zu bekommen. Diese Liste enthält Eckdaten sowie Kurzbeschreibungen der jeweiligen Profile und besonderer Aktivitäten. Diese teilweise alten und/oder nichtssagenden Kurzbeschreibungen stammen in der Regel aus der Feder der jeweiligen Verbindung. Überarbeitung tut Not.

K.St.V. Alamannia

Verband: KV
Farben: schwarz-weiß-blau
Wahlspruch: In fide firmitas
Gründung: 31.01.1871
Profil: nichtschlagend, nichtfarbentragend

Anschrift:
K.St.V. Alamannia
Biesingerstr. 15
72070 Tübingen
Telefon: 07071/8598162
www.alamannia.de

AV Albertus Magnus

Verband: verbandslos
Farben: schwarz-gold-schwarz
Wahlspruch: Deo et amico
Gründung: 30.05.1958
Profil: nichtschlagend, nichtfarbentragend, gemischte Stiftsverbindung

Anschrift:
AV Albertus Magnus
Collegiumsgasse 5
72070 Tübingen

www.albertus-magnus.com

---

1 Achim Haibt, geb 1971, Eintritt in Alamannia WS 1995/96. X WS 1998/99.

2 Tim Rauland, geb 1994 in Tübingen, stud. phil. (Deutsch/Geschichte M.Ed.). Eintritt in Alamannia WS 2015/16. FM WS 16/17, SS 17; WS 19/20; SS 20, xx WS 17/18; SS 18.

ATV Arminia

Verband: ATB
Farben: hellrot-weiß-karminrot
Wahlspruch: Furchtlos und treu!
Gründung: 25.04.1887 **Profil**: nichtschlagend, nichtfarbentragend

Anschrift:
ATV Arminia
Hauffstr. 16
72074 Tübingen
Telefon: 07071/21031
www.atv-arminia.de

Straßburger Burschenschaft Arminia zu Tübingen

Verband: verbandslos
Farben: schwarz-rot-gold
Wahlspruch: Ehre, Freiheit, Vaterland
Gründung: 18.01.1866
Profil: fakultativ schlagend, farbentragend,

Anschrift:
Straßburger Burschenschaft Arminia zu Tübingen
Gartenstr. 46
72074 Tübingen
Telefon: 07071/24677
www.arminia-strassburg.de

Corps Borussia

Verband: Tübinger SC, KSCV
Farben: schwarz-weiß-schwarz
Wahlspruch: Hosti frontem, pecus amico
Gründung: 22.11.1870
Profil: schlagend, farbentragend

Anschrift:
Corps Borussia
Österbergstr. 12
72074 Tübingen
Telefon: 07071/9808080
www.corps-borussia.de

AV Cheruskia

Verband: CV
Farben: orange-weiß-blau
Wahlspruch: Virtuti omnia parent
Gründung: 05.11.1902
Profil: nichtschlagend, farbentragend, katholisch

Anschrift:
AV Cheruskia
Matthias-Koch-Weg 12
72074 Tübingen
Telefon: 07071/21641
www.cheruskia-tuebingen.de

Burschenschaft Derendingia

Verband: verbandslos
Farben: rot-weiß-blau
Wahlspruch: Einer für Alle, Alle für Einen. Ehre, Freiheit, Vaterland
Gründung: 21.04.1877
Profil: nichtschlagend, farbentragend.

Anschrift:
Burschenschaft Derendingia
Schloßberg 5
72070 Tübingen
Telefon: 07071/43933
www.derendingia.de

Alte Turnerschaft Eberhardina-Markomannia

Verband: verbandslos
Farben: hellblau-weiß-schwarz
Wahlspruch: Das Herz gehört dem Vaterland; Per aspera ad astra
Gründung: 03.02.1881
Profil: fakultativ schlagend, farbentragend,

Anschrift:
AT Eberhardina-Markomannia
Auf dem Kreuz 26
72076 Tübingen
Telefon: 07071/61586
www.eberhardina.de

AV Föhrberg

Verband: verbandslos
Farben:
Wahlspruch:
Gründung: Mai 1879
Profil: nichtschlagend, nichtfarbentragend, keine Zipfel, gemischter evangelischer Bibelkreis, Engagement beim Stocherkahnrennen

Anschrift:
AV Föhrberg
Frondsbergstr. 17
72070 Tübingen
Telefon: 07071/49055
www.av-foehrberg.de

Corps Franconia

Verband: Tübinger SC, KSCV
Farben: moosgrün-rosa
Wahlspruch: Honor et vitus, amicitia, fides
Gründung: 16.02.1821
Profil: schlagend, farbentragend

Anschrift:
Corps Franconia
Österbergstr. 16
72074 Tübingen
Telefon: 07071/24687
www.franconia-tuebingen.de

Burschenschaft Germania zu Tübingen

Verband: Süddeutsches Kartell
Farben: rot-gold-schwarz
Wahlspruch: Ehre, Freiheit, Vaterland
Gründung: 12.12.1816
Profil: schlagend, fragentragend

Anschrift:
Burschenschaft Germania
Gartenstr. 3
72074 Tübingen
Telefon: 07071/24656
www.bixier.de

Alte Straßburger Burschenschaft Germania zu Tübingen

Verband: verbandslos
Farben: schwarz-silber-rot
Wahlspruch: Ehre, Freiheit, Vaterland
Gründung: 30.06.1880
Profil: schlagend, farbentragend

Anschrift:
Alte Burschenschaft Germania Tübingen
Neckarhalde 47
72070 Tübingen
Telefon: 07071/42211
www.germania-strassburg.de

Landsmannschaft Ghibellinia

Verband: CC
Farben: schwarz-gold-grün
Wahlspruch: amor bonorum, terror malorum
Gründung: 22.02.1845
Profil: schlagend, farbentragend,

Anschrift:
Landsmannschaft
Ghibellinia
Gartenstr. 51
72074 Tübingen
Telefon: 07071/23481
www.ghibellinia.de

AV Guestfalia

Verband: CV
Farben: grün-weiß-schwarz
Wahlspruch: In amicitia fortes et hilares
Gründung: 31.10.1859
Profil: nichtschlagend, farbentragend, katholisch

Anschrift:
AV Guestfalia
Stauffenbergstr. 25
72074 Tübingen
Telefon: 07071/22462
www.avgu.de

AV Hibernia Tubingensis

Verband: verbandslos
Farben: grün-gold
Wahlspruch: Déanamid, mar is feidir linn!
Gründung: 18.02.2008
Profil: nichtschlagend, farbentragend, gemischt, musisch-philologisch

Anschrift:
AV Hibernia
Tubingensis
Gartenstr- 202
72074 Tübingen

www.hibernia-tubingensis.de

Turnerschaft Hohenstaufia

Verband: CC
Farben: grün-weiß-rot
Wahlspruch: Unita virtus valet
Gründung: 10.12.1878
Profil: schlagend, farbentragend

Anschrift:
Turnerschaft Hohenstaufia
Stauffenbergstr. 12
72074 Tübingen
Telefon: 07071/22721
www.hohenstaufia.de

Sängerschaft Hohentübingen

Verband: DS
Farben: schwarz-weiß-grün
Wahlspruch: Concordia, libertas, honor
Gründung: 29.06.1879
Profil: fakultativ schlagend, farbentragend, musisches Prinzip

Anschrift:
Sängerschaft
Hohentübingen
Doblerstr. 22
72074 Tübingen
Telefon: 07071/24686
www.hohentuebingen.de

AV Igel

Verband: verbandslos
Farben: schwarzgrau-mausgrau-silbergrau
Wahlspruch: Telorum aeterna seges
Gründung: 01.05.1871
Profil: nichtschlagend, nichtfarbentragend, schwarze Verbindung

Anschrift:
AV Igel
Schloßberg 7
72070 Tübingen
Telefon: 07071/49614
www.avigel.de

AV Laetitia

Verband: verbandslos
Farben: rosa-silber-rosa
Wahlspruch: Vivat amicitia nostra!
Gründung: 12.01.1986
Profil: nichtschlagend, farbenführend, Damenverbindung

Anschrift:
Postfach 1923
72009 Tübingen

Tübinger Normannia

Verband: verbandslos
Farben: rot-gold-weiß
Wahlspruch: Vigor-Virtus-Libertas
Gründung: 27.08.1841
Profil: nichtschlagend, farbentragend (ohne Mütze)

Anschrift:
Verbindung Normannia
Stauffenbergstr. 21
72074 Tübingen
Telefon: 07071/24165
www.normannia-tuebingen.de

ADV Olympea

Verband: verbandslos
Farben: blau-gold-weiß
Wahlspruch: Freiheit-Würde-Wissenschaft
Gründung: 07.05.2012

Profil: nichtschlagend, farbentragend, Damenverbindung

www.olympea.de

Alte Turnerschaft Palatia

Verband: verbandslos
Farben: violett-weiß-rot
Wahlspruch: Honor, Virtus, Amicitia
Gründung: 12.12.1878
Profil: fakultativ schlagend, farbentragend

Anschrift:
Alte Turnerschaft
Palatia
Schwabstr. 21
72074 Tübingen
Telefon: 07071/23445
www.palatia.de

K.St.V. Rechberg

Verband: KV
Farben: silber-schwarz-silber
Wahlspruch: Nova et vetera
Gründung: 18.12.1927
Profil: nichtschlagend, nichtfarbentragend

Anschrift:
K.St.V. Rechberg
Stöcklestr. 36
72070 Tübingen
Telefon:
07071/7947318
www.rechberg.de

Corps Rhenania

Verband: Tübinger SC, KSCV
Farben: blau-weiß-rot
Wahlspruch: Concordia firmat fortes
Gründung: 07.07.1927
Profil: schlagend, farbentragend

Anschrift:
Corps Rhenania
Stauffenbergstr. 3
72074 Tübingen
Telefon: 07071/23457
www.rhenania-tuebingen.de

Königsgesellschaft Roigel

Verband: verbandslos
Farben: schwarz-gold-rot
Wahlspruch: Circulus fratrum regis vivat
Gründung: 28.10.1838
Profil: nichtschlagend, farbentragend (ohne Mütze)

Anschrift:
Königsgesellschaft Roigel
Burgsteige 20
72070 Tübingen
Telefon: 07071/23875
www.roigel.com

Landsmannschaft Schottland

Verband: CC
Farben: blau-gold-rot
Wahlspruch: Vera amicitia fructus virtutis
Gründung: 19.11.1849
Profil: schlagend, farbentragend

Anschrift:
Landsmannschaft Schottland
Schwabstr. 20
72074 Tübingen
Telefon:07071/6391200
www.schottland-tuebingen.de

Akademische Musikverbindung Stochdorphia

Verband: verbandslos
Farben: schwarz-weiß-rot
Wahlspruch: Unita virtus valet
Gründung: 10.12.1878
Profil: nichtschlagend, nichtfarbentragend

Anschrift:
AMV Stochdorphia
Hirschauer Str. 18
72070 Tübingen
Telefon: 07071/7936650
www.stochdorphia.de

Akademische Gesellschaft Stuttgardia

Verband: verbandslos
Farben: schwarz-gelb
Wahlspruch: Universitas virtus gadium
Gründung: 30.11.1869
Profil: nichtschlagend, nichtfarbentragend, seit 1991 gemischte Verbindung

Anschrift:
AG Stuttgardia
Österbergstr. 14
72074 Tübingen
Telefon: 07071/24688
www.stuttgardia.de

Corps Suevia

Verband: verbandslos
Farben: schwarz-weiß-rot
Wahlspruch: Furchtlos und treu
Gründung: 10.11.1831
Profil: nichtschlagend, farbentragend

Anschrift:
Corps Suevia
Kleiststr. 12
72074 Tübingen
Telefon: 07071/22565
www.corps-suevia.de

Landsmannschaft Ulmia

Verband: CC
Farben: schwarz-weiß-gelb
Wahlspruch: Ehre, Freiheit, Eintracht
Gründung: 06.11.1840
Profil: schlagend, farbentragend

Anschrift:
Landsmannschaft Ulmia
Stauffenbergstr. 10/1
72074 Tübingen
Telefon: 07071/23529
www.landsmannschaft-ulmia.de

Verein Deutscher Studenten zu Tübingen

Verband: Kyffhäuserverband (VDSt)
Farben: schwarz-weiß-rot
Wahlspruch: Mit Gott für Volk und Vaterland
Gründung: 28.07.1883
Profil: nichtschlagend, nichtfarbentragend

Anschrift:
VDSt
Wilhelmstr. 98
72074 Tübingen
Telefon: 07071/922890
www.vdst-tuebingen.de

AV Virtembergia

Verband: verbandslos
Farben: schwarz-rot
Wahlspruch: Furchtlos und treu
Gründung: 24.05.1873
Profil: nichtschlagend, nichtfarbentragend

Anschrift:
AV Virtembergia
Schloßberg 9
72070 Tübingen
Telefon: 07071/49612
www.virtembergia.de

Tübinger Wingolf

Verband: Wingolfbund
Farben: schwarz-weiß-gold
Wahlspruch: Durch Einen Alles
Gründung: 09.06.1864
Profil: nichtschlagend, farbentragend, christliche Studentenverbindung

Anschrift:
Tübinger Wingolf
Gartenstr. 38
72074 Tübingen
Telefon: 07071/24659
tuebingerwingolf.de

Preisend mit viel schönen Reden ...

Herkunft und Sinngehalt des Namens „Alamannia“

Josef Engelfried[1]

Die Gründung von Universitäten seit dem 12. Jahrhundert, eine genuin europäische Erscheinung, entsprang von Anfang an nicht nur einem Aufstreben des Geistes und der Bildung, sondern in gleichem Maße auch dem Zweck, besonders befähigte und fachlich hervorragende Männer - der Beginn des Frauenstudiums setzt zögerlich erst am Ende des 19. Jahrhunderts ein -, die nicht dem Adelsstand angehören mussten, zum Dienst an Kirche, Staat und Gesellschaft heranzubilden. Es ist kein Zufall, dass die ersten Universitäten, Bologna, Salerno, Neapel, Salamanca und die Pariser Sorbonne, Zentren der Jurisprudenz, der Medizin und der Theologie waren.

Aber die Hohen Schulen zeigten, jedenfalls von Anfang an, nicht nur eine selbstverständliche Offenheit zur kritischen Vernunft, sondern auch eine Offenheit zur geographischen Welt Europas. Die Erben des Imperium Romanum waren Träger des Christentums als Religion und Geistesform und schufen sich mit und durch ihre Universitäten freie Stätten eigenen Rechts zur offenen geistigen Begegnung über die entstehenden Ländergrenzen hinweg.

Das notwendige und daher selbstverständliche Kommunikationsmittel der Professoren, Doktoren, Magister, Kanoniker, Studenten und Scholaren war das Latein, besser gesagt: das Mittellatein. Josef Eberle, selbst als poeta doctus des Lateins mächtig wie wenige in unserem Jahrhundert, sagt in der Einleitung seines Buches „Psalterium Profanum“ über die Rolle des Lateinischen folgendes: die lateinische Sprache ist es vor allem gewesen, „die der mittelalterlichen Welt über Nationalitäten und Volkssprachen hinweg ihre geistige Einheit bewahrt hat.

Als Sprache der Kirche und der hohen Politik, der Wissenschaft und des Völkerrechts, des Gebets und der Poesie kommt ihr ein weit höherer Rang zu als einem bloßen übernationalen Verständigungsmittel, das Mächtigen und Gebildeten anstünde. Viele Jahrhunderte lang Ausdruck und Symbol des Abendlandes gewesen zu sein, dies allein wäre Ehre genug für die Latinitas des Mittelalters. Wert und Würde im höchsten Maß aber besitzt sie, weil ihre

[1] Dieser Beitrag wurde zuerst in der Festschrift zum 125. Stiftungsfest der Alamannia abgedruckt. Immer noch aktuell haben wir ihn hier wieder aufgenommen.
Dr. Josef Engelfried (1930-2012) trat im WS 1953/54 in die Verbindung ein, im SS 1955 war er Senior. Nach Lehrertätigkeit wurde er ans Kultusministerium nach Stuttgart berufen und leitete das Referat Pädagogische Hochschulen. Im Ruhestand war er mehrere Jahre Mitglied des Altherrenvorstands.

formende Kraft und das ihr immanente Bildungsgut dieses Abendlandes geschaffen, gestaltet und immer neu befruchtet haben. Bedeutet doch der Begriff ‚Latinitas' weit mehr als nur Linguistisches, umschließt er doch jene Gesittung, die sich nach den Postulaten des lateinischen Geistes und Wesens ausrichtet: auch Recht, Maß, Zucht, Klarheit, nach virtus, humanitas, fides, auctoritas, dignitas, urbanitas."[1]

„Nationes"

Aber trotz des Lobes des Lateins und der geistigen Geschlossenheit der communitas litterarum: die Glieder der universitas blieben auch Kinder ihrer geographischen Heimat, die man an der Verschiedenheit ihrer Volkssprache, ihrer Sitte, Kleidung, ihrer Essgewohnheiten und Ausdrucksformen erkennen konnte. Und vor allem: auch sie hatten, obwohl in einem zahlenmäßig überschaubaren Raum lebend, der rechtlich besonders geschützt war, das Bedürfnis, sich nach ihrer Herkunft zusammenzuschließen. Nationes, also dem Wortsinn nach Körperschaften nach Geburt, bildeten sich an den Universitäten heraus, und zwar in Deutschland stärker als an den weltbürgerlich ausgeprägten Hochschulen Italiens und Frankreichs.

Es wäre freilich falsch, den geopolitischen Sinngehalt in den mittelalterlichen und frühneuzeitlichen Begriff „Nation" zu legen, den dieser im 19. Jahrhundert erhalten hat. In Wien, das 1365 eine Universität erhielt, unterschied man die österreichische, rheinische, ungarische und sächsische Nation; in Leipzig, dessen Universität 1409 durch den Auszug der deutschen Studenten aus Prag, wo 1346 die erste deutsche Universität durch den klugen Kaiser Karl IV. gegründet wurde, entstand eine meißnerische, sächsische, bayrische und polnische Nation. Aus der geringen Zahl der Nationen sieht man, dass man bei der Zuordnung recht großzügig verfahren konnte.

Aus heutiger historischer Sicht wurden die Mitglieder der ‚nationes' sogar willkürlich zugeordnet. So zählten in Wien zur ungarischen Nation die Angehörigen fast aller slawischen Länder und auch die Rumänen und Griechen. In Leipzig zählten zur sächsischen Nation die Skandinavier und Engländer, zur bayrischen Nation die Franken, Westfalen, Rheinländer, Franzosen und Spanier.[2] So verwunderlich dies für unser heutiges Geschichtsverständnis sein mag, wichtig ist dies: in der bunten Vielfalt der spätmittelalterlichen und frühneuzeitlichen Universität gab es ein Bedürfnis, sich landsmannschaftlich zu gliedern. Zieht man den großen Bogen ins 19. Jahrhundert, in dem die heute noch bestehenden Verbindungen ihre Zielsetzungen und ihre Gestalt fanden,

---

1 Eberle, Josef, Psalterium Profanum, Manesse Zürich 1962, S. 17

2 Reicke, Emil, Magister und Scholaren, Leipzig 1901, fotomechanischer Nachdruck Düsseldorf - Köln 1976

so erkennt man, dass sie sich durch ihre landsmannschaftlichen Namen wie Frankonia, Saxonia, Bavaria, Borussia, Rhenania, Albingia, Baltia, Virtembergia und - Alamannia auch programmatisch ausweisen wollten.

‚Alamannia' - Namen aus zweiter Hand

Doch nun zum Kern der Sache: Wie kam ‚Alamannia' zu ihrem Namen? Was können wir, die Gründungsväter, frühen Mitglieder, Alten Herren und jungen Aktiven, mit dem Namen ‚Alamannia' legitimerweise verbinden? Josef Forderer hat die Geschichte der ‚Katholischen Studentenverbindung Alamannia Tübingen' von ihren Anfängen bis 1962 sehr genau aus den Quellen heraus beschrieben. Bei Forderer ist, was die Namensbezeichnung betrifft, nachzulesen: Der Name Alamannia geht auf die missglückte Gründung eines katholischen Studentenvereins in Leipzig zurück. Dies dürfte die erste Überraschung sein. Die zweite Überraschung folgt auf dem Fuß: der Name ‚Alamannia' wurde von stud. jur. Karl Würminghausen, der aus Bigge bei Olsberg in Westfalen stammte, von Leipzig nach Tübingen gebracht. Der ‚Tübinger katholisch-academische Leseverein' legte sich am 27. Mai 1873 den Namen ‚Alamannia,' bei, der tags darauf von der Tübinger Universitätsbehörde - die Universitäten hatten fast zu allen Zeiten und überall ein Selbstverwaltungsrecht - genehmigt wurde. Die Gründung des ‚Tübinger katholisch-academischen Lesevereins' ist auf den 14. Januar 1864 datiert. Der Leseverein wurde von Alfred Camerer gegründet, der eine studentische Organisation mit bestimmten Grundsätzen schaffen wollte, die in ihrem wesentlichen Kern von der späteren ‚Alamannia' nicht verändert worden sind. Eine historische Kommission, die vom Philisterkonvent im Juli 1962 eingesetzt wurde, hat nochmals die Frage untersucht, ob Alamannia unter Berücksichtigung ihrer Vorgeschichte nicht das Jahr 1864 als Gründungsdatum festsetzen sollte. Die Kommission kam nach eingehender Prüfung zu dem Schluss, dass die Gründung Alamannias spätestens auf den 31. Januar 1871 festzusetzen ist, weil der ‚Tübinger katholisch-academische Leseverein' an diesem Tag durch die Annahme neuer Statuten den vollständigen Charakter eines ‚katholischen Studentenvereins' erhalten hat.

Bis zu dieser Entschließung der historischen Kommission wurde das Jahr 1872 als Gründungsjahr Alamannias betrachtet. Alamannia wurde im eigentlichen Sinn nicht neu gegründet; sie ist vielmehr durch die Reorganisation und durch die neue Ausrichtung des ‚Tübinger katholisch-academischen Lesevereins' aus diesem hervorgegangen.[1]

---

1 Bericht der historischen Kommission zur Feststellung des Gründungsdatums Alamannias, 6. April 1963. Der Verfasser gehörte der historischen Kommission als Mitglied an.

Das frühste Foto: Alamannia WS 1874/1875

„a" oder „e"?

Der Name des neuen Studentenvereins in seiner letzten Form - Alamannia - ist von einer willkürlichen Subtilität nicht frei.

Alfred Camerer schrieb an Karl Würminghausen am 24. Juni und am 26. Juli 1873 zwei Briefe. Am 24. Juni heißt es noch etwas lapidar: „Herzlichen Dank für Deinen 1. Brief und meine besten Glückwünsche für die ‚*Alemannia*', welche unter Gottes Segen als ein rechter und kräftiger katholischer Studentenverein erblühen möge." Substantiierter ist die Briefstelle vom 26. Juli 1873: „Nun zur Beantwortung Deiner Briefe. Den Namen ‚*Alamannia*' lasse ich mir schon gefallen, und er passt sicher auch besser für den kath. Studt. Verein in Tübingen als für den Leipziger (was mir neu war). Der bekannte Germanist Prof. Dr. Birlinger in Bonn schreibt zwar den Namen seiner in Bonn bei Marcus erscheinenden Zeitschrift für Sprache, Literatur und Volkskunde des Elsasses und seiner nächsten Umgebung ‚Alemannia', und ebenso hälts die frühere Burschenschaft zum Pflug in Halle mit diesem ihrem neuen Namen …

Dagegen schreibt sich dieser Tage die Heidelberger BurschenschaftsVerbindung im Schwäb. Merkur als ‚Allemania' aus. Im übrigen habe ich auch schon ‚Alamania' und ‚Alamani' gefunden und beruhige mich daher umso mehr, als auch das Universitätsamt dieß sanctioniert hat." (Forderer S. 41)

‚Alamannia' oder ‚Alemannia' - schon bei seiner Entstehung von den Gründervätern diskutiert, letztlich aber von der Universitätsverwaltung zugunsten von ‚Alamannia', wohl etwas willkürlich, entschieden.

Nun zur historischen Substanz der Alamannen als Völkerschaft. Tacitus nennt in seiner ‚Germania' die Namen von über 60 germanischen Stämmen. Die ‚Alamannen' fehlen. Der genaue Tacitus hätte sie sicher nicht vergessen, wenn sie im 1. nachchristlichen Jahrhundert nachweisbar genwesen wären. Historisch gesichert ist dies: die Alamannen sind ein westgermanischer Stamm, der aus den Semnonen, die Tacitus nennt, hervorgegangen ist und zuerst 213 n. Chr. als am oberen Main sesshaft genannt wird, aber wohl, wie Gräberfunde dartun, von der unteren Elbe stammt, wo sie Nachbar der Sueben waren. Das Wort ‚Alamannen' oder ‚Allemannen' findet sich bereits im Gothischen als ‚allain alamannam', im Althochdeutschen als ‚alaman'. Das ‚ala' verstärkt den Begriff ‚man'. Im Grimmschen Wörterbuch[1] ist nachzulesen, dass die inhaltliche Bedeutung des Begriffs ‚Allemann' im weitesten Verständnis ‚Menschen im eigentlichen Sinn', im engsten Verständnis ‚edle Männer' umfasst. Die ‚Allemannen' erscheinen »als leute und nachkommen des Mannus, als Deutsche (diutisce)" gemeinhin.

Die Alamannen als Völkerschaft

Dass die Alamannen als Völkerschaft eng mit den Sueben zusammenhängen, kann als gesichert gelten. Uber die Sueben schreibt Tacitus: „Nun ist über die Sueben zu sprechen, die nicht, wie die Chatten oder Tenkterer, ein einheitlicher Stamm sind; sie haben nämlich den größten Teil Germaniens inne und sind jetzt noch in selbständige Stämme mit eigenen Namen geschieden, obwohl man sie allgemein Sueben nennt. Kennzeichen der Völkerschaft ist es, das Haar seitwärts zurückzustreichen und zu einem Knoten aufzubringen. So unterscheiden sich die Sueben von den anderen Germanen, so die freigeborenen Sueben von den Sklaven ... Das ist ihre Schönheitspflege, eine harmlose freilich; denn nicht für die Liebesbegegnung richten sie sich so her, sondern um dann, wenn sie in den Krieg ziehen wollen, in den Augen der Feinde eine Art schrecklicher Größe zu erreichen."[2]

---

1 Deutsches Wörterbuch von Jacob Grimm und Wilhelm Grimm, Erster Band, Leipzig 1854, Stichwort ‚Allemann', Spalte 218

2 P. Cornelii Taciti, De origine et situ Germanorum, Kap. 38 und 39

Weiter nach Tacitus betrachten sich die „Semnonen, aus denen die Alamannen hervorgegangen sind, als die ältesten und angesehensten unter den Sueben und veranlasst durch den ‚großen Volkskörper als den Hauptstamm der Sueben'" (a.a.O.).

Um 260 n. Chr. durchbrechen die Alamannen den Limes, besetzen das Dekumatenland, also weitgehend die Fläche Baden-Württembergs. Um 350 erscheinen die Alamannen im Elsaß, unterliegen 357 dem Kaiser Julian Apostata bei Straßburg. Im 5. Jahrhundert dehnen sich die Alamannen bis zu den Vogesen aus. Ihre nördlichen Gaue werden um 500 von dem Merowingerkönig Chlodwig unterworfen; die südlichen Gaue in der Schweiz und in Rätien stellen sich unter den Schutz des Ostgotenkönigs Theoderich, bis sie nach dem Zusammenbruch des Ostgotenreiches 536 unter fränkische Herrschaft kamen. Das im 8. Jahrhundert unter Karl Martell erloschene alamannische Stammesherzogtum entstand Anfang des 10. Jahrhunderts von neuem; das Herzogtum Schwaben umfasste noch das ganze schwäbisch-alamannische Stammesgebiet. Nach dem Untergang der letzten Herzöge von Schwaben, der Staufer, löste sich das Herzogtum in eine Unzahl von Territorien auf. In späteren Jahrhunderten galten Alamannen und Schwaben als wesensgleich. Grenzen wurden weder bei der Mundart, Tracht und Brauchtum noch bei Hausbau und Kunst gezogen.[1] Erst seit dem Erscheinen von Johann Peter Hebels „Alamanischen Gedichten" im Jahre 1803 werden die badischen Schwaben verengt als ‚Alamannen' bezeichnet.

Weithin unbekannt ist, dass die Bayern, zum Teil wenigstens, Alamannen sind. Karl Bosl, der führende bayrische Landeshistoriker des 20. Jahrhunderts, hat festgestellt, dass die „bajuvarii" die bisher mit „Böhmenleut" übersetzt wurden, keine aus Böhmen eingewanderten Markomannen, sondern eine Mischung von Keltoromanen und Alamannen sind. Die Nachweise für die These, von Historikern und Sprachwissenschaftlern subtil erarbeitet, lassen sich in Kürze wie folgt zusammenfassen: Der Bayernname geht auf die römische oder ‚protoladinische' Bezeichnung für den Salzburggau zurück, der ‚Pagus Iuvavensis' hieß. Die ‚Pagoiuvari' - das Wort führt zu den ‚bajuvarii" und damit zu den ‚Bayern' - sind also Salzburgleute, die sich nach Westen ausgedehnt und dort mit den Alamannen vermischt haben. Den Kern der Bayern bilden also die Keltoromanen, die sich mit den von Westen her vordringenden Alamannen verschmolzen haben. Gesichert dürfte diese Auffassung durch Gräberfunde in Altending und Neuburg/Donau sein, die eine Durchmischung

1 Zum einzelnen: Weller, Karl und Weller, Arnold, Württembergische Geschichte im südwestdeutschen Raum, Stuttgart und Aalen 1972, S. 26 ff.

der keltoromanischen Urbevölkerung mit den Alamannen beweisen.[1] Man kann nur hoffen, dass die ‚Katholische süddeutsche Studentenverbindung Alemannia zu München' diesen historischen Sachverhalt kennt!

Das alamannische Herzogtum, zuerst Grenzland, seit den Reunionen Ludwigs XIV. auch Teil des westlichen Frankreichs, hat in der lingua franca eine bis heute wirkende Spurrille hinterlassen. Aus der Bezeichnung des westlicher Grenzlandes ist, pars pro tot, der Name ‚Allemagne' als Bezeichnung für das ganze Deutschland entstanden. Die historisch sehr wachen Franzosen haben uns schwäbischen Alamannen auch noch dies voraus: von den 53 erhaltenen Handschriften der Lex Alamannorum befinden sich 14 Handschriften in Paris, aber nur eine aus dem 9. oder 10. Jahrhundert stammende Handschrift des Klosters Weißenau in Stuttgart.

Die Tübinger Alamannen

Die Tübinger Alamannen haben in ihrer 150jährigen Geschichte trotz ihrer selbstverständlichen Offenheit gegenüber katholischen Studenten aus ganz Deutschland eine süddeutsche Historizität entwickelt, die liberale Weltoffen-

heit verbindet mit heimatgebundenen Zügen. Bei aller personalen, sozialen und familiären Verschiedenheit ihrer Mitglieder, von denen nicht wenige hohe und

1 Sind die Bayern Schwaben? Aktuelle Forschungsdiskussion bewegt bayerische Landeshistoriker und ihre Landsleute, Artikel in der Stuttgarter Zeitung vom 24. März 1984. Verfasser des Artikels Pankraz Fried, Inhaber des Lehrstuhls für bayrische Landesgeschichte an der Universität Augsburg.

höchste Ämter in Staat und Gesellschaft eingenommen haben und einnehmen, haben Eigengeist und Tradition der Tübinger Alamannia eine humane Grunddisposition hervorgebracht, die sich, summarisch gerafft und mit bewusst bescheiden gehaltenem Pathos versehen, wie folgt beschreiben lässt: fachliche Tüchtigkeit, berufliche Hingabe, politisches Engagement, soziale Verantwortung, christliches Ethos, konfessionsgebundene Glaubensstärke, wertorientierte Gebundenheit, freies Urteil, konstruktive Kritik, tolerante Liberalität, solide Verlässlichkeit, persönliche Charakterstärke, innere Treue, heitere Geselligkeit, entschlossene Willenskraft, künstlerischer Sinn, familiäre Verbundenheit, aufbauende Lebenshoffnung und - nicht zuletzt - eigene Bescheidenheit. Diese Grunddisposition trägt unverkennbar konservative Züge. Die Tübinger Alamannen, wenn auch nicht alle, bekennen auch heute noch offen, dass sie politisch und gesellschaftlich einen Wertkonservatismus mittragen wollen, dessen tragende Pfeiler sind: ein christlich orientiertes Menschenbild, eine humanistisch-abendländische Tradition, eine bodenständige Treue zu Heimat und Vaterland, eine innere Verantwortung im Sinne des kategorischen Imperativs, eine äußere Verantwortung für die nachfolgenden Generationen. Dieser die Gesinnung und die Tradition der Tübinger Alamannia kennzeichnende Kodex enthält die Intention ihrer Gründer ebenso wie die Bewahrung der humanen Substanz in Zeiten der Gefährdung und der Not und die Verpflichtung für die Zukunft.

Der Name ‚Alamannia‘ verpflichtet jedes Mitglied der Verbindung. Der Tübinger Alamanne trägt die Zugehörigkeit zu seiner Korporation lebenslang wie ein Ehrenkleid. Wer untreu wird, verlässt den Lebensbund.

Ubi sunt qui ante nos: „Viri probati"

Julian Aleker[1], Walther Puza[2], Christian Kurz[3]

An vielen Orten in Kirche und Politik, in Wissenschaft und Wirtschaft, in Verwaltung und Medien stellten - und stellen - Alamannen ihren Mann. Wie in jedem Verein gibt es auch bei uns Mitglieder, die einen größeren Bekanntheitsgrad erlangt haben. Ein Auswahl soll im Folgenden vorgestellt werden - obwohl diese Auswahl schwer fällt, da so viele andere ebenfalls zu nennen wären. Doch sollten auch die nicht übersehen werden, die sich alltäglich in vielfältiger Verantwortung zu unser aller Wohl einsetzen.

Adolf Gröber

*11. Februar 1854 †19. November 1919

Adolf Gröber wurde als Sohn eines Goldschmieds in Riedlingen geboren. Er studierte von 1873 an Jura in Leipzig, wo er die K.St.V. Teutonia mitbegründete, trat im WS 1874/75 in die K.St.V. Alamannia ein und beendete sein Studium in Straßburg 1877. Er schlug die richterliche Laufbahn ein und wurde Staatsanwalt in Rottweil und Ravensburg. 1887 in den Reichstag und 1889 in den württembergischen Landtag gewählt, wurde er im August 1917 Fraktionsvorsitzender des Zentrums im Reichstag und wirkte vom 5. Oktober 1918 bis zum 9. November 1918 als Staatssekretär im Kabinett Max von Baden, der letzten kaiserlichen Regierung.

Auch in der Nationalversammlung wirkte er als Fraktionsvorsitzender maßgeblich an der Verfassungsschöpfung mit. In Württemberg bereitete er die Gründung des Zentrums mit vor und war dort seit 1895 Fraktionsvorsitzender im Landtag. Er war ein gefragter Redner, wohl nicht zuletzt wegen seiner temperamentvollen, derbschwäbischen Art. Besonders hervorzuheben ist Adolf Gröbers Verdienst, das katholische Milieu nach dem Endes des Kulturkampfes

---

1 Julian Aleker, geb. 1980 in Tübingen, Studienfach Rechtswissenschaft, Eintritt in Alamannia WS 2001/02, Beruf Abteilungsleiter. Schriftleiter Alamannenblatt.

2 Walther Puza, geb. 1977 in Graz. Studienfächer: Allgemeine Rhetorik, Öffentliches Recht und Strafrecht. Eintritt in Alamannia SS 1998. FM SS 1999, xx SS2001. Bürgermeister.

3 Christian Kurz, geb. 1996 in Ludwigsburg. Studienfach Politikwissenschaft + Englisch, Eintritt in Alamannia WS 2015/16. x WS 2016/17, FM WS 2017/18 und SS 2020. Gymnasiallehrer.

aktiv in das gesellschaftliche und politische Leben einzubringen. Er wird als pflichtbewusste „Arbeitsbiene“ des Reichstags beschrieben. Forderer (1962, S. 122) beschreibt ihn als „der große schwäbische Volksmann und unerschrockene Kämpfer für Wahrheit, Freiheit und Recht, Jahrzehnte hindurch anerkannter Führer im Reichstag und württembergischen Landtag“. (Eine ausführliche Würdigung findet sich anlässlich der 150. Wiederkehr seines Geburtstags im Ala.Bl. Nr. 110, S. 12f)

Wilhelm Marx

*15. Januar 1863 †05. August 1946

Wilhelm Marx wurde in Köln geboren und studierte von 1881 bis 1884 Jura in Bonn und war dort Mitglied der K.St.V. Arminia. Von 1899 bis 1918 war er Mitglied des preußischen Abgeordnetenhauses und von 1910 bis 1918 Mitglied des Reichstags. 1919 wurde er in die preußische Landesversammlung und in die Nationalversammlung gewählt. 1922 übernahm er den Vorsitz der Reichstagsfraktion des Zentrums, den er bis 1928 innehatte. Von1923 bis zum 1924 war er Reichskanzler, 1925 Gegenkandidat für das Amt des Reichspräsidenten zu Paul von Hindenburg.

Am 19. Januar 1926 wurde er Reichsjustizminister, am 12. Mai des gleichen Jahres Reichskanzler, von diesem Amt trat er im Juni 1928 zurück. 1932 verzichtete er auf sein Mandat.

Am 14. Juli 1931 hielt er auf Einladung Alamannias einen Vortrag zum Tema „ Akademiker und Staat“ im Museum, an dem auch Bb Bischof Sproll und Justizminister Beyerle teilnahmen; Alamannia wollte ihre Dankbarkeit in einer besonderen Ehrung zum Ausdruck bringen und ernannte ihn zum Ehrenphilister (Forderer 1962, S.147).

Er wird als bedächtiger, ruhiger Gelehrter beschrieben, als ein Mann, der aufgrund seiner Gutmütigkeit einen Konsens herbeiführen konnte. Sein besonderes Interesse galt der Kultur-und Schulpolitik.

Joannes Baptista Sproll

*02. Oktober 1870 †04. März 1948

Joannes Baptista Sproll wurde in Schweinhausen bei Biberach als Sohn eines Straßenwärters geboren. 1890-1894 studierte er in Tübingen Theologie. 1912 wurde er Domkapitular in Rottenburg, 1913 Generalvikar und 1916 Weihbischof. Ehrenmitglied der K.St.V. Alamannia wurde er beim 50. Stiftungsfest

1922. Am 27. Juni 1927 wurde er Bischof der Diözese Rottenburg. Auch als Bischof nahm er an den Aktivitäten Alamannias teil, so zum Beispiel an der Veranstaltung mit Wilhelm Marx 1931 (siehe oben).

Sein prononcierter Antibolschewismus ließ kurz vor und nach der nationalsozialistischen Machtergreifung Anknüpfungspunkte zur Partei Hitlers möglich werden. Erst als es seit Mitte der dreißiger Jahre zum verstärkten Kirchenkampf des NS-Regimes kam, nahm er unmissverständlich gegen dessen Rechtsbrüche Stellung.

Nachdem sich Sproll bei der Volksabstimmung zum »Anschluss« Österreichs am 10.4. 1938 der Stimme enthalten hatte, kam es zu einem Ermittlungsverfahren wegen »Heimtücke« und zu inszenierten Demonstrationen gegen ihn. Ende August 1938 erfolgte die Ausweisung des Bischofs aus seiner Diözese. Bis 1945 hielt sich Sproll zunächst im Kloster St. Ottilien, sodann im Haus der Ursberger St. Josefsschwestern in Krumbach auf. Trotz starker körperlicher Behinderung kehrte Sproll im Sommer 1945 auf seinen Bischofsstuhl zurück.

Seine hohe Popularität machte ihn zu einem »Volks-«, sein Widerstand im Dritten Reich zu einem »Bekennerbischof«. Er wird beschrieben als eine klare, offene, heiter Natur, voll Humor mit lebendigem Sinn für das Rechte und einem braven Gemüt. Seit 2011 läuft ein Seligsprechungsverfahren für ihn. (ausführliche Würdigung durch Bb Winfried Löffler in Ala.Bl. 117, S. 3ff).

Josef Beyerle

*27. August 1881 †02. Juni.1963

Josef Beyerle, geboren in Hohenstadt im Kreis Aalen, studierte Rechts- und Staatswissenschaften an der Universität Tübingen und Berlin. Er wurde 1919 (bis 1933) Parteivorsitzender der Zentrumspartei in Württemberg, und vertrat von 1924 bis 1933 als Abgeordneter den Wahlkreis Aalen/Ellwangen im Württembergischen Landtag. 1923 übernahm er das Amt des Justizministers in Stuttgart, 1928 bis 1930 war er zugleich Wirtschaftsminister. Durch die Nationalsozialisten wurde er 1933 als Justizminister zwangsweise in den Ruhestand versetzt. Von 1934 bis 1945 wirkte Beyerle als Richter am Oberlandesgericht und war nach dem Krieg Mitgründer der CDU in Nordwürttemberg. Von 1945 bis 1951 übernahm er das Amt des Justizministers von

Württemberg-Baden, 1949 bis 1951 das des stellvertretenden Ministerpräsidenten für die CSVP/CDU.

Zum 80. Stiftungsfest 1952 hielt er die Festrede (Ala.Bl. Nr. 9, S. 130ff), zu dieser war er - wie der Schriftleiter Forderer der Rede vorausschickt - „wie kein anderer berufen, hat er doch von den 80 Jahren, auf die Alamannia zurückblickt, 52 als tätiges Mitglied an hervorragender Stelle miterlebt, die Gründer Camerer, Meyerhausen und Kofler in lebendigster Erinnerung“.

Eine ausführliche Würdigung der Persönlichkeit und Leistung von Josef Beyerle durch Bb Albert Pfitzer findet sich in Al.Bl. Nr. 65, S 7ff. Er schließt mit den Worten: „Josef Beyerle hat uns in der schweren Zeit seines Schaffens ein Beispiel der Standhaftigkeit gegeben. Wenn uns das Vorbild seines Lebens und Wirkens in die Pflicht nimmt, so brauchen wir auch um Gegenwart und Zukunft nicht besorgt zu sein.“

Lorenz Bock

*12. August 1888 †04. August 1948

Lorenz Bock wurde in Horb-Nordstetten als Sohn eines Landwirtsehepaares geboren. Er studierte in Tübingen und München. Bei Alamannia war er im SS 1905 Senior, als der Akademische Kulturkampf auf dem Höhepunkt war. „So wie andere erstrangige Vertreter des politischen Katholizismus in Schwaben, etwa der spätere Zentrums-Vorsitzende Josef Beyerle, schloss er sich der katholischen Studentenverbindung Alamannia an … Bereits im Kreis der Tübinger Alamannen zeichnete sich also jene Machtkonstellation ab, die man im nachmaligen Freien Volksstaat Württemberg ‚die drei B‘ nennen sollte: Beyerle (Parteivorsitzender des mitstaatstragenden ‚Zentrums‘), Bolz der Staatspräsident; Bock der ‚schwarze‘ Fraktionschef im Stuttgarter Landtag“ (Alamannenblätter Nr. 107, S. 13). Ab 1910 war er in Rottweil als Rechtsanwalt tätig und wurde 1919 in den Rottweiler Gemeinderat und in den Landtag gewählt. 1928 erfolgte die Wahl zum Parteivorsitzenden des württembergischen Zentrums. Er war ein Gegner des NS-Regimes und wurde nach dem 20. Juli 1944 verhaftet. Am 08. Juli 1947 wurde er Staatspräsident von Württemberg-Hohenzollern. Auf seinen Vorarbeiten beruhte die Gründung des Südweststaates in nicht geringem Anteil. Was ihn immer bedrückte: „Bocks Amt, so hoch es auch war, war ein Amt der völligen Abhängigkeit. Die französische Besatzungsmacht gab die Befehle, Bock hatte sie zu erfüllen …Erst sein Nachfolger Gebhard Müller sollte es mit ihnen deshalb zum Krach kommen lassen …“ (Ala.Bl. Nr. 107, S. 13).

Bruno Stärk

*17. Mai 1894 † 17. April 1979

Bruno Stärk wurde in Schwaigern bei Heilbronn geboren, wo sein Vater, früher Obergärtner an der Wilhelma, als Hofgärtner angestellt war. Bereits sein Vater und sein Großvater waren künstlerisch begabt und zwei Brüder des Vaters waren anerkannte Bildhauer in Nürnberg. Nach dem ersten Weltkrieg, an dem Bruno Stärk aktiv teilgenommen hatte und dreimal verwundet worden war, studierte er ab 1918 in Tübingen Rechts- und Staatswissenschaften und trat 1922 in die K.St.V. Alamannia ein. Nach dem Studium arbeitete er mit Unterbrechungen durch Krankheit und Studienurlaub von 1927 bis 1949 als Beamter im Hauptstaatsarchiv in Stuttgart. Mit 55 Jahren gelang es Bruno Stärk schließlich, bedingt durch schwere Krankheit, die endgültige Befreiung vom Staatsdienst zu erreichen, wodurch er sich von nun an als freier Künstler ausschließlich der Malerei widmen konnte. An die 30 Ausstellungen machten ihn in der Folgezeit bekannt. Im Jahre 1978 verlieh ihm Ministerpräsident Lothar Späth den Professorentitel.

Bereits ab 1920 war Bruno Stärk als Gasthörer an der Stuttgarter Akademie gewesen. Von 1932 bis 1934 hatte er Privatunterricht bei Adolf Hölzl genommen und fand so Zugang zu anderen Künstlern im Hölzl-Kreis. Nachdem er 1934 die Aufnahmeprüfung an der Akademie der bildenden Künste gemacht hatte, studierte Bruno Stärk bis 1939 bei Heinrich Altherr, Hans Spiegel und Anton Kolig. Nach dem Krieg und seiner Befreiung vom Staatsdienst, setzte sich bei Bruno Stärk eine freiere Sehweise in seiner Arbeit durch, die in seinem gegenstandsfreien Spätwerk gipfelt, das in der Hauptsache aus Pastellen besteht. Auf die Frage, warum er Pastelle malt, antwortete Bruno Stärk mit der Antwort, die ihm viele Jahre zuvor sein Lehrmeister Adolf Hölzl auf diese Frage gab: „Wegen der höheren Leuchtkraft der Farben.“ Bruno Stärk nutzte in seinen Pastellen geschickt die Möglichkeiten des Farbzusammenspiels aus, die sich eben nur mit Pastell und nicht mit Öl- oder Wasserfarben ergeben. Einen schönen Überblick über seine Pastelle gibt ein Bildband, der 1975 erschienen ist (Hg. Kurt Leonhard). Bruno Stärk hat dieses Buch einmal mit folgenden Worten gewidmet: „Es ist beglückend, der Kunst dienen zu dürfen, schöpferisch wirken und damit den Mitmenschen Freude bereiten zu können.“

Wir können uns besonders an diesen Schöpfungen erfreuen, da wir auf der Alamannenburg über eine beachtliche Sammlung von Werken unseres Bundesbruders verfügen. Unsere Sammlung zeichnet sich insbesondere durch ihren zeitlichen Umfang aus. Sie gibt ein Abbild der künstlerischen Entwicklung und des malerischen Lebens von Bruno Stärk. Es sind Bilder dabei, die auf einer der vielen Reisen entstanden sind. Und wir haben nicht zuletzt auch Pastelle aus dem Spätwerk, die unsere oberen Räume mit nordafrikanischer Farbigkeit erfüllen.

Gebhard Müller

*17. April 1900 †7. August 1990

Gebhard Müller wurde im katholischen Füramoos (Landkreis. Biberach) geboren. 1919 begann er in Tübingen das Studium der katholischen Theologie, Philosophie und Geschichte, das ihn auch ein Semester nach Berlin führte. 1922 wechselte er zur juristischen Fakultät. Als Mitglied der K.St.V. Alamannia knüpfte er sich später als bedeutsam erweisende Kontakte zu zahlreichen Landespolitikern und Spitzenbeamten. Nach Abschluss des Studiums wurde er in den württembergischen Justizdienst übernommen, ehe er 1930 eine Stelle im Bischöflichen Ordinariat Rottenburg antrat.

Im Sommer 1933 kehrte Müller in den württembergischen Justizdienst zurück. Dort wurde er von den neuen Herren ob seiner kritischen Distanz misstrauisch beobachtet. 1947 wurde er Landesvorsitzender der CDU und 1948 Nachfolger von Lorenz Bock im Amt des Staatspräsidenten. Gebhard Müller war ein beharrlicher Verfechter des Südweststaatsgedankens, er setzte sich von Anbeginn an für die Vereinigung der drei südwestdeutschen Länder Baden, Württemberg und Hohenzollern ein und wurde zu einem entscheidenden Akteur. Am 30. September 1953 wählte die Landesversammlung Gebhard Müller zum Ministerpräsidenten. Er bildete nach Tübinger Vorbild eine Allparteienregierung, an der er auch nach der Landtagswahl 1956 festhielt, obgleich die CDU gestärkt aus ihr hervorgegangen war. Nach Verabschiedung der baden-württembergischen Landesverfassung, 19. November 1953, wurde Gebhard Müller am selben Tag zum Ministerpräsidenten von Baden-Württemberg gewählt. Ende 1958 nahm er das Amt des Präsidenten des Bundesverfassungsgerichts an. Bis zum 8. Dezember 1971 stand er an der Spitze des höchsten deutschen Gerichts. 1972 zum Honorarprofessor an der Rechtswissenschaftlichen Fakultät der Universität Tübingen berufen, hielt er Vorlesungen über Staats- und Verfassungsrecht.

Sein Leben lang blieb er Alamannia verbunden. Beim Festkommers zum 100. Stiftungsfest im Rittersaal von Schloss Hohentübingen hielt er die Festrede zum Thema „Die Aufgaben des katholischen Korporationsstudenten in unserer Zeit“ (abgedruckt in Alamannenblätter Nr. 45, S. 5ff. Nachrufe und Würdigungen im Ala.Bl. Nr. 83, Dezember 1990, ab S. 12).

Von seinen Zeitgenossen wurde als beispielhaft für ihn bezeichnet:

“Christliche Grundwerte, Gerechtigkeitsempfinden, Sparsamkeit, Verlässlichkeit, Fleiß, Beharrlichkeit, persönliche Bescheidenheit.”

Kurt-Georg Kiesinger

*06. April 1904 † 09.März 1988

Kurt Georg Kiesinger wurde in Ebingen/Württemberg als Sohn eines kaufmännischen Angestellten geboren. 1925 nahm er das Studium der Geschichte und Philosophie in Tübingen auf, das er von 1926 bis 1931 in Berlin fortführte.

1933 trat er in die NSDAP ein und arbeitete ab 1935 beim Kammergericht in Berlin. 1940 erhielt er eine Dienstverpflichtung als wissenschaftlicher Hilfsarbeiter in der Rundfunkabteilung des Reichsaußenministeriums und wurde 1943 stellvertretender Abteilungsleiter der Rundfunkabteilung des Reichsaußenministeriums. Vor allem diese Tätigkeit wurde ihm später zum Vorwurf gemacht. Entlastung fand er durch ein aus dem „Spiegel“-Archiv stammendes Protokoll des Reichssicherheitshauptamtes der SS, in dem es heißt, Kiesinger habe während seiner Tätigkeit in der rundfunkpolitischen Abteilung antijüdische Aktionen gehemmt und verhindert.

1945/46 saß er in Ludwigsburg in Haft, wurde aber 1948 freigesprochen und nahm seine Tätigkeit als Anwalt in Tübingen und Würzburg wieder auf. 1949 zog er in den Bundestag ein, dem er bis zu seiner Wahl als Ministerpräsident von Baden-Württemberg 1958 angehörte. Von 1966 bis 1969 war Kiesinger Bundeskanzler der Großen Koalition.

Ungeachtet der Problematik der Großen Koalition konnten die wirtschaftliche Rezession und die Misere der Bundesfinanzen durch eine mittelfristige Finanzplanung überwunden werden.

Gemeinsam mit der SPD wurden die Stabilitätsgesetze und die umstrittenen Notstandsgesetze verabschiedet.

Im Zuge der Verbesserung der Ostkontakte wurden 1967/68 diplomatische Beziehungen mit Rumänien, der CSSR und Jugoslawien aufgenommen und damit der Bruch mit der Hallstein-Doktrin eingeleitet.

Nicht zuletzt der Streit um den Atomwaffensperrvertrag und die andauernde Kontroverse zwischen CDU/CSU und SPD um die weitere Konjunktur- und Währungspolitik leiteten den „Machtwechsel“ 1969 und das Ende der

Kanzlerschaft Kiesingers ein. Von 1967 bis 1971 war er Bundesvorsitzender der CDU und behielt sein Bundestagsmandat bis 1980. (Nachrufe und Würdigungen im Alamannenblatt Nr. 78, Mai 1988, und ausführliche Würdigung durch Alois Rummel im Ala.Bl. Nr. 111, S 3ff).

Heiner Geißler

*03. März.1930 †11. September 2017

Heiner Geißler wurde am 03. März 1930 in Oberndorf am Neckar geboren. Er widmete sich zunächst dem Studium der Philosophie an der Hochschule für Philosophie in München. Später studierte er Jura in München und Tübingen, wo er Alamanne wurde. Dieses Studium schloss er 1962 mit dem zweiten Staatsexamen und einer Promotion als Dr.jur ab. Hiernach arbeitete er als Richter am Amtsgericht Stuttgart.

Bereits 1956 war er Mitgründer der Jungen Union in Rottweil und von 1961 bis 1965 Vorsitzender der JU in Baden-Württemberg. 1977 wurde er zum Generalsekretär der CDU gewählt und blieb dies über drei Bundestagswahlen hinweg bis 1989. Dies macht Heiner Geißler zum Generalsekretär mit der längsten Dienstzeit in der CDU und gleichzeitig den einzigen, der während seines Amtes ebenfalls das Amt eines Ministers bedeckt hat. Während seiner politischen Laufbahn etablierte sich Geißler als Kritiker der SPD und der Grünen und sorgte hier immer wieder für Schlagzeilen. Insgesamt zeichnete er sich durch seine klare Linie, von der er nie abwich, aus.

Bei Alamannia war er immer wieder - er scheute sich nie, seine Zugehörigkeit zu einer Verbindung öffentlich sichtbar zu machen. Bei vier Stiftungsfesten hielt er die Festrede: 1967, 1982, 1996 und 2011.

Auch in seinem späteren Leben zog er sich nicht aus der Medienlandschaft zurück. Er zeigte sich oft in der Öffentlichkeit und war Mitglied in regierungskritischen Organisationen, wie bspw. Attac. Gleichzeitig engagierte er sich unter anderem auch für die Vermittlung beim Bahnhofsprojekt Stuttgart 21. Trotz seiner kritischen Haltung waren ihm die christlichen Werte, allen voran die Nächstenliebe, bis zu seinem Tod äußerst wichtig. Unvergessen bleibt seine Festrede zum 140. Stiftungsfest: *Neue Intelligenz in Wirtschaft und Politik* - herausfordernd, frech, provozierend, mit gründlichem Blick. Es lohnt sich, sie im Alamannenblatt 125, Seite 7-12, nachzulesen. Ein ausführlicher Nachruf von Bb Prof. Josef Nolte findet sich in Ala.Bl. Nr. 137, 2017, S. 21f.

Heil den Edlen, die vor Jahren: Von Philister-Senioren und sonstigen „patres Alamanniae“

Ein Albumblatt von Walter Wochner[1]

Ein „pater Alamanniae“ sei er „fürwahr“ gewesen, den „aktiven und den Jüngeren in der Altherrenschaft ein väterlicher Freund“ und „den Älteren ein verläßlicher, treuer ... Bundesbruder“. Dieser bundesbrüderliche Dank an Alfred Haile (Altherren-Senior von 1966 bis 1990), enthalten im Nachruf seines Stellvertreters anläßlich des Trauerkommerses könnte, mit kleinen Akzentverschiebungen vielleicht, jedem der bisherigen Altherren-Senioren - „Philister-Senioren“ nannte man sie bis 1965 - und manchen ihrer Freunde im Vorstand gelten.

Diejenigen unter ihnen, jedenfalls, die aus den eher spröden und dürftig aufbereiteten Archivalien der Alamannia, aus den seit 1926 (bis 1935 und wieder seit 1948) erschienenen Alamannen-Blättern und aus Forderers Alamannen-Geschichte (Josef Forderer, Katholische Studentenverbindung Alamannia Tübingen, Von ihren Anfängen bis zur Gegenwart, Tübingen, 1968) persönliche Konturen gewinnen, waren bemerkenswerte Persönlichkeiten. Meist über viele Jahre hin und häufig in bewegten und für die Verbindung schweren Zeiten tätig, prägten sie maßgeblich die äußere Gestalt Alamannias und ihren inneren Zustand. Repräsentanten des Bundes und Sachwalter in der Öffentlichkeit, einmal Impulsgeber und manchmal Bremser für und bei anstehenden und aufkommenden neuen Entwicklungen und - wer weiß das nicht aus seiner eigenen aktiven Zeit - Ratgeber oder auch Stein des Anstoßes für die jüngeren Bundesbrüder.

In der heutigen Zeit des eher kurzzeitigen, ungern übernommenen und baldmöglichst wieder aufgegebenen Ehrenamtes nimmt man mit Erstaunen wahr, dass die Altherrenschaft der Verbindung in den 150 Jahren ihres Bestehens nur zehn Vorsitzende hatte (längste Amtszeit 26 Jahre, kürzeste Amtsdauer 3 Jahre, durchschnittliche Tätigkeitsdauer 15 Jahre). Mag es an den langen Amtszeiten liegen, an den auch beruflich ausgewiesenen Persönlichkeiten selbst oder vielleicht daran, dass der Philister-Senior als Vorsitzender des Altherrenkonvents entscheidend die Hand am Geldbeutel des Bundes hatte und hat: Die Alamannia ist jedenfalls mit ihren Vorsitzenden und denen, die ihnen

[1] Walter Wochner (1928- 2009), Jura-Studium, Eintritt in die Alamannia 1951, SS 1952 Fuchsmajor. „Richter mit Humor“, Landgerichtspräsident in Rottweil. Ab 1980 für 24 Jahre Kassier im Altherrenvorstand. Dieser Beitrag erschien zunächst in der Festschrift Alamannias zum 125. Stiftungsfest, und wurde hier aktualisiert.

zur Seite standen, als Garanten der Stetigkeit von Ziel und Weg angesichts der sich oft und rasch verändernden Aktivitas einer studentischen Verbindung gut gefahren. Gerade in schwierigen Zeiten, im akademischen Kulturkampf (Schanz), in moralischen und wirtschaftlichen Notzeiten (Jehle), in Zeiten äußerer Widrigkeiten (Kaißer), des Umbruchs und Neubeginns (Mattes) und des existenzgefährdenden Nachwuchsmangels (Haile) haben sie unermüdlich das Notwendige und das ihnen Mögliche getan - und verdienen es, nicht ganz vergessen zu werden.

Die drei Grundsteinleger

Aus der Gründungszeit ist über die Beziehungen der Verbindung zu denen, die später „Alte Herren“ genannt wurden, wenig bekannt. Die 1871 neu gefassten Statuten des „Katholischen Academischen Lesevereins in Tübingen“, den die Alamannia als ihre Gründungskorporation sieht, kennen noch keine organisierte Altherrenschaft. Genannt sind dort unter den Vereinsmitgliedern (den ordentlichen und den außerordentlichen) zwar auch „auswärtige Mitglieder“; zu solchen werden „auf ihren Wunsch solche ehemaligen Vereinsangehörigen ernannt, welche die Universität Tübingen verlassen haben“. Diese „auswärtigen Mitglieder“, also wohl auch diejenigen, die „mit gesenktem Blick in das Philisterland“ zurückgekehrt waren, waren aber weder organisiert noch offensichtlich von irgendwelcher Bedeutung. Sie waren weder in Ämter wählbar noch wahlberechtigt, wurden nicht zu Veranstaltungen eingeladen und - womit ihre Bedeutungslosigkeit dokumentiert ist - durften keinen Beitrag bezahlen.

In der erneuerten „Vereinsordnung“ des ehemaligen Lesevereins, der sich nun „Katholischer Studentenverein Alamannia zu Tübingen“ nennt (vom Wintersemester 1875/76) werden neben aktiven, inaktiven und Ehrenmitgliedern auch „Philister“ genannt. Damit sind gemeint „diejenigen Mitglieder, welche in das öffentliche Leben übertreten. Sie erhalten „die Korrespondenzblätter und die G.V. Protokolle“ und sind - man meint, viele spätere Schriftführer und Kassiere seufzen zu hören - „verpflichtet, alle Jahre Nachricht von sich zu geben“. Eine eigene Organisation für diese „Philister“ ist nicht vorgesehen, auch keine Beitragspflicht, und um Spenden wurden sie auch nicht angegangen. Erst 1889 nimmt sich die Alamannia eine Aufforderung der Generalversammlung des „Verbands der Katholischen Studentenvereine Deutschlands“ (von 1872) zu Herzen, es sei „darauf hinzuwirken, dass das Verhältnis „der Vereine“ zu ihren früheren Mitgliedern ein innigeres werde“. Im Februar 1889 konstituiert sich in Stuttgart ein “Verein der Philister Alamannias für Württemberg“. In den Vorstand dieses Vereins, dessen Hauptaufgabe die „Förderung des aktiven Vereins“ sein sollte, werden gewählt die Mitglieder Justizrat Eggert, ein damals namhafter Dichter und Schriftsteller

(Josef Beyerle in „Alamannenblätter“ 1952, Nr. 8 S. 116), Professor Bökeler und Revisor Bopp, sämtliche damals in Stuttgart wohnhaft.

Bei einer im Herbst dieses Jahres abgehaltenen Mitgliederversammlung wird, offensichtlich um den Verein von einem - mehr oder weniger - Stuttgarter Ortszirkel zu einem das ganze Einzugsgebiet der Alamannia abdeckenden Philisterbund zu erweitern, der Vorstand neu gewählt. Vorsitzender wird der damals in Tübingen wohnhafte *Franz Schanz*, der später als Oberlandesgerichtsrat in Stuttgart und als Präsident des Landgerichts Rottweil zu den in der Öffentlichkeit bekanntesten Alamannen zählen wird. Zum Schriftführer wird der Kameralverwalter Schweitzer gewählt, der 1902 von *Rudolf Jehle* aus Rottenburg abgelöst wird, dem Motor für den Bau des Alamannenhauses. Kassier wird - und bleibt es - sage und schreibe 39 Jahre lang bis zu seinem Tod - der in Ravensburg sesshaft gewordene *Antons Bökeler*.

Schanz, Jehle und Bökeler, ein Trio, von der noch Generationen von Alamannen mit größter Hochachtung erzählten und beinahe Wundersames berichteten, kommt ein Hauptverdienst an der glanzvollen Entwicklung Alamannias zu. Sie müssen sich hervorragend ergänzt haben: Schanz, der - so wird von Zeitzeugen - gesagt - durchsetzungsfähige, nüchtern abwägende, von Betroffenen Entscheidungen ungern abweichende und auch Konflikte nicht schonende, wortgewaltige „große Vorsitzende“. Jehle, der unermüdliche, in seinem Bestreben, den Alamannen zu einem Haus zu verhelfen, nicht zu erschütternde, gesellige und humorvolle „beste Alamanne“ (so, laut einer Mitteilung von Eugen Reiner, Kassier, über Jehle), von dem viele Anekdoten erzählt wurden. Bökeler, der geistvolle und gebildete Naturwissenschaftler, der sich unverdrossen und unspektakulär im stillen für die Verbindung einsetzt und sich in Krisenzeiten als Fels in der Brandung bewährt.

Wichtigste Aufgabe dieser Männer der ersten Stunde ist es, dem stark angewachsenen Philisterium einen organisatorischen Rahmen und - noch entscheidender - das Gefühl dauerhafter Zusammengehörigkeit zu geben. Es werden regelmäßig Versammlungen der Altherrenschaft abgehalten, und zwar, um auch lokale Präsenz zu zeigen, an verschiedenen Orten im Land, in Plochingen, Stuttgart, Nürtingen, Ludwigsburg, Ellwangen, Aulendorf, Ulm, Tübingen, einmal auch in Beuron und ab 1907 jährlich in Friedrichshafen. Ein besonderes Anliegen des Vorstands sind die Gründung und des äußere und innere Wachstum der lokalen Philisterzirkel (u. a. in Ravensburg, Stuttgart, „oberer Neckar“; später wird, einer Mode folgend, das „Stammland der Alemannen“ in „Gaue“ eingeteilt!).

In die Zeit des Vorstandes Schanz-Jehle-Bökeler fällt auch eine erste - und nicht die letzte - Existenzkrise der Verbindung: der damals im Deutschen Reich aufkommende „Wilhelminismus“ war dem Wachstum einer entschieden katholischen Verbindung, wie die Alamannia dies von Anfang an war, nicht förderlich. Der Kulturkampf, der, obwohl Württemberg davon nicht sonderlich betroffen war, auch für die Entwicklung der katholischen Verbindung Alamannia seine Schubkraft entwickelt hatte, war beendet. Der aufziehende Modernistenstreit war für die Entwicklung einer katholischen und der katholischen Kirche stark verbundenen studentischen Korporation nicht günstig. Die Alamannia hatte (vgl. Forderer a. a. O. S. 63) viele Männer der Kirche als Ehrenmitglieder: die Theologie-Professoren Linsenmann, später Domkapitular und gewählter Bischof von Rothenburg, Funk und Schanz, den Direktor dv Wilhelmstiftes und späteren Pfarrer in Altheim bei Riedlingen. Maier, den Pfarrer Hundt, den späteren Domkapitular und Professor, damals Konviktsdirektor Rick, den späteren Generalvikar Kottmann, den Repetenten B. Krieg, nachmaliger Rektor des Gymnasiums Ehingen an der Donau, den Dekan und Stadtpfarrer Staudenmaier aus Tübingen, den späteren bekannten Redakteur am „Deutschen Volksblatt“ Steinhauser, den Repetenten und späteren Universitätsprofessor Ludwig Bauer u. a.

In einem Nachruf des ersten Schriftführers Emil Schweitzer auf Anton Bökeler (Alamannenblätter II Jahrgang, Nr. 1, Januar 1928) wird darauf hingewiesen, dass kurz nach dem Amtsantritt des neuen Vorstandes die Mitgliederzahl der aktiven Verbindung, die zuvor „stattlich“ war, auf „vier Leute“ gesunken war. Der Philister-Senior Schanz, „der Aufrechte und sonst Unverzagte“, habe „den Mut sinken lassen“ und sei „der Suspension der Alamannia“ nähergetreten. Bökeler und Schweitzer seien es schließlich gewesen, die den Philister-Senior hätten bewegen können, weiterzumachen.

„Fest wie unsere Burg wir stehen ...“

Franz Schanz

Eine der größten Aufgaben, die der neue Vorstand zu bewältigen hatte, war der Bau eines eigenen Hauses für die inzwischen stark gewachsene und selbstbewusst gewordene Verbindung. Dieses Vorhaben, unterstützt von der großen Mehrheit der Alten Herren, energisch vertreten von *Franz Schanz*, unverdrossen vorangetrieben von Rudolf Jehle und - mehr vom Hintergrund aus - finanziell und buchhalterisch auf den Weg gebracht von Anton Bökeler, war nicht nur, aber zweifellos auch Ausfluss des damaligen studentischen Lebensstils. Nahezu alle „alten“ Verbindungshäuser Tübingens entstanden um die Jahrhundertwende - viele im Stil romantischer Burgen und möglichst hoch über der Stadt, Zeichen der in Anspruch genommenen öffentlichen Bedeutung und eines sozialen Abstands zu denen, die im Tal zu wohnen hatten. 1902 wird der „Hausbauverein Alter Tübinger Alemannen“ gegründet, der ebenfalls vom bisherigen Philistervorstand geleitet wird. 1903 werden das Grundstück erworben und der Grundstein gelegt. 1904, an Pfingsten, wird das Haus eingeweiht. Man mag sich vorstellen, was der Philister-Senior und seine Vorstandsfreunde an Kopfzerbrechen, Besprechungen, Sorgen, Überzeugungsarbeit und Ärger aufzuwenden hatten, um in zwei Jahren nicht nur ein Haus aus dem Boden zu stampfen, sondern auch die Finanzierung des Kaufpreises von 84.200 Mark zu ermöglichen. 30.000 Mark hat die Altherrenschaft durch Spenden aufgebracht, eine Altherrenschaft, die durchaus nicht nur aus Gutverdienenden und Wohlhabenden bestand.

Als im Oktober 1915 Franz Schanz - inzwischen war ihm der persönliche Adel verliehen worden und er hieß Franz von Schanz - stirbt, findet sich zunächst kein Nachfolger im Vorstandsamt. Viele Alte Herren sind Soldat, die großen persönlichen Sorgen veranlassen nicht unbedingt zur Übernahme eines Ehrenamts, die Zukunft der Verbindung ist unsicher, und vielleicht hält auch der überlange Schatten Schanzs manchen ab, seine Nachfolge zu übernehmen.

Es ist der unermüdliche Rudolf Jehle, der in den schweren Jahren bis 1920 in die Sielen geht. Er hält die Verbindung mit den Bundesbrüdern, die im Feld sind, er kümmert sich um das Haus, das angesichts der teilweise sehr kleinen Aktivitas weniger frequentiert ist, und er bemüht sich - gerade davon ist bei Alamannia offensichtlich noch sehr lange die Rede - um die Linderung der wirtschaftlichen Not, in der sich viele, insbesondere auch aktive Bundesbrüder finden. Er sammelt Lebensmittel und bettelt Geld zusammen und besucht vom nahen Rottenburg aus, wo er wohnt, häufig die Aktivitas. Er redet ihr Mut zu, hilft ihr bei der Bewältigung ihrer Probleme mit Rat und Tat und wäscht ihr auch, wenn dies notwendig oder nützlich erscheint, gelegentlich den Kopf. 1920 wird der frühere Schriftführer *Emil Schweitzer*, inzwischen Oberfinanzrat in Stuttgart, zum Philister-Senior gewählt. Nach nur dreijähriger Amtszeit unter schwierigen Umständen - die sozialen und politischen Verhältnisse in der Universitätsstadt waren wenig stabil und die inflationäre Geldentwertung brachte für Philisterium und Aktivitas große Sorgen - legt er, beruflich stark gefordert und gesundheitlich angeschlagen, 1923 sein Amt nieder.

Emil Schweizer

„... ob uns droht auch schwarze Nacht“

Karl Alfons Kaißer

Zu seinem Nachfolger wählte der Altherrenkonvent den damals 51 Jahre alten Kameralisten *Karl Alfons Kaiser*. Der gebürtige Ostälbler war im württembergischen Finanzdienst an den Kameralämtern - so hießen die späteren Finanzämter bis zur Erzbergerschen Finanzreform - Lorch, Kapfenburg und Ellwangen und später als Vorsteher der Finanzämter Gaildorf und Schorndorf tätig gewesen. Er, der bisher nicht zum Führungskreis der Alamannia gehört hatte, übernimmt ein schweres Amt - ob er es wohl übernommen hätte, wenn er gewusst hätte, wie schwer es noch werden sollte? Nicht nur die Finanzen des Philisteriums sind als Folge der Inflation zerrüttet, auch die wirtschaftliche Lage vieler Mitglieder der durch Kriegsverluste ohnehin dezimierten Altherrenschaft war so desolat, dass auch bei gutem Willen für die Verbindung keine finanziellen Opfer gebracht werden konnten. 1922, ein Jahr vor seinem Amtsantritt, so berichtet er in den „Alamannenblättern“ des Jahres 1927, schlugen „der Zusammenbruch, die Inflation ... ihre Krallen erbarmungslos in das Gefüge des Hausvereins“ - mit welchem Erfolg, erhellt am besten aus einem Brief von Jehle selig, der gewiss nicht zu den Pessimisten zu rechnen ist, in welchem er ernsthaft den Gedanken ventiliert, ob man das Haus nicht eben doch noch verkaufen müsse“.

Querelen mit dem KV, den er immer in hohen Ehren gehalten hatte, folgen: 1926 muss er sich von dessen „Ausbreitungskommissär“ sagen lassen, in Tübingen müsse eine neue (KV) Verbindung gegründet werden, weil hier eine „wirklich gute, auf der Höhe stehende KV Korporation fehle“; der Tübinger Bund „sei ein Süddeutscher Bauernverein“, es könne niemand zugemutet werden, „bei Alamannia aktiv zu werden“. (Alamannenblätter 1923, Nr. 4, S. 10). Waren das noch Probleme, die mit Selbstvertrauen und Stehvermögen - beides muss Kaißer wohl gehabt haben - zu meistern waren, so bringt die Entwicklung vor und nach der Machtübernahme durch die Nationalsozialisten ihn, der in der Tradition der katholischen KV-Korporationen steht und für den die Prinzipien der Alamannia unumstößlich waren, in eine persönlich nahezu ausweglose Lage: er will und soll versuchen, seiner Verbindung ein Weiterexistieren zu ermöglichen und dies in einem Umfeld, das den Idealen, denen die Alamannia sich verpflichtet fühlte, gelinde gesagt, verständnislos gegenübersteht. Wie weit konnte und durfte man Konzessionen an den Zeitgeist und an die Machthaber machen?

Kaißer erlebt, wie das bisher für unumstößlich gehaltene Katholizitätsprinzip (aus Gründen der völkischen Gemeinschaft, nicht etwa aus ökumenischen Gründen) aufgegeben wird, wie die Prinzipien „Religion, Wissenschaft und Freundschaft“ durch den Wahlspruch „Mit Gott für Deutsche Ehre“ ersetzt wurden und wie an Stelle der bisherigen Korporationsverfassung das sog. Führerprinzip tritt. Er selbst muss sich, nach zehnjähriger aufopfernder Tätigkeit soeben erneut wiedergewählt, vom „Korporationsführer“ - so hieß der Senior der Aktivitas neuerdings - zum „Führer des Philisteriums“ der Alamannia „ernennen“ lassen, nachdem er zuvor wie alle Amtsträger im KV vom „Altherrenschaftsführer“ durch Rundschreiben seines Amtes „enthoben“ worden war. Schließlich, versuchte Anpassung hat auf die Dauer nichts gebracht, erlebt er die Selbstauflösung der Aktivitas (im Februar 1936). Am 5.3.1939 löst sich der bis dahin noch bestehende Altherrenverein auf, und es wird ihm, dem Altherren-Senior ausgerechnet, aufgetragen, als „Liquidator“ den Verkauf des Alamannenhauses, in dem er mit seiner Frau nach seiner Zur-Ruhesetzung 1937 auch Wohnung genommen hatte, zu bewerkstelligen. Sein letzter gewählter Stellvertreter, Konstantin Ilg, den er in seinem Testament gebeten hatte, sich nach seinem Tod um das, was von Alamannia noch übrig geblieben war, zu kümmern, berichtet, dass „ein Kümmernis des Philister-Seniors war“, wie er von nicht wenigen Bundesbrüdern und Freunden in schwerer Zeit allein gelassen wurde.

Die von wenigen erwartete und von manchen - ihm ganz bestimmt - erhoffte Neugründung der Alamannia im Jahre 1948 hat er nicht mehr erlebt, er verstarb am 25.3.1946.

„O Hermann, wie hast Du Dich getäuscht“

Mit dieser triumphierenden Bemerkung habe, so hörte man es in vielen Festreden, nach der Neugründung der Verbindung, Lorenz Bock (1883 - 1948), damals Staatspräsident von Württemberg-Hohenzollern, ehemaliger kundiger und erfolgreicher Wortführer Alamannias im akademischen Kulturkampf und Mentor vieler Alamannen, die pessimistische, protokollierte Bemerkung eines Teilnehmers an der Auflösungsversammlung kommentiert, der geäußert hatte: „Unwiederbringlich vorbei ist unser Bund, und nie wird sein Heim wieder unser werden, nur im Herzen kann eine Heimat weiterbestehen.“ Es mag sich so verhalten haben oder nicht - die Versammlung zur Neuorganisation des Philisteriums fand am 3. 10. 1948 statt, Lorenz Bock war bereits am 4. August dieses Jahres gestorben.

Paul Mattes

Nach der Wiedergründung des Altherrenvereins und der aktiven Verbindung waren jedenfalls nicht Pathos und Triumphalismus gefragt, sondern pragmatischer Sinn, Zähigkeit und Sensibilität für die veränderten Umstände, mit denen sich die Verbindung, wollte sie eine Zukunft haben, auseinanderzusetzen hatte. In dieser Situation wird, vorgeschlagen von Konstantin Ilg, dem Interimsvorsitzenden, *Paul Mattes* zum Vorsitzenden der Altherrenschaft gewählt. Mit ihm, der 1894 geboren und in einer Lehrerfamilie in Oberschwaben aufgewachsen ist, tritt an die Spitze des Vereins kein Charismatiker und Visionär, noch nicht einmal ein wortgewaltiger Redner, sondern ein bescheidener, eher zurückhaltender, aber überaus einsatzbereiter und zäher Problemlöser. Er ist geprägt von dem Ereignis „Erster Weltkrieg", den er durchlitten hatte, und von den grundlegenden Umwälzungen der Nachkriegszeit und gehört zu der Generation, die bei Alamannia, der er 1918 beigetreten war, bemüht war, Tradition und Moderne zu verbinden. Er zählte als Bundesbruder eher zu den Stillen, die im Bund Freundschaft suchten, fanden und pflegten und hatte - wie in einem Nachruf seines Freundes Alfons Bogenrieder bemerkt wird - „sicherlich nicht im entferntesten je einmal daran gedacht, als Philister-Senior heraus gestellt zu werden.

Seine Aufgabe, der er sich mit Eifer einerseits und mit - immer auch für die damals jungen Alamannen - spürbarer nobler Achtung der Persönlichkeit jedes Bundesbruders annahm, sieht der eher spröde und manchmal unnahbar erscheinende Jurist - er war als Richter in Schwäbisch Gmünd und Stuttgart, dort auch als Richter am Oberlandesgericht und zuletzt als Ministerialrat im Baden-Württembergischen Justizministerium tätig - in der Festigung des „durch Verbotszeit und Krieg gelockerten Bandes zwischen den Bundesbrüdern". Aus der klaren Erkenntnis heraus, dass eine Verbindung sich eine größere zeitliche Lücke in der demoskopischen Struktur ihrer Mitglieder nicht leisten kann, bemüht er sich darum, als Mitglieder für den Bund auch solche Männer zu gewinnen, die, weil sie während der Verbotszeit ihr Studium begonnen oder absolviert hatten, der Verbindung nicht hatten beitreten können. Und schließlich setzte er sich mit Kraft und Klugheit und auch unter Zuhilfenahme seiner Beziehungen dafür ein, dass die Alamannen ihr Haus zurückerwerben und benutzbar machen konnten.

Ein großes und die persönlichen Beziehungen in der Altherrenschaft und vor allem zwischen den Alten Herren und der sich damals neu formierenden Aktivitas - auch diese suchte, aus einem Krieg zurückgekehrt, eigene und neue

Wege - Problem war der Umgang mit den Bundesbrüdern, die, aus welchen Gründen auch immer, mit dem Nationalsozialismus mehr oder weniger paktiert hatten. Gerade auch hier hat sich Paul Mattes, der wegen seiner Lauterkeit und Integrität und wegen seiner festen Haltung in der NS-Zeit von allen Seiten geachtet war, große Verdienste erworben.

Die Zeit des ruhigen Wachstums

Konstantin Hank

Mit *Konstantin Hank*, den die Altherrenschaft am 19.6.1954 zum Nachfolger des eine erneute Kandidatur ablehnenden Paul Mattes wählte, tritt ein Mann an die Spitze des Philisteriums der Alamannia, der schon seit vielen Jahren die Geschicke der Alamannia und - insoweit anders als alle seine Vorgänger - des gesamten KV maßgeblich beeinflusst, teilweise sogar bestimmt hatte. Hatten sich die bisherigen Vorstände des Philisteriums vorwiegend mit der eigenen Verbindung befasst, so hatte Konstantin Hank wohl die Geschicke seiner Alamannia, der er sich natürlich in erster Linie verbunden fühlte, darüber hinaus aber auch die Entwicklung des Gesamtverbandes und die Stellung der Alamannia im KV im Auge. Kein Philistervorsitzender der Alamannia - abgesehen vielleicht von Alfred Haile (dieser aber aus anderen Gründen) - war im KV so bekannt wie Konstantin Hank, der auch dem Hauptausschuss angehörte und als ausgewiesener Zeitzeuge ein wichtiges Mitglied in der Historischen Kommission war.

Auch die Zeit seiner Vorstandschaft war eine Zeit des Umbruchs. Die zuvor lange und mit vielen Gründen in Frage gestellte Existenz der Studentenverbindungen war im Grundsatz nicht mehr angefochten, wenn auch nach wie vor große Teile der Öffentlichkeit Vorbehalte gegen ihr Bestehen und ihre Lebensart hatten. Die Altherrenschaft hatte sich konsolidiert; 1954 hatten dem Altherrenverein etwa 390 A-Philister angehört, ihre Zahl war bis 1962 auf ca. 450 angestiegen. Nachwuchs zu gewinnen war nicht schwierig, die Verbindung hatte sich im Gegenteil häufig mit der Frage zu befassen, ob alle Bewerber, die geeignet waren, auch aufgenommen werden sollten. 1967 wurde im Alamannenblatt die Größe der Aktivitas mit 125 Bundesbrüdern angegeben (davon allerdings nur 13 Füxe). Die Turbulenzen der Wiedergründungszeit waren abgeklungen, die Zeit auch der äußeren Not war weithin dem Wirtschaftswunder gewichen, auch zum Wohl der Finanzen Alamannias.

Unter diesen Umständen kann der neue Vorsitzende seine Kraft in großem Umfang der Konsolidierung der Verbindung widmen: der Renovierung und zeitgemäßen Umgestaltung und der Ausstattung des Alamannenhauses, dessen Rückerwerb schon Jahre zuvor in erster Linie der Energie und dem unermüdlichen Nachhaken des mit einem außerordentlichen Verhandlungsgeschick ausgestatteten Konstantin Hank zu verdanken war. Die Neugestaltung des Alamannenhauses, die sich nach dem Wiederbezug anbot, ist ihm eine Herzenssache. Unermüdlich führt er Verhandlungen und Gespräche - unterstützt von seinem Tübinger Statthalter und späteren Nachfolger Alfred Haile - mit dem Ziel, unter weitgehender Beibehaltung des bestehenden Zustandes durch überlegte Erneuerungsmaßnahmen ein für die Zwecke einer modernen Verbindung geeignetes und für die jungen Bundesbrüder wohnliches Haus zu schaffen.

Dabei konnte er, um unangemessenen Wünschen zu begegnen oder moderne Eintagsfliegen zu verhindern, durchaus auch Fraktur reden, auch mit den aktiven Bundesbrüdern, deren Wünschen gegenüber - „Ihr seid es, die das Haus mit Leben erfüllen müssen“ - er im übrigen weitestgehend offen ist. Der Aktivitas, in die inzwischen die Nachkriegsgeneration eingezogen war, gehört seine ganze Sorge, und in ihrem Kreis fühlt er sich wohl: Viele aus der Generation der damals Jungen erinnern sich an Fidulitäten und sonstige gesellige Zusammentreffen, insbesondere an die von ihm präsidierten Stiftungsfest-Frühschoppen auf dem Haus, bei denen der sonst gelegentlich harsch wirkende Vorsitzende aus sich herausgehen konnte. Unvergesslich sind vielen auch die schönen Stunden im Rahmen seiner Familie in Horb und in Schramberg - nicht ein Semester verging, ohne dass er aktive Bundesbrüder zu sich einlud.

Konstantin Hank ist eine starke, sich in seiner Verantwortung bewusste und durchsetzungsfähige Persönlichkeit mit Visionen einerseits und einem Blick für das Notwendige und Machbare andererseits. Man wird ihn, der als Oberbürgermeister zwanzig Jahre lang die Geschicke der Stadt Schramberg unter schwierigsten Strukturverhältnissen mit großem Erfolg leitete, als einen der bedeutenden Männer des Wiederaufbaus in unserem Land bezeichnen können. Die Alamannia, innerhalb der man sich an ihm natürlich gelegentlich auch rieb, ist zweifellos zeitlebens seine Heimat gewesen und geblieben.

1927 war er, der aus dem nahen Wiesenstetten bei Horb stammt und in Rottweil das Gymnasium besucht hatte - „Horb, Rottweil, Schramberg, diese drei“ pflegte er gelegentlich zu sagen - in die Verbindung eingetreten. Er war nicht weniger als dreimal Sprecher der Aktivitas - Senior, Ordner, Korporationsführer - und einmal Fuxmajor. 1932 wurde er in einer - hinterher gesehen - bereits ausweglosen Lage zum Vorortspräsidenten des KV gewählt. Seine mühevolle, auf Erhalt des KV und seiner Korporationen gerichteten und letztlich gescheiterte Arbeit an der Spitze des KV, dem ohne aktives Zutun Hanks damals das Führerprinzip übergestülpt wurde, wurde schon wiederholt aus verschiedenen Gesichtswinkeln beleuchtet. Möglicherweise war das Amt in der damals wirren und auch hinterhältigen Zeit für den damals 25 Jahre alten Mann, aufgewachsen in einer offenen, vertrauensvollen katholischen Atmosphäre, unangemessen schwer. Zumal ihn aus Gründen der Taktik oder der Opportunität manche der mehr oder weniger hoch in der kirchlichen oder KV-Hierarchie stehenden Weggenossen im Regen stehen ließen.

Am 20.3.1977 ist der fünfte Philistersenior Alamannias, der gesundheitlich angeschlagen in Schramberg seinen kurzen Ruhestand verbrachte, gestorben.

„Exegit monumentum aere perennius"

Alfred Haile

„... er hat sich ein Denkmal errichtet, dauerhafter noch als Erz". Mit diesem Horaz-Zitat verabschiedete sein Nachfolger Kuno Walter am 20. 7. 1990 den sechsten Altherrenvorsitzenden der Alamannia aus seinem Amt. 24 Jahre lang hatte der am 18. 6. 1966 zum Nachfolger von Konstantin Hank gewählte *Alfred Haile* dem Altherrenverein vorgestanden und die Verbindung wie sonst nur noch die ganz großen unter seinen Vorgängern geprägt: von einer „Aera Haile" war die Rede, die zu Ende gehe.

Die seinerzeitige Wahl Hailes zum Vorsitzenden war gewissermaßen zwangsläufig, ganz sicherlich nicht weniger als überraschend erfolgt. Seit 1948 war der 1910 im oberschwäbischen Wilflingen geborene Jurist (Staatsanwalt in Tübingen, Oberstaatsanwalt bei der Generalstaatsanwaltschaft in Stuttgart, seit 1964 als Amtsgerichtsdirektor Vorstand des Amtsgerichts Tübingen), der 1930 der Alamannia beigetreten war, Mitglied des Altherrenvorstandes. Als dem Hausbetreuer oblag ihm vor Ort die Umsetzung der Renovierungs und Umbaubeschlüsse für das Alamannenhaus, über deren Umfang nach über zehnjähriger Fremdnutzung man sich kaum mehr eine Vorstellung machen kann.

Sehr viel Zeit war aufzuwenden, viel an Nerven, von denen ihm nach äußerem Eindruck allerdings eine ganze Menge zur Verfügung standen, kostete gerade diese Arbeit, und Alfred Haile, dem es an Überredungskunst nicht mangelte, musste oft seine Querverbindungen zu kommunalen Dienststellen und zu Handwerkern, die ihm als langjährigem Tübinger und geachteten Bürger der Universitätsstadt zur Verfügung standen, einsetzen. Sein Hauptanliegen war und blieb dies bis zu seinem plötzlichen Tod 1993 das Gedeihen, die äußere Gestalt und der innere Zustand der Aktivitas.

Unermüdlich, wahrlich Tag und Nacht, sorgte er sich um das Leben der aktiven Verbindung und um das Wohl der jungen Bundesbrüder. Diese wandten sich mit ihren persönlichen Sorgen ebenso an ihn wie mit Anliegen der Verbindung. Wenn eine persönliche Bemerkung gestattet ist: Es war auch für den nüchternen Zeitgenossen beeindruckend, wie der Beifall anschwoll „Alfred, Alfred“ - wenn bei Festen angekündigt wurde, „das Wort“ habe nunmehr „unser Alter Herr Haile“. Und die Förderung der freundschaftlichen Beziehungen der Bundesbrüder untereinander, der alten und der jungen, war und blieb auch nach seiner Wahl zum Vorsitzenden sein ganz großes Anliegen. Er besucht viele Bundesbrüder, er führt unzählige Telefongespräche, mit und auch manchmal ohne besonderen Anlass, einfach um dem auswärtigen Bundesbruder das manchmal vermisste Gefühl der Verbundenheit und des Nichtvergessenseins zu geben. Und viele Bundesbrüder waren es zu allen Zeiten, die im Haus Linsenbergstraße 40 in Tübingen ein- und ausgegangen sind.

Alfred Haile erkennt weitsichtig, dass ein Weiterbestehen der Verbindung, ein ihn immer umtreibendes Anliegen, nur möglich ist, wenn innerhalb des Bundes die Temperatur stimmt. Die Zeit der Anfeindung der Verbindungen ging zwar dem Ende zu.

Die große Gefahr war nunmehr die, dass sie ohne Differenzierung als Exoten, als Fossile einer vergangenen Zeit angesehen und zur Seite gelegt wurden. Nicht wenige der neuen Generation an den Universitäten bezogen ja ihre Kenntnisse von „den Verbindungen“ ausschließlich aus Heinrich Manns „Untertan“, viele Jahre lang Sternchenthema für die Reifeprüfung. Diesem, jedenfalls was seine Alamannia betrifft, unrichtigen Bild von den Korporationen, tritt Haile, in Tübingen weithin bekannter und geachteter Bürger, unerschrockener Richter in schwierigen Zeiten, langjähriger Stadt- und Kreisrat, Mitglied der kirchlichen Leitungsgremien in der Stadt, entgegen. In Äußerungen auch, mehr aber noch durch das Bild, das er selbst darstellt.

Waren Paul Mattes und Konstantin Hank die Männer der Wiederaufbau und Konsolidierungszeit, so ist es das große und bleibende Verdienst von Alfred Haile - „aere perennius“ -, klargestellt und vorgelebt zu haben, dass es das Prinzip „amicitia“ ist, das die Existenz der Verbindung rechtfertigt und ihr eine Zukunft ermöglichen kann.

Kuno Walter Ahx[1]

Bb Dr. *Kuno Walter* wurde beim Altherren-Konvent des 119. Stiftungsfestes im Juni 1990 zum Nachfolger von Alfred Haile gewählt, der 24 Jahre lang als Philistersenior Alamannia geprägt hatte. Er bekleidete dieses Amt sieben Jahre und lebte den jungen Bundesbrüdern wie auch seinen Conphilistern das Lebensbundprinzip beispielhaft vor. Die Erfüllung der Pflichten des Amtes war ihm selbstverständlich. Grundlage waren die regelmäßigen Vorstandssitzungen, deren gemeinsamer Teil mit den Aktivenvorständen ihm besonders wichtig war. Darüber hinaus zeigte er seine Verbundenheit zur Aktivitas durch zahlreiche Besuche von Veranstaltungen, nicht selten begleitet von seiner Frau. Häufig bereicherte er die Runde durch seine legendären, zum Hexameter geformten heiteren Beiträge, die ihm stets Anerkennung und Beifall sicherten.

Der Fortbestand Alamanniae lag ihm am Herzen und so war es ihm ein großes Anliegen, die Aktivitas zu fördern und zu stärken. Das brachte er auch durch unermüdliches Werben für eine konsequente Keilarbeit zum Ausdruck, die nicht nur der Aktivitas, sondern auch den Alten Herren obliegt, indem sie Abiturienten oder junge Studenten an die Verbindung heranführen.

Ebenso wichtig war ihm die Sorge für den Zusammenhalt der Altherrenschaft und das Mühen darum, dass die teilweise in großer Entfernung von Tübingen lebenden Conphilister den Kontakt zu ihrer Alamannia und das Interesse an deren Wohlergehen nicht verlieren. Im Oktober 1989 gab es erstmals ein „Jahrgangstreffen" auf der Alamannenburg. Daraus erwuchs unter Kuno Walter eine Tradition, die sich bis heute fortsetzt. Sie wurde durch die Corona-Pandemie leider unterbrochen aber nicht beendet, sie wird wieder aufleben.

Ein weiteres zentrales Anliegen war es ihm, die Alamannenburg als Mittelpunkt des Verbindungslebens zu erhalten. So führte er mit Bedacht die erforderlichen Renovierungsarbeiten durch. Dabei war es ihm ganz besonders wichtig, die finanziellen Gegebenheiten im Auge zu behalten, damit Alamannia auch auf diesem Gebiet stets ein solides Fundament hat.

Als Kuno Walter 1997 aus dem Amt schied, erfuhr er große Dankbarkeit und hohe Wertschätzung für den Einsatz zum Wohle seiner Alamannia. Sein

---

1 von Franz Ackermann

Nachfolger Dr. Max Gögler brachte beides in einem Artikel im Alamannenblatt zum Ausdruck: „In seinem Verhalten und seinen Worten wurde stets spürbar, wie sehr ihm seine Alamannia, unsere Verbindung, eine Herzensangelegenheit geblieben ist". Die Aktivitas ehrte ihn im Rahmen einer Kneipe für sein Engagement als Philistersenior. Auch nach seiner Amtszeit blieb er als Alter Herr ein Vorbild und besuchte immer wieder Veranstaltungen von Altherrenschaft und Aktivitas, zuletzt die Altherrenkneipe im Januar 2004. Im Mai desselben Jahres erlag er den Folgen einer langjährigen Krankheit.

„In Treue fest"

Dr. *Max Gögler* (25. Jan. 1932 - 24. Juli 2011) wurde als Handwerkersohn im oberschwäbischen Baienfurt geboren. Nach dem Abitur nahm er das Studium der Rechtswissenschaft in Tübingen und München auf, welches mit einer Dissertation im Jahre 1958 seinen Höhepunkt fand. In dieser Zeit trat er sowohl in die K.St.V. Alamannia in Tübingen, wie auch die Alemannia in München ein. 1967 wurde er zum Landrat von Sigmaringen gewählt, konnte diesen Posten aber nicht die volle Amtsperiode ausfüllen, da 1972 der Landkreis Sigmaringen aufgelöst wurde.

Im neu gebildeten Landkreis Sigmaringen führte er erst provisorisch die Geschäfte fort, bis er 1973 zum ersten Landrat des neuen Kreises gewählt wurde. Aber auch diesmal konnte er die Position nicht bis zum Ende ausfüllen, da er im Jahre 1975 vom Land Baden-Württemberg zum Regierungspräsidenten des Regierungsbezirks Tübingen bestellt wurde. In der Folge seiner politischen Karriere kehrte er wieder zurück an den Ort seines Studiums und blieb dort bis zu seinem Lebensende.

In den nächsten 22 Jahren nahm er, bis zu seiner Pensionierung, das Amt des Regierungspräsident war und leistet dort ausgezeichnete Arbeit. So wurde er bereits 1983 mit dem Verdienstkreuz 1. Klasse des Landes Baden-Württemberg geehrt und auch nach seinem beruflichen Ausscheiden mit der Verdienstmedaille des Landes 2003. Damit zusammen wurde er auch zum Ehrenbürger seiner Geburtsstadt Baienfurt.

Neben seiner beruflichen Laufbahn hielt Max Gögler auch der Alamannia immer die Treue und half das Verbindungsleben aktiv zu gestalten. Ab 1997 diente er der Verbindung als Philistersenior und leitete sie, auch durch schwierige Phasen. Nach 17 Jahren an der Spitze der Verbindung verstarb er noch im Amte, kurze Zeit nachdem Höhepunkt des 140. Stiftungsfestes. An Max

Gögler lässt sich exemplarische feststellen, was der Wahlspruch unserer Verbindung heißt und es ist bewundernswert, welchen Stellenwert die Verbindung in seinem Leben eingenommen hat.

Franz Ackermann[1]

Am 24. Juli 2011, fast auf den Tag genau ein halbes Jahr vor seinem 80. Geburtstag, verstarb völlig unerwartet und daher für uns alle unfassbar AHx Max Gögler. Er war nicht nur eine allseits respektierte Persönlichkeit, sondern er hatte auch die Aura eines Übervaters. Entsprechend groß waren die Fußstapfen, die er hinterließ.

Unter dieser Voraussetzung war es für seinen damaligen Stellvertreter und jetzigen AHx *Franz Ackermann* nicht einfach, seine Nachfolge anzutreten. Ohne Vorlaufzeit und im wahrsten Sinne des Wortes von heute auf morgen musste er als AH-Consenior die Position des AHx einnehmen. Das war eine Herkulesaufgabe. Aber um es vorwegzunehmen, Franz Ackermann hat das gut gemeistert.

Das ist auch nicht verwunderlich, wenn man seine Vita betrachtet. Geboren und aufgewachsen in Stuttgart, war er schon als Jugendlicher bereit, Verantwortung zu übernehmen. In der katholischen Gemeinde St. Ulrich in Stuttgart-Fasanenhof engagierte er sich nicht nur als Ministrant, Lektor und Pfarrjugendleiter, sondern übernahm auch dreimal in den Sommerferien die Leitung der Stadtranderholung im Waldheim Schmellbachtal.

Im Jahr 1973 begann er sein Studium der Zahnmedizin in Tübingen, das er zügig durchzog und 1979 erfolgreich abschloss. Im WS 1974/75 traten er und ich in die Alamannia ein. Gleich im nächsten Semester wurde er zum Senior und ich zum Fuxmajor gewählt. An diese Zeit erinnere ich mich noch sehr gerne. Unser damaliger Aktivenvorstand harmonierte bestens, und das Semesterprogramm war interessant und abwechslungsreich. Daher waren alle Veranstaltungen stets gut besucht, und die bundesbrüderliche Gemeinschaft hätte nicht besser sein können. Diese gute Stimmung trug mit dazu bei, dass wir im SS 1975 neun Füxe keilen konnten. Seit unserem gemeinsamen Eintritt in die Verbindung sind wir uns eng und freundschaftlich verbunden.

Franz Ackermann war vielfältig in Ehrenämtern aktiv: fast 30 Jahre Präsident im Tanzsportclub Astoria in Tübingen, zahnärztlicher Gutachter, Berater

---

1 von Helmut Kiener

im Prüfwesen sowie Mitglied im Prothetik-Einigungsausschuss, stellvertretender Vorsitzender der Kreisvereinigung Esslingen und Mitglied der Vertreterversammlungen der KZV und BZK Stuttgart, eine Legislaturperiode im Stadtrat von Nürtingen.

In Anbetracht dieser vielen verschiedenen und verantwortungsvollen ehrenamtlichen Tätigkeiten nötigt es größten Respekt ab, dass er auch bei Alamannia mehrere Ämter im AH-Vorstand innehatte und hat. Bevor Franz Ackermann im Juni 2012 offiziell zum AHx gewählt wurde, war er von 1984 bis 1987 Beisitzer und ab Juni 2009 AH-Consenior. Vor so viel Engagement in den verschiedensten Ehrenämtern kann man nur den Hut ziehen.

In die Zeit seiner Vorstandschaft fielen entscheidende Renovierungen und Reparaturen an der Alamannenburg, einschließlich den damit verbundenen finanziellen Sorgen und Anstrengungen. Dass die beträchtlichen Investitionen aber gut und sinnvoll verwendet wurden, sieht man an dem sehr guten Zustand des Hauses, das außen wie innen zu einem echten „Hingucker“ wurde.

Mit dem diesjährigen Stiftungsfest feiert Franz Ackermann ganz offiziell sein 10-jähriges Jubiläum als AHx. Seither hat er die Alamannia mit ruhiger aber bestimmter Hand geführt. Durch seine besonnene und zurückgenommene Art genießt er hohes Ansehen sowohl bei der Aktivitas als auch in der Altherrenschaft. Wir können uns glücklich schätzen, ihn als Altherrensenior zu haben.

Wenn uns droht auch finstre Nacht ...
Alamannia und die 68er Bewegung.
Über das Verhältnis einer katholischen Korporation zu den Studentenunruhen

Franz Brendle[1]

Wenn man das Verhältnis einer katholischen Studentenverbindung zur 68er Bewegung untersucht, so birgt dieses Thema nicht nur viele Reize, sondern auch viele Schwierigkeiten.[2] Da ist zum einen auf die fehlende wissenschaftliche Aufarbeitung des Themas zu verweisen, zum andern auf die relative zeitliche Nähe. Für viele der an den Unruhen Beteiligten besteht nach wie vor ein unmittelbarer Bezug zu den Ereignissen, denen sie unabhängig vom jeweiligen Blickwinkel auch heute nicht emotionslos gegenüberstehen. Ein Hauptgrund dürfte sein, dass die Protestbewegung zu Polarisierungen in der Nachkriegsgesellschaft geführt hat, wie es sie zwischen 1945 und 1968 nie gegeben hatte.

Jedoch stellten studentische Proteste in der Geschichte der Bundesrepublik kein Novum dar. Die beiden Kampagnen „Ohne mich" und „Kampf dem Atomtod", die sich gegen die Wiederbewaffnung in den Anfangsjahren der Bundesrepublik richteten, waren maßgeblich von der Studentenschaft getragen worden.[3] Als deshalb in den 60er Jahren erneut eine Phase hochschulpolitischer Aktivitäten begann, wurde dies von der breiten Öffentlichkeit zunächst als Normalität studentischen Alltags empfunden. Sehr schnell wurde aber klar, dass diese Protestbewegung von einer weitaus größeren Dynamik war. Die Radikalität der studentischen Forderungen und Protestformen erreichte eine völlig neue Dimension und brachte das Selbstverständnis der Universitäten und der Gesellschaft selbst ins Wanken. Als radikal wurden die Forderungen der Studenten vor allem deshalb empfunden, weil sie damit eine Gesellschaft provozierten, die im großen und ganzen mit den Zuständen im Land zufrieden war.[4] Nach den Zerstörungen des Zweiten Weltkriegs hatte man die

1 Franz Brendle, Prof. Dr., phil., geb. 1964 in Ellwangen. Eintritt in die Alamannia im WS 1986/87. Senior im SS 1989. Er studierte Geschichte und Germanistik an der Universität Tübingen. Seit 2010 ist er außerplanmäßiger Professor am historischen Seminar der Universität Tübingen.

2 Der Text ist die geringfügig geänderte Fassung des Festvortrags aus Anlass des 125. Gründungsfestes Alamanniae am 31. Januar 1996. Der Vortragscharakter wurde in weiten Teilen beibehalten.

3 Gottfried Linn, Politischer Extremismus an den Hochschulen. Die Gruppierungen und ihre Aussagen, Bonn 1987, 14.

4 Vgl. dazu Klaus Hildebrand, Von Erhard zur Großen Koalition 1963 - 1969, Geschichte der Bundesrepublik Deutschland Bd. 4, Stuttgart/Wiesbaden 1984, 365 f .

Hauptenergie auf den Wiederaufbau des Landes verwendet, die Früchte des wirtschaftlichen Aufschwungs hatten einen relativen Wohlstand beschert, der technische Fortschritt gab das Gefühl einer nahezu unbegrenzten Machbarkeit. Diese alles in allem saturierte Gesellschaft wurde nun konfrontiert mit Forderungen nach einer geistig-moralischen Auseinandersetzung mit den Schattenseiten der Vergangenheit, nach einer Beschäftigung mit der weitestgehend als Vorbild empfundenen Schutzmacht USA und zuletzt mit Fragen, die alles in Frage stellten, was der Nachkriegsgeneration heilig war. Deshalb, so urteilte Marion Gräfin Dönhoff in der „Zeit", würden viele Menschen überhaupt nicht verstehen, worum es eigentlich bei der Protestbewegung gehe und wie es zu einer solch radikalen Rebellion habe kommen können.[1]

Ausgangspunkt der Unruhen war Berlin und ihre führende Kraft der SDS, der Sozialistische Deutsche Studentenbund, der in den 50er Jahren als Studentenverband der SPD eine parteikonforme Politik mitgetragen hatte. Seit 1959 ging der SDS aber auf deutliche Distanz zur Ausrichtung der Partei, da er das Godesberger Programm, in dem sich die SPD zur sozialen Marktwirtschaft bekannte, aufs heftigste bekämpfte. Nach den Bundestagswahlen 1961 fasste die SPD deshalb den Beschluss, dass die Mitgliedschaft im SDS nicht mehr vereinbar sei mit einer gleichzeitigen Parteizugehörigkeit zur SPD. Der SDS wurde damit, wie es Gerd Langguth formuliert hat, „aus dem Integrationsfeld einer Partei entlassen, die dieser Studentenorganisation auf der anderen Seite relativ viele Sympathien innerhalb der Studentenschaft brachte, auch wenn ein politischer Aufschwung bis zum Jahr 1965 kaum zu beobachten war".[2] Seine zeitweilige Isolierung konnte der SDS teilweise dadurch überwinden, indem er im Mai 1964 mit dem SHB, dem neu gegründeten sozialdemokratischen Hochschulbund, der humanistischen Studentenunion HSU, dem liberalen Studentenbund Deutschlands LSD und dem Bundesvorstand deutsch-israelischer Studenten BDIS das sogenannte „Hoechster Abkommen" abschloss, das zwar keine weitergehende Zusammenarbeit der einzelnen Gruppen vereinbarte, aber dem SDS ermöglichte, die Führungsrolle innerhalb der Studentenschaft zu übernehmen.[3]

Dass gerade von Berlin die Unruhen ihren Ausgang nahmen, hing zweifellos mit der eigentümlichen Insellage der Stadt im östlichen Teil Deutschlands zusammen.[4] Hier trafen sich republikflüchtige Studenten aus der DDR, die trotz ihrer schlechten Erfahrungen mit einer, ihrer Meinung nach, pervertierten

---

1 Marion Gräfin Dönhoff, Die Rebellion der Romantiker, in: Zeit, 23. Jg. (1968) 1,1.
2 Gerd Langguth, Protestbewegung. Entwicklung, Niedergang, Renaissance, Köln 1983, 24.
3 Ebenda, 25.
4 Hildebrand, 378 f.

Praxis des Marxismus an dessen grundsätzlichen Idealen festhalten wollten, und westdeutsche Kommilitonen, die in der Berliner Freiheit Abstand gewinnen wollten von der Wirtschaftswunderwelt des Westens. An der Freien Universität Berlin bildeten sie ein gärendes Konglomerat verschiedenster politischer Ausrichtungen, das eine radikale Reformierung der Hochschulen anstrebte. Schon bestehende Reformbestrebungen im Bildungswesen, wie Universitätsreformen oder Hochschulneugründungen, man denke etwa in unserem Raum an die „Reformuniversität" Konstanz, wurden von den radikalen Forderungen der Studentenschaft überrollt. Denn der Angriff auf die Universitäten war nur die Einbruchstelle in das schwächste Glied der staatlichen und gesellschaftlichen Einrichtungen, die man grundsätzlich verändern wollte.[1] Das „System", wie die Bonner Demokratie immer häufiger in fataler Anlehnung an die Weimarer Zeit genannt wurde, wurde an sich hinterfragt, es diente als Verkörperung all jener Missstände, die es zu bekämpfen galt.

Wichtig scheint mir in diesem Zusammenhang, die politischen Rahmenbedingungen ins Auge zu fassen. Seit 1966 regierte in Bonn eine Große Koalition aus CDU und SPD. Opposition schien innerhalb des parlamentarischen Systems nicht stattzufinden. Deshalb erhob die studentische Bewegung den Anspruch, als außerparlamentarische Opposition (APO) die Gegenpolitik zur Regierung zu vertreten. Auf diesem theoretischen Hintergrund ist auch die Ausdehnung der studentischen Forderungen auf alle Bereiche der Innen- und Außenpolitik zu sehen. Die Reform der verkrusteten Ordinarienuniversität, die Notstandsgesetzgebung und die nicht aufgearbeitete Vergangenheit der Universitäten im Nationalsozialismus waren dabei neben der Vietnampolitik der USA die zentralen Themen. Den ideologischen Überbau dazu lieferte die vom Marxschen Entfremdungsgedanken ausgehende Philosophie Herbert Marcuses, der von Berkeley in Kalifornien aus den Kampf gegen die konsumterroristische Warengesellschaft der westlichen Industriestaaten propagierte. Der Kritik am kapitalistischen Staat setzte Marcuse allerdings keine alternative Gesellschaftsordnung entgegen, sondern beschränkte sich auf eine Negation der bestehenden Verhältnisse. „Können wir arbeiten für die Umwälzung der bestehenden Gesellschaft, ohne eine solche konkrete Alternative anzugeben? Die konkrete Alternative ist bis jetzt Negation, aber in dem Negativen steckt schon das Positive. Lassen Sie mich ein Beispiel geben: Wenn ich zum Beispiel die Frage in Amerika beantworten soll: Was wollt ihr eigentlich anstelle der bisherigen Gesellschaft, würde ich sagen: Wir wollen eine Gesellschaft, in der es keine Kolonialkriege gibt, in der keine Kolonialkriege geführt werden müssen, in der keine faschistischen Diktaturen eingerichtet werden müssen, in

[1] Ebenda, 366.

der es keine zweitklassigen und drittklassigen Bürger mehr gibt. - Das ist alles negativ formuliert, aber man muss schon ein Vollidiot sein, um nicht zu sehen, dass in der negativen Formulierung bereits das Positive steckt."[1] Damit verbunden war die „kritische Theorie" Max Horkheimers, in der die Theorie des autoritären Staates ausformuliert worden war. Der harte Kern des SDS hat sich allerdings später enttäuscht von diesen, in ihren Augen schöngeistigen Bildungsbürgern, die den Sozialismus als intellektuelles Spiel missbrauchten, abgewandt, um den Lehren des Altmarxisten Wolfgang Abendroth in Marburg zu lauschen.[2]

Zum unumstrittenen Propheten der Revolte schwang sich Rudi Dutschke auf, ein aus der DDR nach West-Berlin gekommener Soziologiestudent. [3] Er vereinigte hohe Intelligenz, nur mühsam gezügelte Leidenschaft, aber auch ein undiszipliniertes, chaotisierendes Verhalten in seiner Person. Obwohl die Bewegung an sich die Befreiung von Herrschaftsstrukturen proklamierte, setzte Dutschke doch zumindest eine charismatische Führungsrolle durch, so dass seine Äußerungen und seine Person an sich als sakrosankt innerhalb des SDS galten. Seine monotonen Revolutionsparolen wurden zum Leitfaden der Bewegung, die die neomarxistischen Staatslehren der Frankfurter Schule von Horkheimer, Habermas und Adorno mit den Revolutionstechniken von Lenin, Mao und Castro verknüpfte.

Diese neuen Demonstrationstechniken der Sit-Ins und Go-Ins wurden bereits in der Anfangsphase der Proteste, die sich zunächst gegen Maßnahmen der Freien Universität Berlin wandten, praktiziert. Aus den USA überschwappend rückte aber bald die Kampagne, die jetzt über Berlin hinausgriff, gegen die Vietnam-Politik der Vereinigten Staaten an die zentrale Stelle des Protestes. 1966 fand in Frankfurt der erste Vietnam-Kongress statt.[4] In seiner Rede über Vietnam sprach Herbert Marcuse vor der neuen Linken der Bundesrepublik. Sein Aufruf an die Solidarität der Zuhörerschaft mit dem unterdrückten vietnamesischen Volk führte zur spontanen Demonstration auf den Straßen, bei der die bald überall auftauchende „Ho ho ho chi minh"-Parole skandiert wurde.

Mit dem Tod des Studenten Benno Ohnesorg am 2. Juni 1967 eskalierten die Ereignisse.[5] Bei einer Demonstration gegen den Besuch des persischen

---

1 Herbert Marcuse, Das Ende der Utopie, Berlin 1967, 66 f .

2 Vgl. dazu auch das Kapitel „Die Studentenbewegung als Weltanschauung" bei Alois Prinz, Der poetische Mensch im Schatten der Utopie. Zur politisch-weltanschaulichen Idee der 68er Studentenbewegung und deren Auswirkung auf die Literatur, Würzburg 1990, 46 ff.

3 Hildebrand, 381.

4 Langguth, 26.

5 Vgl. dazu Hildebrand, 381.

Schahs war er von einem Polizisten erschossen worden. In zahlreichen Universitätsstädten der Bundesrepublik kam es daraufhin zu Demonstrationen, Trauerkundgebungen und Schweigemärschen. Der Protest weitete sich explosionsartig über das ganze Land aus und war gekennzeichnet von zunehmender Aggressivität auf beiden Seiten. Einen ersten Höhepunkt fanden die Demonstrationen im Februar 1968, als anlässlich des Vietnam-Kongresses in Berlin zehntausend Menschen durch die Innenstadt zogen.

Im Sommersemester 1968 konnte schließlich von einem geregelten Universitätsbetrieb keine Rede mehr sein. Universitäten und Professoren sahen sich den gewaltsamen Störungen der Studierenden ausgesetzt bis hin zu verletzenden persönlichen Angriffen. Vorausgegangen waren am Gründonnerstag, dem 11. April, die Schüsse auf Rudi Dutschke, der bei diesem Attentat lebensgefährlich verletzt wurde. Josef Bachmann, ein an sich unpolitischer Einzeltäter, hatte sich von den anti-kommunistischen Parolen der Bild-Zeitung zu der Tat hinreißen lassen. Während der Osterfeiertage begannen daraufhin die schlimmsten Straßenschlachten seit dem Ende der Weimarer Republik. Die zunehmende Gewaltbereitschaft der Studenten richtete sich verstärkt gegen die Häuser des Springer-Verlags, dem man vorwarf, durch seine hetzerischen Publikationen den Nährboden für das Attentat auf Dutschke gelegt zu haben. In dieser Eskalationsphase ließ der SDS seine zunehmende Bereitschaft erkennen, zur Durchsetzung seiner Zielvorstellungen Gewalt anzuwenden. Besonders bei Aktionen gegen den Springer-Konzern steigerte sich die Wucht der Zusammenstöße mit der Polizei. Es zeigte sich dabei deutlich, dass die offizielle Formel des SDS „Gewalt gegen Personen nein, Gewalt gegen Sachen ja" in der Praxis nicht durchzuhalten war.[1]

Gleichzeitig bildeten die Osterunruhen einen Wendepunkt innerhalb der 68er Bewegung. Die Frage nach der Gewaltanwendung und die Tatsache, dass Gewalt angewendet worden war, löste nicht nur auf vielen Seiten Betroffenheit aus, sondern rief beim größten Teil der Bevölkerung völliges Unverständnis für die studentischen Anliegen hervor. Die Presse und sämtliche politischen Parteien bezogen klar Stellung gegen die rebellierenden Studenten. Im Mai 1968 mobilisierte die Kampagne gegen die Notstandsgesetzgebung zwar noch einmal große Teile der Studenten, aber schon im Herbst 1969 führten dogmatische Richtungskämpfe innerhalb des SDS zum Verfall der Bewegung.[2] Der Aufruhr ebbte relativ schnell ab, der SDS zog sich wieder von den Straßen in die Universitäten zurück.

Wenn ich nun näher die Ursachen und Beweggründe der Studentenunruhen

---

1 Linn, 19. 2 Ebenda, 20.
2 Ebenda, 20.

betrachte, so will ich dies vor allem mit Blick auf die Ereignisse in Tübingen tun und dabei auch auf den Standpunkt der KSTV Alamannia im Spektrum der 68er Bewegung eingehen. Mit der Überschrift „Die braune Universität. Tübingens unbewältigte Vergangenheit" löste die Asta-Zeitschrift „Notizen" 1964 einen Sturm der Entrüstung in den Tübinger Hochschulkreisen aus.[1] Hermann Gremliza, der Verfasser des Leitartikels, ging dabei auf die oberflächliche Entnazifizierung und die Rolle von noch immer lehrenden Professoren in der NS-Zeit ein. Er belastete die beiden Professoren Bebermeyer und Eißer schwer und forderte ein Klärung und Abrechnung der Vergangenheit. Denn, so resümierte er, „leider sind die Bebermeyer und Eißer ja keine Einzelfälle. Die Tatsache, dass sie heute wieder die akademische Jugend lehren dürfen und sich niemand dagegen zu erheben wagt, ist doch das Erschütternde. Immer wieder äußern integer gebliebene Professoren in Gesprächen mit uns, dass sie sehr wohl um die Taten einiger ihrer Kollegen im Dritten Reich wüssten, aus Gründen der Selbsterhaltung aber schweigen müssten. Solange die Tübinger Hochschulsituation so ist, wird es anderer Mittel bedürfen, die Vergangenheit zu bewältigen, als theoretisierender Vorträge über die Geschichte des Dritten Reiches."[2]

Während einige Professoren daraufhin ihre Entschlossenheit zum Ausdruck brachten, künftig weder die Vollversammlung der Studenten noch sonstige kulturelle Veranstaltungen des ASTA zu besuchen, gingen sieben Professoren, unter ihnen Rektor Engelhardt und Prof. Eschenburg, auf die Forderungen der Studenten ein. In einem offenen Brief teilten sie der studentischen Vollversammlung mit: „Wir begrüßen das Interesse der Studenten an der Klärung dieser Frage, auch wenn wir Form und Inhalt einzelner Äußerungen missbilligen. Wir halten es für eine wichtige Aufgabe der Universität, sich in den kommenden Semestern stärker als bisher mit der jüngsten Vergangenheit auseinanderzusetzen."[3]

Mit diesem Brief war eine Grundlage geschaffen, sich mit den Verhältnissen an deutschen Hochschulen von 1933 bis 1945 sachlich auseinanderzusetzen. Der ASTA bemühte sich um eine Ringvorlesung über dieses Thema, die unter dem Titel „Das deutsche Geistesleben und der Nationalsozialismus" dann im Wintersemester 1964/65 auch zustandekam.[4] Bedeutende Lehrer der Alma mater referierten über die Geschichte ihrer Fächer im Dritten Reich: Hans Rothfels über die Geschichtswissenschaft, Ralf Dahrendorf über die Soziologie, Hermann Bausinger über die Volksideologie, Walter Jens über die

---

[1] Hermann L. Gremliza, Die braune Universität. Tübingens unbewältigte Vergangenheit, in: Notizen 53 (1964),3 f.

[2] Ebenda, 4.

[3] Bert Hauser, Die braune Universität - eine Aufgabe, in: Notizen 54 (1964), 3.

[4] Notizen 57 (1964), 2.

deutsche Literatur, um nur die wichtigsten zu nennen.[1] Trotz ambivalenter Beurteilungen fiel die Reaktion der Studenten überaus positiv aus.[2] Negativ wurde beurteilt, dass Fragen nach dem Zusammenhang von Universitätsstruktur und Gleichschaltung oder um institutionelle Konsequenzen aus den Erfahrungen des Dritten Reiches kaum beantwortet wurden. Dagegen wurde die sachliche Atmosphäre der Diskussionen, die Selbstbesinnung der Universität und der Versuch einer neuen Ortsbestimmung der einzelnen Fächer als gute Basis empfunden, von der aus eine weitere Beschäftigung mit dem Thema erfolgen könnte. Die Pessimisten, die aufgrund des weitgespannten, vagen Rahmenthemas eine Flucht ins Allgemeine und Unverbindliche prophezeit hatten, behielten unrecht. Durch die Verweisung auf die intellektuelle, sachliche Auseinandersetzung war dem Thema die Brisanz genommen worden. Tübingen befand sich in der deutschen Universitätslandschaft damit allein auf weiter Flur, auch wenn die geforderte weitere Beschäftigung mit dem Problemkomplex nicht zustande kam.

Wie in anderen Universitätsstädten rief das Engagement der Amerikaner in Vietnam Anfang 1966 auch in Tübingen Proteste und Demonstrationen linker Gruppen hervor, die zunächst nur für eine kleine Minderheit der Studentenschaft standen. Unter der Führung des SDS wurde vom 14. bis 19. Februar eine Unterschriftensammlung durchgeführt, bei der Professoren und Studenten aufgefordert wurden, eine Stellungnahme zum Vietnamkrieg zu unterzeichnen, wie dies mehr als hundertdreißig Wissenschaftler und Intellektuelle anderer Universitäten bereits getan hatten.[3] Darin wurde eine Distanzierung von der moralischen und finanziellen Unterstützung des Vietnamkrieges durch die Bundesregierung, die Beendigung des Krieges und die Neutralisierung ganz Vietnams verlangt. Bei einer Kundgebung in der folgenden Woche wurde die Tübinger Bevölkerung dann mit demonstrierenden Studenten konfrontiert, die ein SDS-Flugblatt verteilten, in dem das Eingreifen der Amerikaner in Vietnam mit dem Verhalten der Nationalsozialisten verglichen wurde: „An die Tübinger Bürger! Sie hatten es eilig gestern nachmittag. Sie waren müde von der Arbeit, und wir, die Studenten, haben Sie eine halbe Stunde lang gewaltsam aufgehalten. Sie wollten Ihren Weg gehen, und wir sollten den unseren gehen. Aber in diese Gleichgültigkeit haben wir Ärger gebracht, den Sie für überflüssig halten. Jedoch eben diese Gleichgültigkeit ist es auch, die es einer Gruppe von Mächtigen erlaubt, einen solchen Krieg zu führen wie den in Vietnam. Sie meinen, dagegen könne man nichts machen. Sicher, wir können nicht mit

1 Ebenda.

2 Hans Jürgen Krumm, Kein professoraler Monolog. Die Ringvorlesung zur „braunen Uni", in: Notizen 61 (1965),10.

3 Notizen 68 (1966), 12.

einem Schlag verhindern, dass eine verbündete Nation, die USA, einen grauenhaften, ungerechten Krieg in Vietnam führt. Verteidigt man in einem mörderischen Krieg, der ein ganzes Volk auszulöschen droht, die Freiheit? Sie arbeiten den ganzen Tag, und wenn Sie nach Hause kommen, sind Sie zu müde, um noch viel und lange über Vietnam lesen zu können. Und ist es verwunderlich, dass Zeitungen, die im Privatbesitz weniger reicher Leute sind, verschweigen, dass andere reiche Konzernherren auch in der Bundesrepublik Chemikalien und Waffenteile für den Vietnam-Krieg der USA herstellen? Die Konzernherren verdienen gut und verdecken gegenseitig ihre Geschäftemachereien. Gerade weil wir Studenten Zeit haben und weil wir wissen, dass wir auch auf Ihre Kosten leben, sind wir verpflichtet, Ihnen auch solche Dinge mitzuteilen, die Ihnen kein Chef gern mitteilt. Die gleichen Herren haben schon einmal die Wahrheit ihrer Geschäfte wegen verschwiegen und uns in einen schmutzigen Krieg gestürzt. Das wollen wir verhindern deshalb geht uns Vietnam an ... Die Studenten wollten, dass Sie ärgerlich werden, als wir Sie behinderten - ärgerlich allerdings nicht gegen uns, sondern gegen den Terror einer kleinen Gruppe von Mächtigen, den sie ihrer Geschäfte wegen über die Welt verbreiten ... Vergessen Sie Ihren Ärger nicht! Aber wenden Sie ihn nicht gegen uns, sondern gegen die Kriegsmacher, gegen die wir demonstrierten. Geben Sie nicht denen alle vier Jahre Ihr Vertrauen, die gemeinsame Sache mit den Mächtigen der USA machen! Wir wissen, dass der Vietcong für Demokratie, Freiheit und Selbstbestimmung kämpft, und wir wollen Ihnen das sagen, damit wir nicht selbst unser Recht auf Demokratie, Freiheit und Selbstbestimmung vergessen. Wir haben Ihre Ruhe gestört, weil sie in Gefahr ist, Ihnen überhaupt genommen zu werden. Deshalb: Aller Widerstand gegen die Mächtigen und Kriegsmacher!"[1] Die anfangs noch moderate Haltung vieler Studenten schlug im Verlauf der Ereignisse im Sommersemester 1967 in eine immer militantere Stimmung, auch in Tübingen, um. Auf die Nachricht vom Tod Benno Ohnesorgs organisierte der ASTA einen Schweigemarsch für den toten Kommilitonen, an dem sich auch drei Professoren beteiligten.[2] Am Beisetzungstag sollte nach dem Willen des ASTA der Studienbetrieb an der gesamten Universität ruhen, um über die Berliner Vorkommnisse diskutieren zu können. Nur wenige Professoren kamen aber dieser Forderung nach, die meisten ignorierten den studentischen Aufruf und hielten trotz vereinzelter Störungen ihre Veranstaltungen ab.[3]

---

1 Zitiert nach Peter Mosler, Was wir wollten, was wir wurden. Studentenrevolte - 10 Jahre danach, Reinbek 1977, 54 f.

2 Michael Weiß, Bücher, Buden, Burschenschaften. Tausend Semester Tübinger Studentenleben, Tübingen 1997, 144.

3 Ebenda.

Im Juli 1967 startete der Tübinger ASTA einen ersten Vorstoß für eine Gleichberechtigung von Studenten und Dozenten in den hochschulpolitischen Organen.[1] Als die Studenten aber in einem zu diesem Zweck eingerichteten Gremium den Vorsitz für sich reklamierten, erklärte der evangelische Theologieprofessor Diem, die Mitglieder des Senats hielten es für selbstverständlich, den Vorsitzenden aus ihren Reihen zu stellen. Zwei weitere Professoren entzogen sich der Abstimmung durch ostentatives Verlassen des Saals. Der Enttäuschung über seinen ergebnislosen Versuch gab der ASTA in einer Presseerklärung Ausdruck, in der es heißt: „Die Professoren sind nicht bereit, Studenten als gleichberechtigte Partner in der Auseinandersetzung um Universitätsfragen anzuerkennen. Danach erhebt sich der Verdacht, dass die Professoren „Mitbestimmung" in der Art verstehen, wie sie nach ihrer Auffassung in dieser Kommission praktiziert werden sollte: als Anhörung der studentischen Forderungen, ohne dass die Studenten an den Entscheidungen darüber beteiligt werden … Die Universität hat nicht nur die von der studentischen Stelle vorgebrachten Kompromissvorschläge rundweg abgelehnt, sondern sie hat es gleichzeitig durch den Boykott der Kommission für die nächste Zeit unmöglich gemacht, dass die Studenten und Professoren sachliche Vorschläge für die längst überfällige Reform der Hochschulen ausarbeiten."[2] Immerhin wurde in Tübingen, nachdem der ASTA mit seinem Vorstoß zunächst gescheitert war, eine siebenköpfige Professorengruppe gebildet, die sich mit dem ganzen Fragenkomplex befassen sollte. Die Forderungen des ASTA lauteten:

1. Ergänzung des kleinen Senats um drei von Mittelbau und drei vom ASTA entsandte Mitglieder.
2. Ergänzung des großen Senats um neun vom Mittelbau und neun vom ASTA entsandte Mitglieder.
3. Ergänzung der Mitglieder der Fakultätsversammlung mit Vertretern der Studentenschaft und der Assistentenschaft.[3]

Am 1. Dezember stimmte der Große Senat der Tübinger Universität der Mitwirkung des akademischen Mittelbaus und der Studenten in den akademischen Gremien zu, wenn auch nicht in dem vom ASTA geforderten Umfang einer Drittelparität.[4] Der ASTA sah deshalb in der Entscheidung einen kleinen Schritt zur Demokratisierung der Hochschule, dem weitere folgen müßten.[5]

---

[1] Vgl. dazu Josef Forderer, Die Studentenunruhen und der Ruf nach Reformen. Die Krise der Universität und die Vorschläge zu ihrer Umgestaltung, in: Ala.Bl. 37 (1967), 1ff.

[2] Ebenda, 2.

[3] Ebenda, 3.

[4] Ebenda, 4.

[5] Ebenda.

Mit dem Wintersemester 1967 übernahm aber die radikale Richtung des SDS die Führung. Sogar die Universitätsspitze sah sich jetzt ungestümen und gewalttätigen Aktionen radikaler Studenten ausgesetzt. Aus der Sicht des SDS spielte sich das ganze Geschehen so ab: „In der Universität fand eine Grundordnungsversammlung zur Neuordnung statt. Der SDS war finster entschlossen, sie zu stören, weil er sich nichts von ihr erwartete. Hunderte Studenten gingen die Treppe der Universität zum Festsaal hoch, dem Tagungsort der Grundordnungsversammlung. Es war Winter, und sie hatten auf der Straße Schneebälle gebacken, in Einkaufstüten verpackt. Als sie mit ihren Edeka-Tüten in den Festsaal gingen, trat ein Runzeln und Erschrecken auf die Gesichter der Professoren an ihren Tischen, vierzig faltige Gesichter, die sich nicht aufhellten. Die Studenten setzten sich auf die Zuhörerbänke und lauschten. Irgendwann holte einer einen Schneeball heraus, wie auf Kommando fingen alle an zu werfen, auch Mehltüten und Eier flogen, doch die Professoren, in der Haltung von Märtyrern, ließen nicht ab von ihrem Geschäft. Einem Juristen flog ein Ei genau auf die Glatze, es lief in gelben Rinnsalen über sein Gesicht … Sie hüpften über die Kordel, die den Versammlungsraum von den Klienten trennte, sprangen auf die Tische, räumten die Akten ab, warfen sie herunter, packten sie ein, zerrissen sie und riefen: ‚Die Sitzung ist beendet!' ... Die Professoren hatten sich bleich von ihren Stühlen erhoben und drängten zum Ausgang. Danach wurde die Grundordnungsversammlung an einen geheimen, sturmsicheren Ort verlegt, in einen Chemikerbau, doch fünfhundert Studenten kamen überraschend, fiebernd nach einer Aktion, und versuchten, den Neubau zu stürmen, was ihnen auch gelang. Später streute die Universitätsleitung die Information aus, dass die Störer durch einen uranverseuchten Raum gegangen seien, sie sollten sich unbedingt melden! Doch alle wussten zugleich, dass es ein Trick war. Durch die Provokation der direkten Aktion waren die Studenten zwar weniger über die Grundordnungsversammlung aufgeklärt, aber mobilisiert, und es gab einen Heißhunger nach neuen Aktionen. Die Professoren zogen sich zähneknirschend in ein Hotel nach Freudenstadt zurück."

Wenn man die weitere Entwicklung betrachtet, so bleibt festzuhalten, dass diese Gruppe nur eine kleine Minderheit innerhalb der Studentenschaft darstellte, wenn sie auch durch ihre Aktionen in den Vordergrund trat und damit in der Öffentlichkeit das Bild der Studentenschaft prägte. Der weitaus größte Teil der Tübinger Studentenschaft blieb, wie auch in anderen Städten, hochschulpolitisch passiv - eine Entwicklung, die meiner Meinung nach sehr viel erstaunlicher ist als die Studentenbewegung selbst. Weshalb ließ sich die Mehrheit der Studenten von einer relativ kleinen Gruppe majorisieren, weshalb

---

1 Mosler, 57 f.

entstand eigentlich keine Gegenbewegung, die die Interessen des größten Teils der Studenten vertrat? Ich werde später im bezug auf die Verbindungen noch darauf zurückkommen.

Die Aktionen des SDS Tübingen erreichten im Sommersemester 1968 ihren Höhepunkt. Nach dem Dutschke-Attentat richteten sie sich vor allem gegen die Springerpresse. Aber auch hochschulpolitische Diskussionen wurden auf gewaltsame Weise ausgetragen, wobei die Auseinandersetzungen zum Teil politkriminelle Züge trugen. Bei der Blockade der Bild-Druckerei am Ostermontag 1968 in Esslingen gab es schwere Auseinandersetzungen mit der Polizei.[1] In Tübingen selbst hatten die Behörden bei der Besetzung des Rathauses und bei der Störung der feierlichen Immatrikulationsveranstaltung im Frühjahr 1968 zunächst abwartend reagiert. Aber bei der Okkupation der Räume des Luftschutzhilfsdienstes im Juni 1968, der im Zusammenhang mit der Notstandsgesetzgebung eine Rolle spielte, kam es auch zum Polizeieinsatz gegen demonstrierende und randalierende Studenten.[2] Ein Mitglied des Tübinger SDS berichtete darüber so: „Im SDS war die Diskussion aufgekommen, den Luftschutzhilfsdienst (LSHD) in der Stadt zu besetzen … Gleichzeitig hatten die Psychologen Raumnot, und Mitglieder der Basisgruppe schlugen vor, die besetzten Räume in ein Seminar zu verwandeln. Gegen zwei Uhr nachmittags drängten zehn Genossen die Treppen zu den Büroräumen hinauf. Sie stellten sich im Sekretariat auf und sagten: ‚Der LSHD ist besetzt, … Der Bürochef war inzwischen an die Tür getreten und folgte den Vorgängen mit unbewegtem Gesicht. Um vier Uhr am Nachmittag war das Büro tatsächlich besetzt. Einer malte säuberlich ein Schild „Wilhelm-Reich-Institut“ und hängte es unten an der Eingangstür zur Straße auf … Vom Bloch-Seminar war die Nachricht gekommen, dass die Polizei das Gebäude stürmen wird. Zwar galten die Bloch-Studenten nicht viel unter den Tübinger Linken, weil es hochartistische Seiltänzer materialistischer Kunsttheorie waren, mit der tiefsitzenden Angst Intellektueller vor der Aktion, doch die Besetzer nahmen die Aktion erschreckt auf. Ihre Nervosität und das Glück der Aktion ließen sie die Nacht kein Auge zutun. Um fünf Uhr war es dann soweit. Sie hörten über Lautsprecher in der menschenleeren Straße die Aufforderung zu öffnen, rührten sich nicht, dann krachten Spitzhacken an der Tür, Schritte von nagelbeschlagenen Stiefeln auf der Treppe, Rückzug in ein anderes Zimmer. Sie stellten einen Stahlschrank vor die Tür und lugten durch einen Spalt der Tür. Dann trafen Spitzhacken auch diese Tür, knirschend brach das Holz … Alle zogen sich in das nächste, das letzte Zimmer zurück, setzten sich auf den Boden und begannen zu singen,

1 Weiß, 747.
2 Ebenda, 148.

als die Polizisten hereinstürmten: „We shall overcome". Die Polizisten griffen die in der ersten Reihe Sitzenden an den Haaren und zerrten sie hinaus."[1]

Das Klima zwischen den radikalisierten Studenten und der Professorenschaft war im Sommer auf einem absoluten Tiefpunkt angelangt. Dennoch zog sich der Riss bei der Beurteilung der hochschulpolitischen Fragen und den Möglichkeiten ihrer Umsetzung bis in den Lehrkörper hinein. Für die unterschiedliche Einschätzung der Ereignisse durch die Professorenschaft seien hier zwei Stellungnahmen wiedergegeben. Die Meinung der meisten seiner Kollegen gab sicher Professor Born, der damalige Dekan der Rechts- und wirtschaftswissenschaftlichen Fakultät treffend wieder, wenn er sagte: „Wir dürfen nicht in die Rolle des Boxers geraten, der pausenlos Schläge einsteckt. Wir müssen uns wehren. Die Studenten dürfen nicht glauben, das Krawallmachen gehöre zum Studium. Wenn wir als Juristische Fakultät nicht die juristischen Möglichkeiten ausnützen, wagen es die anderen Fakultäten erst recht nicht."[2] Differenzierter analysierte der evangelische Neutestamentler Professor Ernst Käsemann die Situation, der die gesellschaftlichen Hintergründe der Proteste in seine Beurteilung einfließen ließ. Er repräsentierte allerdings nur eine kleine Minderheit. „Wer heute ‚jugendlichen Terror' auf der Straße beklagt, sollte darin zunächst die Frucht der eigenen Unterlassungen, Missgriffe, Dummheiten erkennen. In unserer Demokratie wird die Verantwortung dafür abgeschoben, die Macht jedoch mit allen Mitteln festgehalten, …, selbst durch eine große Koalition. Das Spiel geht auf Kosten des Wählers, dem der Wohlstand den Mund stopft. Die Jugend, unwiderruflich dem 20. Jahrhundert ausgeliefert, sieht ihre Väter den Leitbildern des 19. Jahrhunderts verhaftet und dessen Methoden treu. Ihr Aufstand ist berechtigt. Denn er zeigt auf, was bei uns faul ist. Mehr kann man von ihr, der die Erfahrung noch fehlt, nicht erwarten. Als sie ungestüm wurde und man Angst bekam, ließ man sich zögernd und unter der Bedingung des Wohlverhaltens auf Diskussionen ein, um Schlimmeres zu verhüten. Als sie randalierten, besann man sich auf Polizeiknüppel. Die nicht schrien, als die halbe Welt verbrannte und Millionen umkamen, haben plötzlich wieder Stimme und singen das alte Lied von Autorität und Ordnung, das die Deutschen schon stets faszinierte … Fortan werde ich mit der rebellierenden Jugend demonstrieren.".[3] In einem Brief an den Fraktionsvorsitzenden der SPD im Bundestag, Helmut Schmidt, bezeichnete sich Käsemann als „ein kleines Glied der außerparlamentarischen Opposition" und forderte Humanität gegenüber denjenigen, „die als 20jährige rebellieren müssen."[4]

---

1 Mosler, 59 f.
2 Notizen 81 (1968), 23.
3 Notizen 82 (1968), 23.
4 Ebenda, 22.

Bei einem Großteil der Bevölkerung hätte ein solches Urteil kein Verständnis gefunden - im Gegenteil. Die Tübinger Einwohner machten in Leserbriefen an das Schwäbische Tagblatt ihrer Empörung Luft. Von halbstarken Wirrköpfen, Berufsrevoluzzern, Krawallmachern, Randalierern und ferngelenkten Idioten Moskaus war da die Rede.[1] Die Wirkung dieser feindlichen Stimmung gegen die Studenten trug maßgeblich zur Politisierung und Radikalisierung weiter Teile der unruhigen akademischen Jugend bei und damit auch zur Stärkung der APO, die sich als Sammelbewegung linker und radikaler Gruppen verstand.[2]

Bei der Betrachtung des Verhältnisses der KSTV Alamannia zu der 68er Bewegung soll es im folgenden um die Fragen gehen, wie sich die Verbindung selbst gesehen hat, welche Rolle und welches Verhältnis sie zu der 68er Bewegung eingenommen hat, ob und inwieweit sie diese Studentenbewegung beeinflusst hat und ob es andererseits Rückkopplungen auf die Verbindung und das Verbindungsleben gab. Ich möchte dies anhand von einigen markanten Punkten ausführen. In den Quellen des Alamannenarchivs, ich meine dabei die Protokollbücher, Alamannenblätter, den Briefwechsel der Verbindung sowie die Semesterprogramme, ist zum ersten Mal im Wintersemester 1967/68 fassbar, dass sich die Alamannia mit den aktuellen hochschulpolitischen Streitfragen beschäftigt hat. Dabei treten zwei auffallende Aspekte hervor:

1. Die relative Offenheit und Aufgeschlossenheit gegenüber den studentischen Problemen und
2. eine deutliche Abgrenzung der Tübinger Verhältnisse von den Ereignissen in anderen Universitätsstädten.

Im Leitartikel der Alamannenblätter 37 vom Dezember 1967 befasste sich Bundesbruder Josef Forderer mit „der Krise der Universität und den Vorschlägen zu ihrer Umgestaltung“.[3] Deutlich bejahte er darin die Notwendigkeit einer baldigen Hochschulreform, denn mit den autoritären Prinzipien, auf denen die Universität beruhe, müsse endlich Schluss gemacht werden. Als frappierende Missstände an den Universitäten bezeichnete er die Disproportionen im Lehrbetrieb, das Missverhältnis zwischen der Zahl der Studienwilligen und den verfügbaren Arbeitsplätzen, die geistige Kleinstaaterei, die ständige Zellenteilung der akademischen Disziplinen, die unverkennbare Enttheoretisierung einer wachsenden Zahl von Hochschulfächern, die Atomisierung des Wissensstoffes, die Häufung von blinden, selbstgenügsamen Spezialisten, die bildungsmäßige Verarmung des wissenschaftlichen Spezialarbeiters und manches andere. Die Forderungen des Tübinger ASTAS nach mehr studentischer

---

1 Weiß, 147.
2 Ebenda.
3 Forderer, Studentenunruhen, 1 ff.

Mitbestimmung begrüßte er „als hoffnungsvolle Grundlagen für das neue Hochschulgesetz, soweit sie zweckentsprechend, zeitgemäß und zukunftsweisend sind.“[1] Denn die Aussetzungen, Forderungen und Vorschläge seien einfach nicht von der Hand zu weisen, sie würden vielmehr eine gründliche Prüfung und Behandlung innerhalb der für diese Fragen zuständigen Gremien erheischen. Keinerlei Verständnis äußerte er jedoch zu den Forderungen nach einer Veränderung der Gesamtgesellschaft, vor allem, wenn sie an die Grundfragen der Verfassung und des Staates rührten. Deshalb unterschied er auch deutlich zwischen den Vorgängen in Tübingen und denen an anderen Universitäten. Im Gegensatz zu den Berliner Verhältnissen würde der Tübinger ASTA durch sein diszipliniertes und gemäßigtes Auftreten positiv in Erscheinung treten. Um den Einfluss radikaler Gruppen in Tübingen abzuwehren, sei es daher notwendig, dass auch die korporierte Studentenschaft mit „wacher Aufgeschlossenheit und der gebotenen Energie in diesem Prozess sich betätigt und ihren Vertretern im ASTA die entsprechenden Weisungen erteilt.“[2]

Zu einer ähnlichen Bewertung kam Bundesbruder Dr. Walter Hailer, der damalige Präsident des Verwaltungsgerichtshofs Baden-Württemberg, der beim Gästeabend auf dem Alamannenhaus auch zu dem Thema „Die katholischen Korporationen im hochschulpolitischen Spannungsfeld“ Stellung bezog.[3] Für ihn bestand die Studentenschaft aus drei Gruppen:

1. die Provos, denen der Protest gegen Bestehendes einschließlich der verfassungsmäßigen Ordnung alleiniges Anliegen ist und denen Provokation zum Selbstzweck wird.
2. die Gruppen, die Hochschule, Gesellschaft und politische Verhältnisse nach ihren sehr unterschiedlichen Vorstellungen reformieren wollen und hoffen, dies durch lautstarke Aktionen erzwingen zu können, wobei sie sogar in Kauf nehmen, dass ihre Aktionen gelegentlich außer Kontrolle geraten und in Fanatismus und häufig im Extrem enden.
3. die Gruppe, die sich von diesem Treiben angewidert zurückzieht, sich auf ihre Examensvorbereitung beschränkt und die nerven- und zeitraubende Diskussion mit den ersteren Gruppen scheut. Aufgabe der Verbindungsstudenten, die er mehrheitlich zu dieser dritten Gruppe gehörend rechnete, sei es, das hochschulpolitische Feld nicht der extremen Minderheit zu überlassen, wenn sie nicht mitschuldig werden wolle am Zerrbild, das sich die Öffentlichkeit pauschal von der Studentenschaft mache. Er forderte die

---

1 Ebenda, 3.
2 Ebenda, 4.
3 Walter Hailer, Zeitgemäße Aufgaben der studentischen Verbindungen, in: Ala.Bl. 37 (1967), 9 f.

Alamannen auf: „Zieht euch deshalb aus der hochschulpolitischen Mitverantwortung nicht zurück, und zeigt der Öffentlichkeit ein anderes Bild von Studentenschaft, als dies täglich in Presse und Fernsehen als makabre Erscheinungsform demonstriert wird. Ihr tut damit nicht nur euch selbst, sondern auch der Wissenschaft einen wertvollen Dienst".[1]

Als aber im Verlauf des Wintersemesters 1967/68 auch in Tübingen der SDS seine radikalen Aktionen startete, ging die Alamannia auf deutliche Distanz zu diesem Flügel der Studentenschaft. Der Kommers der Tübinger Kartellvereine im Januar 1968 wurde als deutliche Kundgebung gegen die radikalen Kräfte angesehen. Unter großem Beifall aller Anwesenden, so vermerken die Alamannenblätter, ging der Aktivensenior Peter Müller auf deutliche Distanz nicht nur zu den Studentenunruhen, sondern auch zu der dahinter stehenden gesellschaftlichen und weltanschaulichen Einstellung.[2] Es sei zu bedauern, dass auch bei einwandfreier Verletzung staatlicher Gesetze die staatliche Autorität weitgehend versagt habe. Wenn von diesen radikalen Kreisen sogar Gottesdienste gestört werden, so sei das unerhört. Wenn es aber Personen gebe, die nicht die Demonstranten verurteilen, sondern die in ihrer Religionsfreiheit verletzte Gemeinde auffordern, sich bei den Rädelsführern zu entschuldigen, so sei das ein tief beunruhigendes Verhalten. Hinter all dem stehe doch die Tatsache, dass in unserem Volke die Achtung vor den elementaren Werten, wie sie auch im Grundgesetz erklärt seien, immer mehr sinke und diese Werte, auf deren Achtung Leben und Zukunft eines Volkes beruhen, immer mehr ausgehöhlt werden. Freiheit werde zur Zügellosigkeit, man kenne nur noch Rechte und Ansprüche und lehne Pflichten ab. Bei dieser Sachlage stelle sich den katholischen Korporationen eine klare Aufgabe. „Wir müssen an den Prinzipien festhalten, die wir für das Staatswohl als unabdingbar erkannt haben. Wir müssen aber auch den Mut haben und uns die Zeit nehmen, für sie einzutreten, damit nicht in der Öffentlichkeit der fatale Eindruck entsteht, als werde das politische Feld der Universitäten ausschließlich von Kräften des Anarchismus und der radikalen Linken beherrscht."[3]

Für die Auseinandersetzung mit den radikalen Linken hatte der CDU-Abgeordnete Dr. Gerd Weng, der auf derselben Veranstaltung die Festrede hielt, dann auch praktische Ratschläge für die Verbindungen parat, die im einzelnen folgendermaßen lauteten: „Es gilt, die Taktik der extremistischen Gruppen vor und bei Wahlen zu studieren und zu parieren. Die Flugblatt- und Mikrophonagitation muss ebenso eingeübt werden wie die Handhabung der Geschäftsordnung. Den Verbindungen obliegt es, die Studenten systematisch

---

1 Ebenda, 10.

2 Die Tübinger Kartell-Vereine gegen die Radikalen, in: Ala.Bl, 38 (1968), 7f.

3 Ebenda, 7.

in Rede und Argument zu schulen … da zählt nicht der logisch aufgebaute, sorgfältig dargelegte Gedankengang. Vor dem Mikrophon muss der geprägte Slogan, der die Massensituation umfasst, der Hammerschlag kurzer, apodiktischer Aussagen geübt werden. Man beachte Dutschkes kurzwellige, im Brustton der Überzeugung schallplattensicher abgespielte Argumentation. . . Kommt es in Hörsälen zu Prügeleien und Tumulten, so müssten Studenten darauf gefasst sein, Handgreiflichkeiten abzuwehren; daher ist auch die Kunst der Gegenwehr zu üben."[1] Die Alamannia folgte diesen Ratschlägen nicht. Vielmehr versuchte man zunächst, die studentischen Probleme innerhalb der Verbindung zu diskutieren. Es wurde eine hochschulpolitische Kommission eingerichtet, deren Hauptaufgabe in der Weckung des politischen Interesses und der Bereitschaft zum Engagement der Bundesbrüder lag.[2] Durch eine Fühlungnahme und Zusammenarbeit mit anderen Korporationen, vor allem dem Farbenring, versuchte man eine gemeinsame Hochschulpolitik festzulegen. [3] Für die ASTA-Wahlen im Sommersemester 1968 konnte man sich tatsächlich auf gemeinsame Kandidaten einigen, die ein Gegengewicht der Mitte zur linksradikalen Gruppe im Studentenparlament bilden sollten. Von der Alamannia waren dafür zwei Vertreter der rechtswissenschaftlichen und der geologischen Fakultät vorgesehen. Allein das Ergebnis war entmutigend, zu stark war bereits die Dominanz des SDS.

Ein Ereignis, das zu einem starken Zusammenschluss der Alamannia gegen die Aktionen des SDS beitrug, war sicherlich der Prozess gegen drei Beteiligte an den Vietnamdemonstrationen vor dem Amerika-Haus in der Karlsstraße.[4] Den Vorsitz der Verhandlung, zu deren Schutz ein starkes Polizeiaufgebot angetreten war, führte Amtsgerichtsdirektor Alfred Haile, der damalige Altherrensenior Alamanniae. Die mit roter Nelke im Knopfloch und unter Hissung einer Vietcong-Fahne erschienenen Angeklagten hoben darauf ab, den Prozess zu vertagen. Nach Ablehnung dieses Antrags verwies Haile die demonstrierenden SDS-Anhänger aus dem Saal, worauf sich diese unter Ho Tschi min- und Sieg-Haile-Rufen auf die umliegenden Höhen um das Justizgebäude verzogen. Mit beschimpfenden Sprechchören und in lärmenden Aufzügen durch die Straßen der Stadt machten sie ihrer Empörung Luft. Nach fünf Verhandlungstagen wurde das Urteil gefällt: die drei Angeklagten erhielten wegen gemeinschaftlicher Nötigung drei Monate Gefängnis ohne Bewährung. Haile bekannte sich dabei ausdrücklich zu dem Recht eines jeden Menschen, für eine

---

1 Gerd Weng, Akademische Freiheit und Ordnung, in: Ala.Bl. 38 (1968), 10.

2 Beschluss des 1. außerordentlichen BC vom 12.1.1968.

3 Beschluss des 2. ordentlichen BC vom 9.5.1968.

4 Vgl. dazu Josef Forderer, Studentendemonstrationen und kein Ende, in: Ala.Bl. 39 (1968), 1 ff.

Überzeugung demonstrieren zu dürfen. Die Grenze der Strafbarkeit sei dort gezogen, wo das Recht auf Unverletzlichkeit der Person und des Eigentums und auf Bewegungsfreiheit jedes einzelnen angetastet werde. Von der Tübinger Linken wurde das Urteil als Justizskandal bewertet, 30 Mitglieder des Lehrkörpers der Universität wandten sich an Justizminister Schierer, um gegen eine von ihnen befürchtete Politisierung der Justiz zu protestieren. „Das wegen der Vorgänge bei einer Demonstration", hieß es in diesem Schreiben[1], „gegen den Vietnamkrieg vor dem Amerikahaus ergangene Urteil erscheint als ein Versuch, eine bestimmte politische Opposition auszuschalten und unbequemes politisches Engagement in kriminelle Aktionen einzelner umzumünzen, die man als vermeintliche Rädelsführer herausgreift. Aus der Urteilsbegründung werde deutlich, dass die Strafe von drei Monaten ohne Bewährung als Abschreckung gedacht sei. „Dem Gericht ist es" so der offene Brief „offensichtlich darum gegangen, die Angeklagten exemplarisch zu verurteilen." Obwohl der Justizminister die Vorwürfe zurückwies, spielte das Urteil in der öffentlichen Diskussion Tübingens noch lange Zeit eine provokante Rolle.

Doch nicht nur die Studentendemonstrationen verloren im folgenden Jahr an Schärfe, auch das Engagement der Verbindungen in hochschulpolitischen Fragen nahm ab. In der Rückschau auf das Sommersemester 1969 bilanzierte der damalige Senior Artur Maccari: „Was die Hochschulpolitik anlangt, so muss eingestanden werden, dass die Verbindung, besser aber die Verbindungen überhaupt, einmal mehr versagten. Dieses Versagen ist sicher nicht auf mangelndes politisches Interesse oder fehlende Aktivität der Bundesbrüder zurückzuführen. Es liegt vielmehr daran, dass jede Verbindung sich allein zu schwach fühlt und tatsächlich auch ist, um hochschulpolitische Verantwortung übernehmen zu können. Andererseits werden Wahlbündnisse regelmäßig von sich benachteiligt fühlenden Korporationen torpediert, sofern es soweit gekommen ist und das Bündnis nicht durch Beitrittsvoraussetzungen verschiedener Verbindungen von vornherein unmöglich gemacht wird. So aber kam es zum Streik, der schließlich zur vorzeitigen Beendigung der Lehrveranstaltungen führte. Das veranlasste nun viele Bundesbrüder - vor allem jüngere - Tübingen schon vor Semesterschluss zu verlassen. Wir sahen uns daher vor die Alternative gestellt, ein Damenfest und den Schlusskommers mit nur geringer Beteiligung durchzuführen oder das Semester mit einem vorverlegten außerordentlichen Konvent zu beenden. Wir entschieden uns für die zweite Möglichkeit, hauptsächlich unter dem Gesichtspunkt, dass ein Schlusskommers ohne Teilnehmer eben keiner ist."[2]

---

1 Zitiert nach Forderer.

2 Artur Maccari, Bilanz eines schwierigen Semesters, in: Ala.Bl. 41 (1969), 6.

Ich möchte nun einen Punkt näher in den Blick nehmen, bei dem mir eine mitentscheidende Beeinflussung der Alamannia und des KV's durch die 68er Bewegung zu liegen scheint: der Aufweichung oder Lockerung des Katholizitätsprinzips. Neben dem Geist des zweiten Vatikanums, der die ökumenische Bewegung innerhalb der Kirche stärkte, dürfte die Frage nach überkommenen Strukturen der Universität und der zeitgemäßen Ausrichtung einer Verbindung im Umfeld der 68er Zeit eine starke Rolle gespielt haben. Auf der emotionsgeladenen Vertreterversammlung des KV im Sommer 1969 in Regensburg[1] wurde folgender Antrag vorgelegt und schließlich auch beschlossen:

1. Der KV hält am Katholizitätsprinzip fest.
2. Die Vertreterversammlung stellt fest, dass der katholische Charakter eines Kartellvereins nicht dann beeinträchtigt wird, wenn dieser in Einzelfällen nicht-römisch katholische christliche Studierende aus ökumenischem Denken als Mitglieder aufnimmt.
3. Es muss sich dabei um bewusste Christen handeln. Der Charakter des Vereins als einer katholischen Gemeinschaft darf nicht beeinträchtigt werden.

Der Vertreter der Aktivitas Alamanniae hatte dabei für, der Vertreter der Altherrenschaft dagegen gestimmt. Nicht nur innerhalb der Verbindung, sondern auch innerhalb des gesamten KV setzte eine spannungsgeladene Debatte ein, mit Satzungsänderungsparagraphen, Kartellgericht und Grundsatzkonventen. Am Ende stand für die Alamannia die bis heutige gültige Regelung einer Aufnahmemöglichkeit auch nicht katholischer Christen.

Zusammenfassend lässt sich sagen, dass die Alamannia, nachdem sie den studentischen Protesten zu Beginn sehr wohlwollend gegenüberstand, sich von diesen deutlich distanzierte, als spürbar wurde, dass diese nicht nur auf eine Reform der Hochschule, sondern auf eine grundlegende Revolutionierung des Staates und der Gesellschaft in marxistischer Prägung zielten. Für das eigene Bewusstsein und den persönlichen Standpunkt gaben dann gerade die Prinzipien der Verbindung, die von der Protestbewegung angegriffen wurden, den entscheidenden Halt. Dazu mag allerdings auch eine gewisse konservative Verwurzelung beigetragen haben. Dies machen vor allem die Semesterprogramme deutlich, in denen von den gesellschaftlichen Umbrüchen kaum etwas zu spüren ist. Die traditionelle Form der Semestergestaltung nahm ungestört ihren Fortgang, Keilarbeit, Stiftungsfest, gesellschaftliche Veranstaltungen und Vortragsabende wurden durchgeführt. Einzige Ausnahme bildet eine Diskussionsveranstaltung des Wintersemesters 1968/69, zu der verschie-

---

[1] Vgl. dazu Alfred Haile, Ein Wort des Altherrenseniors. Bericht über die VV in Regensburg, in: Ala.Bl. 40 (1969), 7f.

dene Hochschulgruppen zum Thema „Hochschulpolitik Reform oder Revolution?“ eingeladen wurden.[1] Die meisten anwesenden Vertreter verweigerten aber eine Diskussion mit der Begründung, eine solche sei nach der Verabschiedung des neuen Hochschulgesetzes zwecklos. Damit war die Veranstaltung gesprengt. Auf dem Höhepunkt der Osterunruhen 1968 hielt der damalige Justizminister Heinemann am Ostersonntag 1968 seine berühmte Rundfunk- und Fernsehansprache, die rückblickend nicht nur die Gewalttätigkeit der Studenten, sondern auch die Versäumnisse der Gesellschaft für die Eskalation der Vorgänge verantwortlich machte: „Wer mit dem Zeigefinger allgemeiner Vorwürfe auf den oder die vermeintlichen Anstifter oder Drahtzieher zeigt, sollte auch daran denken, dass in der Hand mit dem ausgestreckten Zeigefinger zugleich drei andere Finger auf ihn selbst zurückweisen. Damit will ich sagen, dass wir alle uns zu fragen haben, was wir selber in der Vergangenheit dazu beigetragen haben könnten, dass ein Antikommunismus sich bis zum Mordanschlag steigerte und dass Demonstranten sich in Gewalttaten der Verwüstung bis zur Brandstiftung verloren haben.“[2] Die geforderte Toleranz für die Zukunft fiel um so leichter, da spätestens 1969 klar war, dass die APO nicht mehr in der Lage war, genügend Studenten für ihre Aktionen zu mobilisieren. Wegen der Spannungen innerhalb des SDS war eine einheitliche Politik nicht mehr möglich, viele seiner Mitglieder flüchteten in die Resignation. Dutschkes maophile Weisung vom „langen Marsch durch die Institutionen“, um die Gesellschaft von innen zu reformieren, zeitigte nun ihre Wirkung - für die meisten war es der Schritt hin zur SPD, um Willy Brandts Wort von „mehr Demokratie wagen“ auf institutionellem Weg in die gesellschaftliche Realität umzusetzen.[3] Die „Enkelgeneration“ der SPD ist maßgeblich von dieser Entwicklung bestimmt, ebenso rekrutierten sich die Parlamentarier und Vorstandsmitglieder der Grünen zum großen Teil aus dem Potential der Protestbewegung von 1968. Auch wäre die Politisierung der Gesellschaft, die Sensibilität der Menschen in den 70er Jahren für politische Probleme und Fragestellungen, ohne die 68er Zeit sicher nicht in diesem Maße vorhanden gewesen. Für wenige Revolutionäre, wie die ehemalige Tübinger Studentin Gudrun Ensslin, die eine echte Reformfähigkeit der Gesellschaft verneinten, führte der Weg allerdings in den Untergrund und damit in den Terrorismus, um im bewaffneten Kampf die bestehende Gesellschaftsordnung zu stürzen. Die mörderischen Anschläge der Roten Armee Fraktion waren die konsequente und radikalste Fortführung der bereits 1968 angewandten Gewaltausübung.

---

1 Max Wiget, Bericht des Seniors über das WS 1968/69, in: Ala.Bl. 40 (1969), 7.

2 Zitiert nach Hildebrand, 381.

3 Vgl. dazu Weiß, 157.

Die große Mehrheit zog sich jedoch in die Privatsphäre zurück, um die vorher so stark kritisierten Errungenschaften der verbürgerlichten Gesellschaft zu genießen. 1977 beschrieb Peter Mosler, ein ehemaliger Aktivist des SDS Tübingen, in resignativer Selbstironie das damalige Lebensgefühl und was davon übrigblieb: „Vor zehn Jahren reisten wir in Jeans und Parka mit leichtem Gepäck, breiteten den Schlafsack in einer Wohngemeinschaft aus und drehten uns eine Zigarette, das rote Buch von Mao in der Tasche und Sartre, Camus im Kopf. Später, als die meisten von uns ihr Universitätsexamen hatten, viele einen Beruf, einige eine Frau, ein Kind und eine Lebensversicherung, wurden wenige unkenntlich, zerfressen von den Angeboten der Bestechung, die die Gesellschaft für sie bereithielt, jene Gesellschaft, die sie zuvor bekämpft hatten, und sie glichen den Arrivierten mit den rosigen Wangen in ihren schnellen Autos, die sie zuvor verspottet hatten … Aus den Genossen des SDS sind von den hageren, asketischen, hektischen Robespierres der ersten Stunde der Revolte ruhige beleibte Dantons geworden.“[1]

Obwohl von den studentischen Forderungen kaum eine erfüllt wurde, hat die 68er Bewegung eine tiefgreifende gesellschaftliche Veränderung in Gang gesetzt. Die alte Ordinarienuniversität blieb auf der Strecke, die traditionellen Untermietsverhältnisse wurden durch neue Wohnformen gemeinschaftlichen Zusammenlebens abgelöst, den von den Bürgern anfangs so gefürchteten Kommunen. Berühmt wurde die berüchtigte Kommune 1, die vom 1. Januar 1967 an in einer gemeinsam von fünf Männern und zwei Frauen bezogenen Berliner Wohnung die sexuelle Befreiung des Menschen als eines ihrer zentralen Anliegen propagierte. Repräsentativ für die Meinung der Altherrenschaft der Verbindung war dafür Forderers Bezeichnung einer „Horrorkommune, welche die neue Form der Freiheit in der Auflösung aller privaten Verhältnisse, auch der privaten Liebesverhältnisse zu suchen hat“.[2]

Lange Haare und Miniröcke wurden charakteristisch für das Outfit der Jugendlichen, Rockmusik trat an die Stelle des Schlagers. In die überkommenen Sozialstrukturen der Nachkriegszeit blies, wie man heute sagen würde - the wind of change. Das legendäre Woodstock-Festival von 1969, Höhepunkt der amerikanischen „flower-power“-Bewegung, spiegelte, deklariert als Fest der Liebe und des Friedens, nicht nur den politischen, sondern auch den soziologisch kulturellen Stimmungswandel einer neuen Generation wider. Ein Wandel, der überhaupt nicht mehr im Bewusstsein vorhanden ist, weil viele seiner Auswirkungen auch im studentischen Alltag im Laufe der Jahre in die Gesellschaft eingedrungen sind und deshalb heute als Normalität empfunden werden.

---

1 Mosler, VII.
2 Forderer, Studentenunruhen, 1.

Gaudeamus igitur
Alamannia ist jetzt 100, jetzt 100 Jahre alt!

Jost Reischmann[1]

Es geziemt sich wohl, zu einem 150. Stiftungsfest auf ein vorausgehendes großes Stiftungsfest zurückzuschauen: auf das 100ste!

100 Jahre K.St.V. Alamannia im KV

„Eine machtvolle Kundgebung, ihrer Grundsätze und imponierenden Wirksamkeit, aber auch ihres unbeugsamen Lebenswillens waren die Tage des großen Jubiläums Alamannias Dieses Urteil dürfte jeder bekräftigen, der dem Feste beigewohnt hat. ... das rückhaltlose Bekenntnis der über 500 Teilnehmer zu den überkommenen Idealen hob das Fest zu der beglückenden Höhe, die es von Anfang bis Ende auszeichnete" - so bewertet Bb Forderer im Rückblick die Jubiläumstage (Ala.bl. 45, Januar 1972, S. 1 - im weiteren folgen wir den Ausführungen in diesem Alamannenblatt). Bereits am Vortage kündete eine Fahnenallee auf der Neckarbrücke, dem Omnibusbahnhof und dem Hauptbahnhof in den Farben unserer Verbindung den Passanten von dem großen Jubiläum Alamannias.

Ein Hauptproblem für die Planung dieses Stiftungsfestes war die Suche nach Räumlichkeiten. Damals wie heute (2022!) verfügt Tübingen über keine Örtlichkeit für größere Veranstaltungen. Die Universität hat in der Neuen Aula ihren Festsaal, der aber steht der Öffentlichkeit, insbesondere einer Verbindungsveranstaltung, nicht zur Verfügung. Aber zumindest der Festkommers sollte in Tübingen stattfinden.

---

1 Bio siehe Seite 13

Der Festkommers am 28. Mai 1971

Als zweifelhafter Glücksfall für den Festkommers zeigte sich dann der Rittersaal von Schloss Hohentübingen. Dieser Saal trägt zwar einen stolzen Namen, war aber, wie der frühere Ordinarius der Kunstgeschichte Professor Lange ihn wegen seiner mangelhaften Proportionen nannte, eher ein „Korridor". Dieser Saal auf der Nordseite des Schlosses, in seiner zentralen Lage und mit hinreichender Größe, stand damals nur noch für kurze Zeit zur Verfügung. Bald nach unserem Stiftungsfest wurde er dann für 20 Jahre für Renovierungsarbeiten geschlossen, und danach belegte ihn die Universität mit ihrem Museum - ist also seitdem nicht mehr verfügbar. Allerdings waren notwendige Renovierungen mit Blick auf die unmittelbar bevorstehende Generalisierung ausgeblieben, aber mit vielen Fahnen an den Wänden und Lorbeerbäumchen rundum ließ sich dann doch eine historisch-verblichene Pracht herstellen. Auch interessant im Forderer-Bericht - heute nicht mehr denkbar: „Die Wagenfahrten an der engen Burgsteige und im Burghof wollten kein Ende nehmen …"

Kein großes Fest - auch kein kleines - verläuft ohne Pannen. Auch dieses nicht. Glücklicherweise geschah nichts Dramatisches, aber es sind doch so einige Geschehnisse, die erzählenswert und im Rückblick dann doch auch belächelnswert sind.

Es fing schon vor dem Festkommers an: Der Bierlieferant hatte die Bierfässer dekorativ im Hintergrund des Rittersaals aufgebaut. Doch als es den ersten Besuchern nach einem cerevisia dürstete, stellte er fest, dass er den Schlegel zum Anstechen der Fässer vergessen hatte. Vom Hausmeister konnte schließlich ein Beil ausgeliehen werden, mit dem sich, nachdem der erste Zapfhahn damit gesplittert war, dann doch der Fluss geziemend in Gang gebracht werden konnte.

Der Saal füllte sich, und bald war der Raum mit 550 Teilnehmern bis auf den letzten Platz besetzt. Die Chargen reihten sich auf, aber: „Nicht anfangen!" ordnete AHx Haile um 20.15 Uhr an, als die Schar der Chargen schon zum Einmarsch bereit stand. Man wartete noch auf ein hochrangiges Mitglied Alamannias. „Er kommt sicher gleich!" Aber er kam dann doch nicht, und so begann der Einzug der Chargen um 20:40 Uhr. Das konnte man nicht mehr als akademisches Viertel entschuldigen!

Die Versammlung - so berichtet Forderer - glich einem wogendem Meer, die Wiedersehensfreude und das Händeschütteln wollten kein Ende nehmen, als unter dem Fanfarenmarsch der Rottenburger Stadtkapelle die Chargen einmarschierten und sich im spätgotischen Erker, also in Saalmitte, stufenweise aufbauten. „Die Verbindung hatte das Glück, in dem Erstchargierten Jost Reischmann einen Leiter der Veranstaltung zu haben, der zur Meisterung

seiner nicht einfachen Aufgabe die hierfür nötige Qualifikation besaß, so dass alles Stil und Form hatte, was über diese Tage zur Schau gestellt war" (Forderer a.a.O.).

Eine lange, nicht enden wollende Liste von Liste von Ehrengästen und befreundeten Verbindungen - 17 Verbindungen hatten ihre Chargen entsandt -

konnte er begrüßen. Mit starkem Applaus wurde auch die Begrüßung der zahlreichen Damen aufgenommen, die nicht, wie üblich, abgesondert als Zuschauer den Ablauf des Abends verfolgten, sondern inmitten der Männer Platz genommen hatten - was damals keineswegs selbstverständlich war.

Mittel- und Höhepunkt diese Kommerses - und der Festabend im Rittersaal war ein Erlebnis seltener Art - bildete die große programmatische Rede unseres Bb Dr. Gebhard Müller, Präsident a. D. des Bundesverfassungsgerichtes in Karlsruhe (der am 50. Stiftungsfest der Alamannia beigetreten ist), zum Thema „Die Aufgabe des katholischen Korporationsstudenten in unserer Zeit". „Mit seinen wegweisenden Ausführungen zu den Hochschulproblemen wusste er die Anwesenden von Anfang bis zum Schluss zu fesseln. Der wiederholte stürmische Beifall, womit er bei seinen überzeugenden Beurteilungen und Vorschlägen unterbrochen wurde, zeigten ihm, wie dankbar man es begrüßte dass er gerade dieses Jubiläum zum Anlass nahm, zur gegenwärtigen Hochschulkrise Stellung zu nehmen und Mittel und Wege aufzuzeigen vermochte, die aus ihr herausführen. Hier sprach der erfahrene Staatsmann, der dem Grundübel der Misere, der Überfüllung der Hochschulen, zu Leibe rückte und die Realität nüchtern einzuschätzen weiß." Dabei vertrat er auch durchaus unpopuläre Positionen: Dass eine innere Reform der Hochschulen vordringlich ist, dass wir nicht mehr, sondern weniger Akademiker brauchen („Hochschulbildung sollte nur dort gefordert werden, wo sie bei strengster Prüfung unabdingbar erscheint", dass eine Beschränkung auf das Wesentliche , das Vermeiden immer neuer Spezialisierungen zu einer Studienzeitverkürzung führen müsse, er warnt vor der „Gefahr der kommunistischen Irrlehre", mahnt die ernste Prüfung im Verhältnis zu den evangelischen Christen an und setzt sich mit Religion und Wissenschaft auseinander (die Rede ist im Wortlaut im Alamannenblatt 45, Jan. 1972, S.5f nachzulesen).

Über die Fülle der von Bb Gebhard Müller in seiner groß angelegten Festrede berührte Ideen verbreiteten sich dann auch die Grußworte und Begrüßungsansprachen einer Reihe weiterer Redner.

Doch es blieb nicht nur ernst. Mit der Rottenburger Stadtkapelle hatten wir eine starke Musikkapelle gewonnen. Vorsichtshalber war der Vorstand zu einer Probe nach Rottenburg gefahren und hatte die Lieder alle durchprobiert. Bis auf eines: „Freude schöner Götterfunke", denn das erschien unproblematisch. Was sich als Fehler herausstellte: Es gibt auf dieses Lied zwei verschiedene Vertonungen, und die Rottenburger hatten die andere! Eine gesangstarke Corona und eine ebenso musikstarke Musikkapelle versuchten, gegeneinander zu gewinnen. Man hätte nach der ersten Strophe natürlich abbrechen können, aber das Lied war dafür vorgesehen, nach jeder Strophe jemanden zu bitten: „Die Ehre seines Wortes schenkt uns nun ....". Auf jeden Fall hat dies erheblich zur fröhlichen Stimmung an diesem Festabend beigetragen. Beim Präsidium allerdings weniger!

Die Feier näherte sich ihrem späten Ende. Nach altem Brauch erhob man sich zu Ehren unserer Damen, Gästen und dem Altherrensenior zum Salamander. Und im Rückblick auf die gemeinsam durchlebte Zeit und Brüderlichkeit wurde dann der alten Burschenherrlichkeit, der Freundschaft gedacht: „Die alten Burschen leben noch, noch lebt die alte Treue". In später Nacht durchschritten die Heimkehrenden die schönen Renaissance-Tore des Schlosses. Der Festkommers war ein eindrucksvolles Erlebnis, aber auch eine Verpflichtung.

Wer auf dem Foto des Präsidiums die Chargen Alamannias abzählt, wird auf erstaunliche sieben Chargen kommen. Da klar war, dass ein solches Fest ein Aktivenvorstand nicht allein stemmen kann, gab es als einmalige Innovation nicht nur fünf Chargen, sondern sieben: zusätzlich einen yx und einen zx! Damit ließen sich die Lasten auf mehr Schultern verteilen, was auch, wie sich herausstellte, notwendig war.

Der Aktivenvorstand des 100. Stiftungsfestes. V.l.n.r.: Hans-Ulrich Brix zx, Johannes Anders yx, Jost Reischmann x, Karl-Egon Schmid xxx, Jürgen Siegel FM, Heinrich Jerg xx, Frank-Roland Kühnel vx

Pfingstsamstag, ab 9 Uhr: Altherrenkovent usw.

Es war für de meiste eine kurze Nacht. Bereits um 9:00 Uhr rief die Pflicht zu den Konventen (ab 11:00 Cumulativconvent). War es das schöne vorausgegangene Fest oder die kurze Nacht oder die unproblematische Tagesordnung: alles verlief friedlich und entspannt. Alamannias Convents-Rhetoriker waren offenbar noch unausgeschlafen.

Außerdem wartete nahtlos ab 12:30 Uhr das gemeinsame Mittagessen im Museum - eine gute Möglichkeit des zwanglosen gemütlichen Beisammenseins, des Gesprächs und des gegenseitigen (Wieder-) Kennenlernens.

Festgottesdienst in St. Johannes

Fast nahtlos ging es weiter: Um 15:00 Uhr begann der Festgottesdienst in St. Johannes. Der Gottesdienst wurde als „Vorabendmesse“ am Nachmittag des Pfingstfestes gefeiert, was einen freien Sonntagvormittag bescherte, was sowohl von den „Spätheimkehrern“ des Festballbesuchers am Samstag Abend in Sindelfingen als auch den „Frühschöpplern“ am Sonntagmorgen begrüßt wurde.

Unter dem Bischof als Zelebrant tat es Alamannia zu ihrem 100. Stiftungsfest nicht: Bischof Dr. Carl Josef Leiprecht zelebrierte das Pontifikalamt, auf Wunsch der Aktivitas in lateinischer Sprache.

Die Festpredigt unter der Überschrift „Richtungsweisende Ursprünge“ hielt unser Ehrenmitglied Prof. Dr. Josef Rief. Forderer (Ala.bl. 45, Januar 1972, S. 4) fasst zusammen „Seine Worte galten den Aufgaben der Gegenwart, der er im Evangelium der Pfingstbotschaft den Weg in die Zukunft aufzeigt, dieser sei der, den die Alamannia seit ihrer Gründung beschritten habe, den Geist der Wahrheit, der die Menschen in die Welt sehen lässt, so wie Gott sie sieht, Alamannia in ihren Grundsätzen festgelegt und in mehr als hundertjähriger Geschichte Männer gestellt habe, die dem Chaos zu wehren verstanden sowie richtungsweisend und glaubhaft zu entscheiden gewusst haben.“ (die Rede im Wortlaut: Ala.bl. 45, Januar 1972, S. 11-12)

Eine stattliche Zahl der Kirchenbesucher fanden sich im Anschluss im Katholischen Gemeindezentrum ein zum Empfang für den Bischof. AHx Haile erinnerte an die vielen Kontakte, mit denen der Bischof über Jahre hinweg der Verbundenheit mit Alamannia Ausdruck verlieh und Glanz und Höhepunkt gegeben hat. Bischof Leiprecht bekannte, dass er wieder gerne zu uns gekommen war, um seinerseits Alamannia den Dank für den Beitrag auszusprechen, den sie dem Oberhirten in Kirche und Öffentlichkeit geleistet haben und leisten. In einem zwanglosen Rundgang legte er dann Wert darauf, mit den ihm Vorgestellten in einen kurzen Gedankenaustausch zu kommen. So hat der Empfang den Diözesanbischof uns auch menschlich näher gebracht.

„Ein Ball der gepflegten Progressivität"

Mit diesen Worten überschreibt Dr. Alois Rummel seinen Bericht über den Festball am Pfingstsamstagabend in der Stadthalle von Sindelfingen (wie erwähnt hatte Tübingen keinen Saal in der notwendigen Größe und dem gewünschten Stil zu bieten). Und sein Bericht erweist ihn als geübten Journalisten, so dass er hier weitgehend im Wortlaut wiedergegeben werden soll:

„Für den sinnenfreudigen und kritischen Beobachter des Festballs in Sindelfingen war alles besser als erwartet: Die Jungdamen waren koketter, hübscher und graziöser als angenommen, die Bundesdamen aus den Jahren der eigenen Jugend um vieles jünger, schicker und moderner als erwartet - Handkuss für alle … Seit 1949 lese ich in den Alamannenblättern: Es war ein rauschendes Fest. Welch originelle Formulierung! Dieses Mal war es dies zu meiner Freude nicht. Es war ein Fest ohne Rausch, aber mit Atmosphäre, mit vergnüglichem Spott der Alten über's Älterwerden untereinander, mit Schaulust und fröhlicher Ausgelassenheit der Jugend.

Welch ein Meisterstück die Damenrede von Volkmar Framenau. Das ganze ein Kabinettstück, zusammengesetzt aus liebevoller Ironie, geistreicher Fabulierkunst, zahmer Bissigkeit … Allein diese Damenrede zu hören, hat die ganze Reise gelohnt.

Alle anderen Sketchs der Activitas gehören ebenfalls zu den Vergnügungen dieses Ballabends. Der Nachwuchs präsentierte sich als eine muntere Mischung von Aufmüpfigkeit, Spaßvergnügen, Spott, willkommener Arroganz, pittoresker Formulierkraft und humoriger Unverschämtheit …

Als alter Esel habe ich mir diese Sketchs unter diesen Kategorien angehört. Der Commers war eine Reliquie, der zur Not

Respekt gebührt. Die Gestaltung des Festballs aber war eine Gabe der Jungen an die Altern Herren, denen vor allem dies auffiel: die Jungen fühlen sich den Alten gegenüber zwar überlegen, - dies mit Recht -, aber sie halten ihre Verachtung für ihre Vorfahren und das Überkommene in zustimmbaren Grenzen. Dafür stifte ich ein Fass Bier."

Pfingstsonntag: Frühschoppen und Neckarfahrt - Ungezwungene Geselligkeit

Die Alamannenblätter (Nr. 45, S 14-15) berichten: „Obwohl es bei den beiden Vorabenden spät geworden war, fanden sich ab 9:30 Uhr die Nimmermüden - oder die Nicht-mehr-Müden - auf dem festlich geschmückten Haus ein. Hatte in den vergangenen Jahren der Kommerssaal für dies „Familienfeier" ausgereicht, so war es an unserem Jubelfest erwartungsgemäß nötig, das ganze Haus mit Beschlag zu belegen - das Gästebuch weist immerhin ca. 100 Eintragungen auf ... Und da an den vorausgegangenen Tagen das Gespräch mit den Bundesbrüdern und deren Gattinnen nur eingezwängt in den offiziellen Rahmen möglich war, bestand ein deutliches Bedürfnis, einige ungezwungenen Stunden im Gespräch und beim Lied zu verbringen. Dass die vorausgegangenen Tage nicht ungespürt vorüber gegangen waren, zeigte sich am Getränkekonsum: Apfelsaft, Cola und saurer Sprudel hatte an diesem Morgen den größten Umsatz! ...

Viel zu schnell war es 12 Uhr vorbei und die Busse für die Fahrt nach Stuttgart standen bereit. Beide Busse mit 106 Plätzen waren voll belegt. Und als Bus- und PKW-Fahrer sich an der Anlegestelle Wilhelma in Stuttgart-Bad Cannstatt trafen, da zeigte sich: Das 300 Personen fassende Schiff hatte gerade die richtige Größe. Der vx mit Dame schaffte es in letzter Sekunde doch noch, aufs Schiff zu springen ... Die bei vielen Damenfesten bewährte Kapelle „Big Benners" (mit Bb Rainer Schmäh) begleitete uns mit flotten Weisen auf die große Seefahrt. Als beim Ablegen das „Muss i denn ..." ertönte, kam man sich fast wie auf einem in See stechenden Ozeanriesen vor.

Die Älteren erinnerten sich in gemeinsamer Tafelrunde alter Freundschaftsbande, das 90., 60., ja selbst das 50. Stiftungsfest wurde berufen, der damaligen Freunde und Confüxe wurde gedacht, gemeinsam mit ihnen oder in Gedenken an sie wurde das Glas erhoben.

Gegen 19 Uhr - für manche viel zu früh - legte das Schiff wieder in Bad Cannstatt an. Müde kehrte man nach Hause zurück - die einen früher, die anderen später."

Am Ende dieser Neckarfahrt jedoch gab es dann eine große Aufregung: „Wo ist meine Tochter? Wer hat meine Tochter gesehen?" Erst, wenn man selbst Vater einer Teenager-Tochter ist, kann man die Aufregung verstehen. Sie fand sich dann fröhlich auf dem Haus in Tübingen, wohin sie sich gerne von einem jungen Bundesbruder hatte „entführt" lassen - nicht ganz unerwartet. Handys gab es damals eben noch nicht!

Und zum Schluss des großen Festes musste ich noch Frau Grieshaber in Tränen ausbrechen sehen! Das Nach-Fest auf dem Haus war gelaufen, es graute der Morgen, und ein junger Bundesbruder und ich halfen Frau Grieshaber beim Aufräumen. Er stapelte den Küchenaufzug mit Bierkisten, Gläsern und Wechselgeld voll, und schickte ihn nach unten. Ein dumpfer Schlag, Klirren von Glas, Prasseln von Wechselgeld - die Bierkästen hatten sich irgendwo im Aufzugsschacht verkeilt, eine mühsame Arbeit am nächsten Tag für Oskar Grieshaber. Frau Grieshaber verwies uns dann des Saales - „Auf solche Helfer kann ich verzichten!". Schuldbewusst trollte sich der junge Bundesbruder die Neckarhalde hinab, gewann aber schon bald seine Laune zurück, und ließ die ganze Nachbarschaft mit Hilfe einer Trillerpfeife, die er aus unerfindlichen Gründen mit sich trug, wissen: „Alamannia ist jetzt hundert -triller-triller, jetzt hundert Jahre alt -triller-triller!". Vom Seniorenzimmer sah ich ihn dann über die Alleenbrücke laufen, sein Singen

Alamannia ist jetzt hundert, jetzt hundert, jetzt hundert,
Alamania ist jetzt hundert, jetzt hundert Jahre alt!"

hörte ich nicht mehr, aber das „triller-triller" tönte bis zur Alamannenburg hoch.

Vom hoh'n Olymp herab
Die Alamannenblätter: Brücke und Gedächtnis

Jost Reischmann[1]

„Die Alamannenblätter mit ihren zwei Folgen jährlich gehören nicht nur zum festgefügten Rhythmus unseres Bundes; sie sind nach dem Urteil vieler ein wichtiges Bindeglied unserer Verbindung. Dies empfinden zumal die älteren Mitglieder unserer Korporation, deren Kontakte zum KV altersbedingt oft nur noch auf den Besuch beim örtlichen Zirkel beschränkt bleiben. Für manchen Bundesbruder scheidet aus gesundheitlichen Gründen auch eine Reise nach Tübingen aus. Ähnlich geht es vielen im aktiven Berufsleben stehenden Bundesbrüdern, die es trotz guten Willens nicht schaffen, wenigstens ab und zu nach Tübingen zu kommen.

Die Alamannenblätter schließen insofern und aus weiteren guten Gründen jeweils aufs neue eine Brücke zu jedem Mitglied unseres Bundes. Sie zeigen auch nach Inhalt und Form die beachtliche Bandbreite eines Lebensbundes, gebildet aus Jungen, Älteren und Alten, Aktivitas und Altherrenschaft, in lebendiger Gemeinschaft vereinigt." - so bewertet unser AHx Max Gögler (Ala.bl. Nr. 98, 1998, S. 17) die Bedeutung der Alamannenblätter. Band, Brücke, Bindeglied - damit ist die stolze Aufgabe unserer Alamannenblätter treffend beschrieben.

Aber eine weitere Funktion der Alamannenblätter darf nicht vergessen werden: die Alamannenblätter sind das Gedächtnis unserer Verbindung. Vorliegende Festschrift wäre nicht möglich gewesen ohne Rückgriff auf die Alamannenblätter. Mehr noch: Wer ein altes Alamannenblatt in die Hand nimmt, der wird wiedererinnert an Bundesbrüder und Geschehnisse, die fast schon aus der Erinnerung verschwunden sind. Grund genug um nostalgisch zu werden ...

Allerdings ist es mit „ein Alamannenblatt in die Hand nehmen" nicht so einfach. Zwar steht im Archiv ein gebundenes Exemplar mit allen Heften, aber wer kommt da schon dran? Doch bietet die digitale Zeit einen hoffnungsvollen Blick: Bb Axel Gschwind hat begonnen („Machbarkeitsstudie"), alle Alamannenblätter zu digitalisieren und auf der Homepage Alamannias zum Abruf bereit zu stellen - ein aufwendiges Unterfangen. Ein Anfang kann auf www.alamannia.de im Mitgliederbereich angesehen werden. So kann dann jeder Bundesbruder leicht in allen Alamannenblättern blättern. Es ist höchst verdienstvoll, dass Axel damit wieder ein Stück der Geschichte Alamannias verfügbar macht.

---

[1] Bio siehe Seite 13

Veränderungen

Blättert man in alten Alamannenblättern, dann fällt - über die jeweiligen Inhalte - doch so einiges auf. Zunächst: Je weiter man zurückblättert, desto weniger und in der Qualität bescheidener werden die Fotos - in den älteren Nummern finden sich oft nur ein oder zwei Bilder, und diese sind Porträtaufnahmen (oft Nachrufe und Jubiläen). Die heutige gewichtigere Bebilderung liegt nicht nur daran, dass wir seit der Nummer 110 (Juni 2004) auch Farbfotos verwenden, sondern gleichermaßen an der sich kontinuierlich verbessernden Drucktechnik. Außerdem: auch die Alamannenblätter wollten sich dem allgemeinen Trend zu einer visuellen Welt nicht verwehren - eine „Bleiwüste" (= Seiten ausschließlich mit Text) sind für jeden Schriftleiter ein Gräuel. In jüngster Zeit hat dann die Digitalfotografie Bilder schnell und in großer Zahl und damit auch zur Auswahl ermöglicht.

Eine zweite deutliche Veränderung stellen die Berichte aus dem Aktivenleben dar: In den alten Blättern erfährt man sehr wenig über das, was die Aktivitas unternommen hat. Das Alamannenblatt war das „Mitteilungsblatt des Altherrenvereins Tübinger Alamannen". Das ist es auch heute noch - siehe die Unterzeile direkt unter „Alamannenblätter". Aber: Viel stärker sind heute unsere Aktiven mit Berichten und Bilder vertreten. Und auch viel weiter vorne. Das ist gut so und gewollt: Wir sind ein Lebensbund - und spannend ist es außerdem, was unsere Jungen heute so alles unternehmen!

Wer aufmerksam die Deckseite jedes Alamannenblattes betrachtet, findet dort nicht nur die inzwischen auf 146 angewachsene Heftnummer, sondern auch den Hinweis „Neue Folge". Und diese Neue Folge begann mit dem Heft 1 im Jahr der Wiederbegründung der Alamannia 1948. Aber was war davor? Und jetzt wird es schwierig: Ja, es gab von 1926 bis zur Auflösung der

Verbindung im Dritten Reich 1935 eine erste Folge der Alamannenblätter. Schon immer fanden sich einzelne Hefte verstreut in den Schränken auf dem Haus, vollmundig als „Archiv“ bezeichnet. Wie so vieles schien die systematische Sammlung aller Nummern wohl bei der Auflösung der Verbindung und dem Verkauf des Hauses verloren gegangen. Jedoch die gute Nachricht: Es ist Bb Axel Gschwind jüngst gelungen, bei einer Durchsicht des Archivs tatsächlich eine komplette Sammlung der alten Alamannenblätter (1928 bis 1935, vier Hefte pro Jahr) wieder aufzufinden. Sie sollen digitalisiert und dann auf der Homepage Alamannias zum Abruf bereit zu stellen.

Aber auch schon vorher gab es regelmäßige Berichte von Alamannia: im „Correspondenz-Blatt“ des Verbandes der katholischen Studenten-Vereine Deutschlands, dem Vorgänger der Akademischen Monatsblätter. Dort wurde

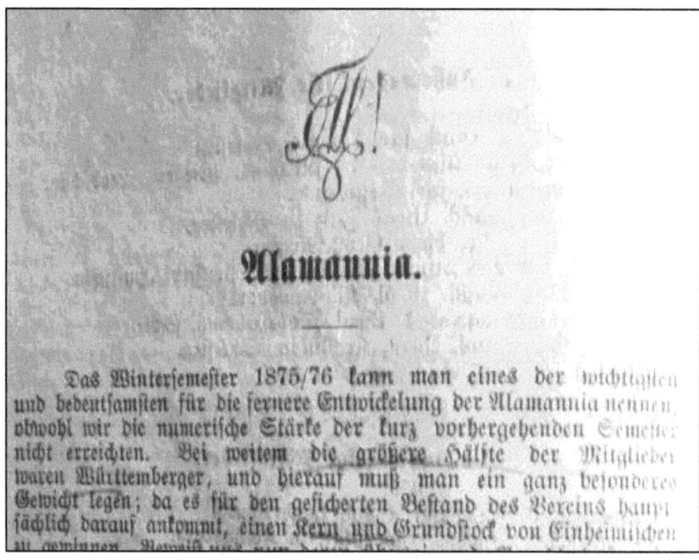

Alamannia.

Das Wintersemester 1875/76 kann man eines der wichtigsten und bedeutsamsten für die fernere Entwickelung der Alamannia nennen, obwohl wir die numerische Stärke der kurz vorhergehenden Semester nicht erreichten. Bei weitem die größere Hälfte der Mitglieder waren Württemberger, und hierauf muß man ein ganz besonderes Gewicht legen; da es für den gesicherten Bestand des Vereins hauptsächlich darauf ankommt, einen Kern und Grundstock von Einheimischen

beispielsweise in Nr. 23/Juni 1876 unter „Nr. 8 Alamannia, zu Tübingen“ im Stile unseres heutigen „Rückblick auf das vergangene Semester“ von den Veranstaltungen berichtet: dass auf dem Lesetisch verschiedene Tageszeitungen auslagen, wer Vorstand war, und schließlich eine Liste der Mitglieder.

Rückblick eines ‚alten Schriftleiters‘

Ich kann mich nicht mehr daran erinnern, wie ich dazu gekommen bin. Mit Sicherheit hat unser unvergessbarer Alfred Haile seine Finger im Spiel gehabt. Ich glaubte, ich sollte eigentlich nur einige Manuskripte an Josef Forderer bringen, der damals kurzfristig nochmals als Schriftleiter eingesprungen war. Er nahm mich zur Druckerei der Tübinger Chronik mit, nahm dort seinen grauen Mantel von einem Nagel an der Wand, ließ sich und mir eine Flasche Bier bringen, und dann weihte er mich in den Umgang mit den Metteuren in der Setzerei ein. Seinen Ton, geübt in jahrzehntelanger Redakteurstätigkeit, konnte ich wohl nie übernehmen. Auf jeden Fall beeindruckte es mich sehr, wie vom Lehrling bis zum Leiter der Setzerei alles auf sein Kommando hörte, sofort für ihn einen Arbeitsplatz freimachte und er die Artikel unmittelbar an der Linotype in die Maschine diktierte. Und dabei muss ich wohl übersehen haben, „nein“ zu sagen - so wurde ich Schriftleiter der Alamannenblätter.

In der Nr. 48 vom Mai 1973 taucht mein Name erstmals als Schriftleiter auf. Die letzte von mir zu verantwortende Ausgabe war die Nr. 88, erschienen im Mai 1993. Meine Berufung auf den Lehrstuhl Erwachsenenbildung/Andragogik an der Universität Bamberg ließ es nicht mehr zu, diese Aufgabe weiter auszuführen. 41 Alamannenblätter, 20 Jahre Leben - das kann einen im Rückblick durchaus nachdenklich machen.

Schriftleiter der 100 Alamannenblätter

Zwei unumstößliche Termine gibt es im Leben jedes Schriftleiters:

- 14 Tage vor dem Stiftungsfest müssen die Alamannenblätter in den Händen der Mitglieder sein. Denn sie enthalten die satzungsgemäße Einladung zu den Konventen mit den Tagesordnungen - damit spart man sich das Porto für eine separate Einladung. Und mit unseren vielen juristisch versierten Bundesbrüdern konnte man sich da keinen Verzug leisten.
- Der zweite Termin: Die Alamannenblätter müssen vor Weihnachten angekommen sein: Damit verbindet sich die Hoffnung, dass in der besinnlichen Weihnachtszeit jeder Bundesbruder zum Lesen kommt und sich als Alamanne angesprochen und an seine „wonnevolle Jugendzeit“ erinnert fühlt.

Eine Reihe von Bundesbrüdern hat in den vergangenen 75 Jahren Verantwortung für unser Vereinsblatt getragen:

Am Anfang stand - und die Älteren werden sich mit Sicherheit an diese Persönlichkeit erinnern - *Dr. Josef Forderer*, sein Leben lang Redakteur und Journalist aus Berufung und Profession (Nr. 1/1948 bis Nr. 21/1959);

Dr. Franz Schlichte wurde Schriftleiter mit der Folge 22/1960. Auch damals - dies mag manche unserer romantischen Erinnerungen korrigieren - war es offensichtlich leichter, ein Amt zu bekommen, als es abzugeben: In der Nr. 34 erscheint er letztmals als Schriftleiter, ein Nachfolger konnte aber nicht gefunden werden. In der Nr. 35 (S. 575) wird dann erklärt, dass er noch die nächsten zwei Nummern kommissarisch betreuen würde. Seine Herausgeberschaft dauerte bis Nr. 36/1966.

Mit der Nr. 37/1967 übernahm *Franz Josef Gerster* die Schriftleitung bis zur Nr. 46/1972.

Die Nr. 47/1972 wurde nochmals von *Josef Forderer* herausgegeben.

Und dann beginnt im Mai 1973 - siehe oben - meine Schriftleiterzeit (*Jost Reischmann*) bis 1993. Mit Erstaunen habe ich festgestellt, dass meine Herausgeberschaft die längste in dieser Serie von jetzt 146 Nummern war - hinzu kommt die „Reaktivierung“ mit acht Heften (2009-2013).

Die Nr. 89 und 90 wurde von *Wolfram Grupp* herausgegeben.

Im Dezember 1994 übernahm mit Nr. 91 *Matthias Schwenzer* die Schriftleitung. Die technischen Dinge - Layout, Druckbeauftragung, Korrektur - übernahm von 1993 bis 2000 Bb Paul T. Müller, prädestiniert dafür als Presseachivar beim Schwarzwälder Boten.

Hubert Kotzur war verantwortlich für die Nummern 111 (Dezember 2004) bis 120 (Juni 2009). Bei ihm besonders eindrucksvoll: Seine umfangreichen und gründlichen „Berichte von der Universität“.

Mit Nummer 121 konnte ich nochmals - jetzt emeritiert - die Schriftleitung übernehmen, bis zur Nummer 128 (Mai 2013).

Dann übernahm wieder *Matthias Schwenzer* die Redaktion (bis Nr. 135, Dez. 2016).

Und wieder wurde dann ein „Alter“ reaktiviert: Für die Nummer 136 sprang *Hubert Kotzur* nochmals ein.

Ab Nummer 137 (Dez. 2017) wurde dann vieles neu: Zwei Schriftleiter grüßen mit Bild auf Seite 2 der folgenden Alamannenblätter: *Julian Aleker* und *Clemens Ackermann* hatten jetzt die Verantwortung gemeinsam übernommen. Und mit neuem Layout und Gestaltung den Alamannenblättern neues Ansehen eingehaucht. Wer hat es gemerkt: Ab Nr. 140 heißt es nicht mehr „Alamannenblätter“, sondern „Alamannenblatt“.

Ab Nr. 140: Singular statt Plural

Alamannenblätter

Mitteilungen des Altherrenvereins Tübinger Alamannen

Neue Folge 139 Tübingen, im Dezember 2018

Alamannenblatt

Mitteilungen des Altherrenvereins Tübinger Alamannen

Jahrhunderttechnik abgelöst

Zwei Phasen müssen bei der Herstellung des Alamannenblattes unterschieden werden: Zunächst muss der Schriftleiter - und dabei helfen Altherrensenior, Aktivensenior und Ortzirkelvorsitzende - die notwendigen Texte und Bilder einsammeln. Außerdem muss sich der Schriftleiter überlegen, ob er selbst Beiträge schreibt bzw. Nachdrucke aus anderen übernimmt. Diese Arbeit bedeutet fragen, anrufen, betteln, drohen: Dies hat sich seit der ersten Nummer unserer Alamannenblätter bis heute kaum verändert.

Dass alle Schriftleiter ihr Leidlied über diese Arbeitsphase singen können, könnt Ihr euch vorstellen. Deshalb ein Appell: Wenn Ihr vom Schriftleiter, vom Senior oder vom Ortszirkelvorsitzenden gebeten werdet, einen Nachruf, eine Gratulation oder einen sonstigen Bericht für die Alamannenblätter zu schreiben, dann helft mit! Unser Blatt lebt von solchen Berichten. Es erleichtert die Arbeit als Schriftleiter ungemein, wenn Berichte rechtzeitig zusammen mit Fotos eingehen, in einer Form, die sofort für den Druck genutzt werden kann.

Wenn die Manuskripte und Fotos (fast) komplett sind, dann beginnt die zweite Arbeitsphase: Bis 2000 bedeutete das; Die Texte müssen zur Druckerei, dort gesetzt, in ein Layout gebracht und gedruckt werden. In diesem Bereich haben sich seit 1973 tatsächlich Jahrhundert-Veränderungen ergeben. Als mich Bundesbruder Forderer 1973 zum ersten Mal in die Druckerei der Tübinger Chronik direkt am Neckar brachte, da beeindruckte mich das kochende Blei, das wie weiland bei Gutenberg in Buchstaben gegossen wurde. Linotype-Maschinen produzierten den Blei-Text zeilenweise, diese Zeilen wurden seitenweise zusammen mit Bildern mit Schnur zusammengebunden, und die damit entstandenen Seitenpakete wurden dann gedruckt.

Die Nr. 64 im Mai 1981 war das letzte Alamannenblatt, das in dieser alten Technik gedruckt wurde. Die „Bleizeit" war damit zu Ende, der „Lichtsatz" begann. Mit dieser technischen Änderung führte ich zwei Neuerungen ein: Die Schrift wurde größer - freundlicher für die Augen nicht nur älterer Leser, und ab Nr. 67 stellte ich auf dreispaltigen Druck um. Kürzere Zeilen sind leichter lesbar, und ein dreispaltiges Layout bietet mehr Gestaltungsmöglichkeiten. Deutlich erkennbar ist die Verbesserung sowohl im Druckbild als auch bei der Fotowiedergabe. Wer noch irgendwo ein Alamannenblatt von vor 1981 findet, möge es neben die neueren Ausgaben legen: Der Unterschied ist unübersehbar.

Mit dem Lichtsatz einfacher geworden war auch die Korrektur- und Umbrucharbeit. Druckfehler mussten nicht im Blei ausgemerzt werden, sondern im elektronisch gespeicherten Text, der dann wieder ausbelichtet wurde. Umlernen war angesagt für alle Jünger Gutenbergs, die nun statt mit Blei mit Elektronik arbeiten mussten. Ein ganzer Berufsstand wechselte seine Kunst; die Arbeitsplätze bei der Tübinger Chronik waren nicht wiederzuerkennen.

Dennoch mussten die Texte auch in den achtziger Jahren immer noch von Hand in der Druckerei erfasst werden. Noch 1993 war es nicht denkbar, Texte auf Diskette selbst zu speichern und diese dann der Druckerei zur Verarbeitung zu geben. Immer wanderte ich mit einem Mäppchen voll Papiermanuskripten und Fotografien in die Druckerei. Undenkbar war damals, was heute selbstverständlich ist: Textdateien und sogar Fotos per Internet direkt der Druckerei zuzuleiten und damit das Abtippen in der Druckerei zu vermeiden. Damals musste der Schriftleiter manches mal kurz vor den Druckterminen vor Weihnachten und vor dem Stiftungsfest in der Druckerei betteln gehen, damit der per Bundespost zugeschickte Nachruf aus Schwäbisch Gmünd oder das Foto aus Ravensburg doch noch zuguterletzt irgendwo rechtzeitig in unser Blättle hineinkam. Wie schnell sich die Zeiten ändern!

Und dann kam auch Farbe ins Blatt. Die Nummer 110 (Juni 2004) war die erste mit Farbbildern auf dem Titelblatt. Und auch da wieder schwäbisch-sparsam: Nur dieses eine Foto war in Farbe (kostet ja Geld!). Erst später stellte es sich heraus, dass zum gleichen Geld auch vier Seiten in Farbe gedruckt werden konnte. Und ab Nr. 127 (Dezember 2012) war dann das ganze Heft in Farbe. Der AH-Vorstand hat dem geringen Mehrpreis zugestimmt mit dem Argument: Für viele BbBb ist das Alamannenblatt der einzige Kontakt zur Verbindung - dann soll es auch ansprechend sein!

Die Entwicklung ging weiter. Immer wieder wurden die „hohen“ Kosten der Druckerei kritisiert. Da hätte auch ein billigeres Papier („Muss es denn das teure reinweiße-holzfrei Papier sein?“) gerade mal 50 Euro pro Heft gespart. Ein grundsätzlich neuer Ansatz war gefragt. Bb Luckey machte dem Altherrenvorstand den revolutionären Vorschlag: Da alle Texte ohnehin schon digital als computergeeignete Dateien vorliegen mussten, könnte man den „Umbruch“, das Arrangieren von Text und Bildern und den Seiten auch selbst am PC anfertigen; entsprechende Programme waren verfügbar. Allerdings: Man musste sie auch bedienen können! Und allen Zögerlichkeiten und Zweifeln zum Trotz: Bb Luckey schaffte es! Die von ihm erstellte Datei wurde per Internet an einen Druckdienstleister geschickt, und nach wenigen Tagen lag ein dickes Packet mit den sauber gedruckten Alamannenblättern auf dem Haus. Voll Stolz konnte unser Schriftleiter Matthias Schwenzer in der Nummer 133 vom Dezember 2015 vermelden: „Um erheblich Druck- und Satzkosten zu sparen, haben wir Layout und Druck erstmalig in Eigenregie gemacht. Es war dies eine Idee von Bb Christoph Luckey, der bis auf weiteres auch die Layout-Arbeit übernimmt.“ - diese nicht zu unterschätzende Layout-Arbeit hat er für zehn Hefte geleistet. Natürlich mussten dann noch Feinkorrekturen, zum Beispiel Größe der Schriften bei Überschriften und Unterüberschriften, Einrückungen, Leerräume, Intensität der Farben, bei den nachfolgenden Nummern durchgeführt werden: die Geheimnisse der Jünger der schwarzen Zunft, der Schriftsetzer und Drucker, ließen sich erst nach und nach entschlüsseln. Aber: der nächste Innovationsschritt war getan. Und dass die Herstellungskosten nur noch einen Bruchteil betrugen, freute nicht nur unseren Kassier.

Pannen, Pech und Druckfehlerteufel

Die ganz großen Pannen blieben glücklicherweise aus. Immer gelang es, das Alamannenblatt rechtzeitig vor dem Stiftungsfest und vor Weihnachten auf den Weg zu bringen. Mit einer Ausnahme: Als die Deutsche Bundespost die „Drucksache" abschaffte, schnellte der Versandpreis pro Alamannenblatt plötzlich von 0,60 auf nahezu 2,00 DM hoch. Bei fast 500 verschickten Exemplaren machte dies gewaltige Mehrkosten aus. Deshalb erschien mir die Idee der Aktivitas nicht schlecht, dass sie in Städten, in denen viele Bundesbrüder und Aktive wohnten, die Alamannenblätter vor Weihnachten selbst zustellen wollten. Mitte Januar fand ich dann noch ein Paket mit ca. 100 Alamannenblättern - adressiert und im Umschlag - auf dem Haus liegend. Gut, dass niemand hörte, was ich dabei zum Ausdruck brachte.

Wer das Alamannenblatt Folge 79 sucht, hat Schwierigkeiten: Ich hatte übersehen, die Numerierung auf dem Titelblatt weiter hochzuzählen. Jetzt gibt es die Nr. 78 zweimal, und es geht dann gleich mit der Nr. 80 weiter. Es tröstet, dass nicht nur mir dieser Fehler passierte: Auch die Nr. 98 gibt es zweimal, aber keine Nr. 100. Und dann die Nummer 143 und 143a …

Natürlich war auch der Druckfehlerteufel nicht untätig, aber die richtig schlimmen Fehler konnten wohl immer rechtzeitig abgefangen werden, so z.B. als aus „nicht-katholischen" Studierenden „nicht-alkoholisierte" geworden waren. Auch der Alptraum, dass Fotos aus Nachrufen mit Fotos aus Gratulationen verwechselt worden wären, passierte nicht .

Eine Menge Text passt in unser Alamannenblatt. Wenn ich mich recht erinnere, entspricht eine Druckseite drei Schreibmaschinenseiten. Das längste von mir herausgegebene Alamannenblatt, die Folge 83/1990, umfasst 32 Seiten: Alfred Haile war mit einem Festkommers zum 80. Geburtstag als Philistersenior verabschiedet worden, was mit vielen Beiträgen und Fotos gewürdigt wurde; in der gleichen Nummer gedachten wir des Todes unseres Bb Gebhard Müller. Die Textmenge hätte leicht in kleines Taschenbuch gefüllt.

Vor allem unser Kassier freute sich über Hefte, die lediglich zwölf Seiten lang waren, wie etwa die Nr. 58 im Mai 1978. Den Rekord schaffte die Nummer 140 (Juni 2019) mit 40 Seiten! Und ein anderer Extremwert folgte: Nummer 144, Juni 2021, das „Corona Extra"-Blatt - , hatte magere acht Seiten.

Was so alles war ...

Schaue ich heute das Bild von mir als jungem Bürschchen auf der Vorderseite von Nr. 51 an, blättere ich heute alle Alamannenblätter durch, dann überkommt mich ein nachdenklich-nostalgisches Gefühl. Und nicht nur den Bundesbrüdern, die in den 60er und 70er Jahren mit mir aktiv waren, wird es ähnlich gehen. Wie hat sich die Welt verändert - damals unabsehbar, unbekannt, Herausforderung für uns, heute schon Geschichte, nicht rückholbare Vergangenheit.

Die Alamannenblätter haben einiges an großen und kleinen Erinnerungen dokumentiert. Eindrucksvoll in den frühen Nummern die Beschreibung der schrittweisen Rückgewinnung des Hauses (vor allem die Nummern 4 - „die Frage der Wiedererlangung unseres Hauses“, 5, 6, 9, 10 - „Alamannia bezieht wieder ihr Haus“). Und immer wieder stellt Bb Josef Forderer als Schriftleiter alte Persönlichkeiten Alamannias vor (z. B. Heft 16, 43). In Nummer 28 (1963) und 29 erklärte die „Historische Kommission“, wie und warum sie das Gründungsdatum unsere Verbindung festgelegt hat. Im Dezember 1968 (Nr. 39) berichtet der Titelbericht über „Studentendemonstrationen und kein Ende - Korrekte Rechtspflege unter dem Vorsitz von Amtsgerichtsdirektor Haile“.

Die Nummern 44 und 45 standen ganz im Zeichen des 100. Stiftungsfestes. In Nummer 49 (Mai 1973) verabschiedete Alamannia das langjährige Hausmeisterehepaar Grieshaber. Nr. 54 macht Werbung für eine Schallplatte des Alamannenchors. Die Nr. 55 (Dez. 76) berichtete S. 13: „Der Demonstrationszug (von der Neuen Aula gegen das Ersatzgeld) stoppt beim „Tengelmann“ (heute unteres Ende der Neckarbrücke), die Teilnehmer setzen sich teilweise auf der rechten Fahrbahnhälfte nieder, so dass der Rush-Hour-Verkehr in diese Richtung blockiert war. Und da geschieht das Überraschende und in Tübingen bisher Einmalige: Ohne Vorwarnung wie dies sonst bei Einsätzen dieser Art Brauch und Pflicht ist, geht die Polizei in Kampfformation vor und räumt mit rücksichtsloser Härte unter Einsatz des Schlagstocks, die Straße ... Es kommt zu Szenen, wie sie bislang nur aus Berlin, Frankfurt oder Heidelberg bekannt sind: Zwei Polizisten werfen einen sich widersetzenden Studenten zu Boden, ein dritter prügelt auf ihn ein ...“.

In Nr. 58/Mai 78 findet sich eine Liste von 50 Philistrierungen - manche wollten partout nicht vom Inaktiven zum AH werden, so dass der Vorstand etwas nachhelfen musste. Die Nummern 66 und 67 (1982) berichten von der VV in Tübingen, und ein Foto auf S. 9 zeigt alle jungen Väter und Mütter der Verbindung mit den „Kleinen“ - heute haben sie das Studium hinter sich, sind im Amt und Würden und oft schon selbst Eltern. 1984 (Heft 71) übernimmt Alamannia zum fünften Mal den Vorort; im gleichen Heft wird stolz der neue Kommerssaal präsentiert. „Dem Haile zum Preise“ rühmt ihn Heft 73 (1985) zum 75. Geburtstag, Heft 76 (1987) hatte mit dem letzten Rundschreiben unseres Hausvereins von 1943 ein bedrückendes Dokument ausgegraben. Nr. 80 (1989) berichtet vom Umbau der Studentenzimmer unterm Dach, und 1992 (Nr. 86 und 87) wurde das „neue Sommerfest" - „Buntes Treiben statt steifem Reigen"- dargestellt (die traditionellen Stiftungsfestbälle waren kaum mehr besucht worden). Im Mai 1994 (Heft 90) beginnt die Diskussion über „Vollwichs-Ja oder Nein". Ein abenteuerliches Unterfangen startete im Mai 2013 (Heft 128): eine Spendenaktion „Club der Tausender". Darüber wird an andere Stelle dieser Festschrift berichtet, ebenso über die Renovierung unserer Burg.

Für einen nostalgischen Rückblick ...

Schriftleiter Alamannias zu sein ist schon etwas Besonderes. Einerseits ist es einfach eine Arbeitscharge im Hintergrund. Andererseits erreicht man alle Bundesbrüder, ist „Verbindung", und hat zwei Mal im Jahr ein dauerhaftes Produkt in Händen, ist „Gedächtnis" unserer Verbindung. Natürlich ist dieses Amt mit Arbeit verbunden, aber gleichzeitig hat man Kontakt mit vielen Bundesbrüdern, die zum Alamannenblatt beitragen: Vorstand, Zirkelvorsitzende, Gratulations- und Nachrufschreiber - und natürlich mit der Aktivitas. Und deshalb ist man einerseits froh, wenn man dieses Amt abgeben kann, andererseits bekannte jeder der ehemaligen Schriftleiter, dass man diese Amt auch mit Wehmut abgibt.

Ehrungen, Nachrufe; Aktivenberichte, Vorträge, Semesterberichte ... unsere bis jetzt 146 Alamannenblätter dokumentieren getreulich, was in unserer Verbindung geschehen ist - sind Band, Brücke, Bindeglied, und Gedächtnis unserer Verbindung.

Und sie richten den Blick auf das, was mit uns geschehen ist - et nos mutamus in illis. Unumkehrbar ist ein Stück unseres Lebens Vergangenheit, Geschichte. Examen, Eheschließung, Kinder, beruflicher Fortschritt, Enttäuschungen und Hoffnungen haben jeden von uns begleitet. Alamannia hat jeden von uns in irgendeiner Weise berührt und getragen. Schön, irgendwann wieder mit Euch singen zu können:

... krasses Füchslein saß ich schlank
in der Kneipe wieder
und im vollen Chore klang
laut das Lied der Lieder:
Gaudeamus igitur, juvenes dum sumus ...

Fest zu unsrer Burg wir stehen
Sie ist uns lieb und teuer!

Helmut Kiener[1]

Wie bei den meisten der im 19. Jahrhundert gegründeten Studentenverbindungen fand auch bei Alamannia das Verbindungsleben in den ersten Jahren in verschiedenen örtlichen Gasthäusern statt. Das starke Wachstum der Aktivitas und mit ihm das steigende Ansehen, dessen sich Alamannia um die Jahrhundertwende erfreute, verlangten schon bald ein anderes Heim, als das bis dahin gemietete Haus in der Herrenberger Straße zu bieten vermochte. Hinzu kam, dass der Eigentümer, Bierbrauer Marquardt, die Verbindung wiederholt wissen ließ, dass er das Gebäude für seine umfänglichen Bauvorhaben, nämlich die Erweiterung seiner Brauerei benötige und es deshalb gerne sehen würde, wenn Alamannia von ihrem Vertrag zurücktreten und nach einem anderen Heim Ausschau halten würde.

Man befand sich mitten in der großen Bauaktion von Studentenhäusern, die im Jahr 1900 auf 15 angewachsen waren. Wollte Alamannia im Wettbewerb mit der Tübinger Studentenschaft bestehen, musste auch sie zugreifen. Daher wurde zwischen der Aktivitas und der Altherrenschaft der Bau eines eigenen Hauses eingehend erörtert. Bei einem Treffen im Jahr 1901 in Plochingen wurde die Gründung des „Hausvereins Alter Tübinger Alamannen" beschlossen. Kreativ wurden die finanziellen Verpflichtungen gelöst: Mitglieder konnten alle Ehrenmitglieder, Philister und Mitglieder der Alamannia sowie des KV werden, die sich verpflichteten, Beiträge von mindestens 50 Mark zu zahlen oder auf 10 Jahre ein unverzinsliches Darlehen von mindestens 200 Mark oder ein zu drei Prozent verzinsliches Darlehen von mindestens 500 Mark für den Hausbau zu geben, oder sich auf die Dauer von mindestens 10 Jahren verbindlich verpflichteten, einen Jahresbeitrag von mindestens10 Mark zu leisten. Bei der Versammlung am 26. Januar 1902 in Nürtingen wurden Oberlandesgerichtsrat Schanz, Stuttgart, als Vorsitzender, Prof. Bökeler, Ravensburg, als Kassier und Justizrat Jehle, Rottenburg, als Schriftführer, gewählt.

Unglaublich: vom Plan 1901 zum Einzug 1904

Nachdem der Versuch, ein Haus zu kaufen, gescheitert war, fasste man den Neubau eines Hauses ins Auge. Im März 1902 erwarb der Hausverein für 10.170 Mark einen Bauplatz in der Biesingerstraße. Kurz danach wurde der

---

1 Helmut Kiener, geb. 1949 in Stuttgart, trat im WS 1974/75 in die Alamannia ein. Im SS 1975 war er Fuxmajor. Derzeit ist er Mitglied des Altherrenvorstands als Altherrenconsenior.

Bauinspektor Joseph Bayer aus Stuttgart mit der Planung beauftragt. Sein neuromantisch geprägter Entwurf wurde auf einer Philisterversammlung „für vortrefflich gefunden“. Schon im April 1903 begannen die Erdarbeiten. Die Bauarbeiten verliefen derart zügig, dass sie schon im Frühjahr 1904 abgeschlossen werden konnten.

Alamannenhaus, eingeweiht Pfingsten 1904

Mit Beginn des Sommersemesters 1904 wurde das neue Haus bezogen, und an Pfingsten fand mit einem glänzenden Fest die feierliche Einweihung statt. Die Gesamtkosten, einschließlich Bauplatz, betrugen 74.000 Mark. Nur wegen der beispielhaft großzügigen Spendenbereitschaft der Altherrenschaft konnte dieser Betrag gestemmt werden.

Dass in dieser Welt nichts für die Ewigkeit gebaut ist, zeigte sich bereits in den 1920er-Jahren mit der Renovierung des Kneipsaals, des Kaffeezimmers und der Küche im Jahr 1926. Aufgrund des starken Mitgliederwachstums war auch die Erweiterung der Gesellschaftsräume dringend erforderlich geworden. Daher wurde bereits 1931 im ersten Obergeschoss durch das Zusammenlegen von Studentenzimmern ein großer Raum von 54 qm geschaffen, der durch Schiebetüren variabel gestaltet werden konnte.

Zwangsverkauf und Wiedererwerb

Während des Dritten Reichs hatte unser Haus eine wechselvolle Geschichte. Auf Druck der Machthaber und um der Enteignung zu entgehen, musste es 1941 verkauft werden. Im Verfahren vor der Restitutionskammer des Landgerichts Tübingen konnte in einem gerichtlichen Vergleich am 30. Dezember 1950 erreicht werden, dass das Eigentum am Haus gegen die Zahlung von 10.000 DM wieder an den Hausverein überging. „Der Kampf um die Freigabe unseres Hauses“ lautete eine Überschrift im Alamannenblatt Nr. 9, Januar 1953: „Unser aller Wunsch wäre es gewesen, wenn bis zu unserem 80. Stiftungsfest der Hauptteil unseres Hauses uns zur Verfügung gestanden wäre und wenn wir einige gemütliche Stunden auf unserem Haus hätten verbringen und alte Erinnerungen wachrufen können“ schrieb Alfred Haile als Einleitung seines Berichtes; dabei stellt er die vielen, uns heute kaum mehr nachvollziehbaren kleinen Schritte dar, wieder zu einem nutzbaren Verbindungshaus zu kommen: „Nicht zuletzt möchte ich unserem lieben Bb Späth danken, der das Klavier über die ganzen Jahre treu besorgt bei sich aufbewahrte und dieses nun auf seine Kosten im Laufe des Monats Juli 1952 auf das Haus schaffen ließ, wo es an seiner alten Stelle wieder seinen Dienst tut.“(!)

Gleichwohl konnte das Haus von der Verbindung zunächst nicht genutzt werden, da es bis unters Dach mit mehreren Familien belegt war. Aufgrund der damaligen Wohnungsnot gelang es nur in mühsamen Schritten, nach und nach einzelne Räume für die Verbindung frei zu bekommen. Erst im November 1954 wurde das Haus von den Mietern geräumt und stand uns nun wieder uneingeschränkt zur Verfügung. In der Zeit von 1931 bis 1954, als das Haus nicht in unserem Besitz war, hat sein Zustand stark gelitten. Das hatte zur Folge, dass ab 1954 umfangreiche Renovierungsarbeiten durchgeführt werden mussten, die 200.000 DM verschlangen. Anlässlich des Stiftungsfests im Juni 1958 konnte das Haus in erneuertem Zustand der Aktivitas feierlich übergeben werden.

In diesem Zusammenhang muss man Kartellbruder Hans Schilling besonders lobend erwähnen. Über viele Jahre hinweg betreute er die Alamannenburg als „Hausarchitekt“. Ab Anfang der 1950er Jahre engagierte er sich für den Erhalt und die Renovierung des Hauses. Ohne seinen unermüdlichen Einsatz und seine hohe fachliche Kompetenz wären die umfangreichen Renovierungsarbeiten damals nicht möglich gewesen. Als Dank und Ehrung ernannte Alamannia ihn im November 1970 zum Ehrenphilister.

Die Arbeiten am Haus nahmen deshalb aber kein Ende. Nach der Innensanierung folgte 1966 die dringend erforderlich gewordene Außensanierung. Dabei wurde das Haus samt Turm eingerüstet und mit einem Aufwand von 60.000 DM renoviert. Bei dieser Gelegenheit wurde auch die hölzerne Treppe zum Turm durch eine neue mit Stahlgerüst ersetzt.

Das „Burgstüble“ - ohne es geht nicht mehr

Der Altherrenvorstand war keineswegs erfreut, als ein junger Aktiver mit viel Energie ihr Territorium bedrohte: Zwischen „Damensaal“ im ersten Stock und der Treppe zum Obergeschoss hatte er zwei Zimmer ausgemacht, die lediglich zu zwei AH-Sitzungen pro Jahr und als „Archiv“ (nicht) genutzt wurden. Doch der Initiative und Tatkraft des damaligen Fuxmajors Helmut Kiener konnten sie wenig entgegensetzen. Und so nahm das „Burgstüble“ seinen Verlauf: 1975 wurde die Wand zwischen dem Altherrenzimmer und dem Archivraum im ersten Obergeschoss herausgerissen und die Räume zusammengelegt. So entstand das „Burgstüble“.

Bewundernswert war, wie über Jahrzehnte hinweg junge Aktive „ihr“ Haus renovierten: in Eigenleistung wurden von der Aktivitas die hölzerne Wandverkleidung sowie die Maler- und Tapezierarbeiten erbracht. Und der nächste Schritt: In langen und zähen Verhandlungen mit unserem damaligen Bierlieferant, der Hirsch-Brauerei in Wurmlingen bei Tuttlingen, ist es Helmut Kiener schließlich gelungen, dass die Brauerei die Kosten der Möblierung übernahm: eine Theke mit Spülbecken und Kühlfächern, Barhocker, Lampen, Eckbank, Stühle sowie zwei maßangefertigte Tische mit massiven Eichenplatten. Die komplette Innenausstattung war aufeinander abgestimmt und in sich stimmig. Dadurch wurde das „Burgstüble“ von Anfang an zu einem neuen und gemütlichen Treffpunkt, in dem seither unzählig viele und unvergessliche Feste gefeiert wurden und vermutlich noch lange werden. Seit seiner Einweihung 1975 hat das „Burgstüble“ nichts von seiner Beliebtheit bei Bundesbrüdern und Gästen eingebüßt – es ist ein geselliger Mittelpunkt des Alamannenhauses. Als Dank und Anerkennung für sein Engagement bekam der Verfasser im WS 1975/76 einen Weinzipfel mit der Gravur: „Alamannia i. lb. Bb Helmut für die Errichtung des Burgstüble“.

Der neue Kommerssaal

Die moderne Bahnhofsatmosphäre des Kneipsaals mit Sperrholzfächern an der Decke und Bastgeflecht an den Wänden war allen schon lange ein Dorn im Auge. Nüchterne Moderne unterlag Anfang der 1980er-Jahre dem romantischen Historismus: bei der Aktivitas entstand der Wunsch, den Kneipsaal dem ursprünglichen Zustand wieder anzugleichen. Daher wurde 1984 die alte Balkendecke freigelegt, eine neue Wandvertäfelung angebracht, neue Türen eingebaut und drei große, kunstgeschmiedete Leuchter nebst den passenden Wandleuchten installiert. Diese wurden speziell für unseren Saal in der

Der Kommerssaal beim Frühschoppen 2010

Schmiede-Werkstatt des St. Konradi-Hauses in Schelklingen gefertigt. Mit den Jungs dort haben wir uns manches Fußballspiel geliefert. Einige davon haben wir sogar gewonnen.

Alle waren sich auch in den folgenden Jahrzehnten einig: Unser Kommerssaal ist ein Prachtstück geworden!

Wie sehr der Zahn der Zeit dem Dach und der Außenfassade unserer Burg zugesetzt hatten, wurde von Jahr zu Jahr deutlicher. Zwischen 1997 und 1999 mussten die Schäden in zwei großen Bauabschnitten mit erheblichem Aufwand behoben werden. Dem folgten unmittelbar umfassende Renovierungen im Erdgeschoss, im Treppenhaus, und im ersten Obergeschoss sowie im Dachgeschoß; dort entstanden durch entsprechende Grundrissänderungen drei neue Studentenzimmer; auch erfolgte der Einbau von Internet- und

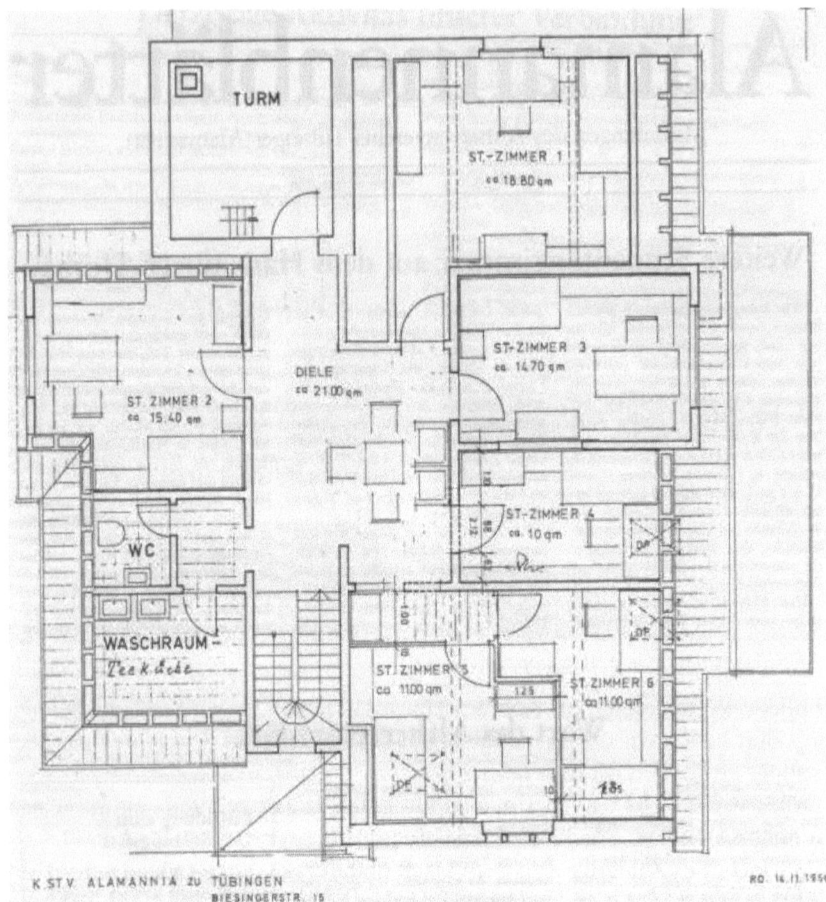

1989: Drei neue Studentenzimmer im Obergeschoss

Telefonanschlüssen für das Wohnheim. Zum SS 2000 konnte die Aktivitas das nach allgemeinem Urteil in ansprechender Weise renovierte Haus wieder in Besitz nehmen.

Drei weitere Studentenzimmer im Untergeschoß

Schon Ende 2006 stand die nächste größere Veränderung im Haus an: Damals wurde die Betreuung des Hauses durch eine Hausmeisterin beendet und mithilfe von Dienstleistern in Eigenregie übernommen. Damit wurde mit der Hausmeisterwohnung im Gartengeschoss zusätzlicher Wohnraum frei und es bot sich nach übereinstimmender Meinung von Aktivitas und Altherrenschaft die Chance, das Wohnheim um drei weitere Studentenzimmer zu erweitern.

Seit dem Wintersemester 2007/08 verfügt das Haus über insgesamt neun Zimmer.

Drei Burgfonds 2009-2011

Aber kaum waren die drei neuen Zimmer fertiggestellt, mussten dringend die Fenster im ersten Obergeschoss ausgetauscht werden. Dem Vorstand war klar, dass dies aus den laufenden Beitragseinnahmen nicht zu finanzieren war. Bei der Suche nach Lösungen kamen der Vorstand und der AH-Konvent zu dem Ergebnis, dass der Beitrag und die Spende derzeit nicht erhöht werden sollten. Auf Vorschlag des AH-Vorstands Max Gögler sollte stattdessen ein sogenannter „Burgfonds" eingerichtet werden, der als Sonderkonto nur für bauliche Maßnahmen am Haus eingesetzt werden sollte. Im Alamannenblatt vom Dezember 2009 wurde jeder Bundesbruder, der wirtschaftlich dazu in der Lage ist, aufgefordert, mit einem Betrag, dessen Höhe er selbst bestimmt, den Burgfonds zu unterstützen. 47 Bundesbrüder spendeten insgesamt 6.300 Euro.

Ermuntert durch diesen Erfolg bat der AH-Vorstand im Dezember 2010 erneut um eine Spende in den Burgfonds. Leider war das Ergebnis diesmal enttäuschend, denn nur 2.935 Euro gingen ein.

Und da aller guten Dinge drei sind, wurden die Bundesbrüder im Alamannenblatt vom Dezember 2011 erneut um eine Spende in den Burgfonds gebeten. Diesmal kamen stolze 8.935 Euro zusammen. Mit den Geldern aus den drei Burgfonds wurden unter anderem im ersten Obergeschoss die alten Fenster ausgebaut und durch schall- und wärmeisolierte ersetzt, das Dach ausgebessert sowie eine neue Gasheizung einschließlich Kessel eingebaut. Durch die neuen Fenster und die moderne Gasheizung konnten die Heizkosten spürbar gesenkt werden.

Jetzt wird es richtig teuer!

Wer aber jetzt dachte, dass die Renovierungsmaßnahmen endlich ein Ende hätten, der sah sich getäuscht. Im Rahmen einer Hausbegehung im Jahr 2012 stellte der AH-Vorstand fest, dass trotz der vielen in den vergangenen Jahren erfolgten Reparaturen neue kostspielige Baumaßnahmen erforderlich sind. Daher erstellten wir zunächst eine Prioritätenliste mit allen erforderlichen Reparaturarbeiten mit dem Ergebnis, dass die Kosten aus den laufenden Einnahmen, aus Beiträgen und Spenden nicht zu stemmen sind. Wir haben uns daher entschlossen, ein Darlehen über 50.000 Euro aufzunehmen.

Aufgrund des Umfangs der Baumaßnahmen war uns bewusst, dass diese eine längere Zeit in Anspruch nehmen würden. Da sich der Verfasser damals seit kurzer Zeit im Ruhestand befand, erklärte er sich bereit, die Arbeiten federführend zu begleiten. Gleichzeitig wussten wir auch, dass wir zusätzlich noch professionelle Hilfe benötigen würden. Die erste Renovierungsphase wurde mit viel Einsatz von Herrn Horst Matzky durchgeführt. Für die zweite Renovierungsphase konnten wir die Innenarchitektin Frau Sieglinde Kost

gewinnen, die über langjährige Erfahrung bei der Planung, Durchführung und Überwachung von Renovierungsarbeiten und ein feines Gespür für Raumgestaltung und Farbkombinationen verfügt. Gemeinsam mit ihr machten wir uns ans Werk.

Ganz oben auf unserer Liste stand die Renovierung des Badezimmers im Gartengeschoss (ehemalige Hausmeisterwohnung), das in einem erbärmlichen Zustand und nicht mehr nutzbar war. Eine Wand war völlig verschimmelt und einige Fliesen waren lose und drohten von der Wand zu fallen. Daher blieb uns nichts anderes übrig, als das Bad komplett zu entkernen und zu erneuern. Bei den Umbauarbeiten stellte sich zu allem Überfluss heraus, dass die Wasserrohre angerostet waren und unbedingt erneuert werden mussten.

Ein weiterer Schwerpunkt der Renovierung lag bei den Fenstern im Gartengeschoss, die durch neue, energiesparende Fenster ersetzt wurden.

Eine Pracht: die alten, neuen Glasfenster

Sodann machten wir uns an die Sanierung des Kneipsaals. Auch hier mussten die uralten Fenster ausgetauscht werden. Mit Harald Kärcher aus Stuttgart konnten wir einen Glasmalermeister ausfindig machen, der uns für das Fenster zur Neckarseite ein sehr schönes neues Wappen gefertigt hat. Zudem hat er auch das Fenster zur Biesingerstraße neu gestaltet. In filigraner Kleinarbeit ist es ihm gelungen, die noch vorhandenen und verwertbaren Teile der ursprünglichen Bleiverglasung, die über Jahrzehnte in einer Kiste auf dem

Dachboden im Dornröschenschlaf lagen, in das neue Fenster zu integrieren. Mit viel Liebe wurden beschädigte Glasstücke repariert oder durch neue ersetzt.

Den unteren Rand des Fensters ziert nun wieder eine Fuchsenreihe, die fast ausschließlich aus Originalteilen besteht. Interessant an dieser Stelle ist, dass Bundesbruder Josef Forderer in seinem Buch „Katholische Studentenverbindung Alamannia Tübingen", schreibt, dass sich die Familie Mayerhausen damals entschloss, das nördliche Glasfenster des Kneipsaals mit zwölf Füchslein fertigen zu lassen. Umso erfreulicher ist es, dass die Füchse damit ihren ursprünglichen Platz wieder eingenommen haben. Im rechten Flügel sind die ebenfalls im Original erhaltenen Hirschstangen und die Stauferlöwen zu sehen.

Durch die neu gestalteten Bleiverglasungen sind die beiden Fenster im Kneipsaal zu richtigen Eye-Catchern geworden, und der Raum hat wieder viel von seiner ursprünglichen Schönheit zurückgewonnen. Man kann ihn mit Fug und Recht als Prunkstück bezeichnen.

Zu den völlig unversehrten und besonders gut erhaltenen alten Glasmalereien zählte insbesondere auch die Darstellung eines wachsamen, uniformierten Polizisten. Es sieht so aus, als schaue er von außen ins Haus, um die Sperrstunde zu kontrollieren. Bundesbruder Forderer schreibt in seinem Buch, dass es sich hierbei um das originellste Bild von allen handelt. Es war ein Geschenk der Bierfamilie „Polypeia" und zierte einst das Fenster in der Schenke. Diese wunderschöne Glasmalerei schmückt nun das Fenster des Frühstückszimmers.

Küche, Küche, Schenke, Geräte …

Als nächste Aufgabe nahmen wir uns die Küchen im zweiten Obergeschoss und Gartengeschoss vor. Beide schrien geradezu nach einer Erneuerung. Insbesondere die Küche im zweiten Obergeschoss war in einem bemitleidenswerten Zustand. Die Küche im Gartengeschoss war zwar noch ganz anschaulich, aber völlig veraltet, und die Gebrauchsspuren waren unübersehbar.

Die Schenke im Kneipsaal bedurfte ebenfalls dringend einer Umgestaltung und Renovierung. Der Warmwasserboiler war beispielsweise defekt und musste erneuert werden, und mit wenigen Umbaumaßnahmen an der Küchenzeile konnten eine neue unterbaufähige Spülmaschine und eine Gläserspülmaschine installiert werden, was von den Hausbewohnern sehr begrüßt wurde, weil damit das benutzte Geschirr zum Spülen nicht mehr einen Stock tiefer in die dortige Küche getragen werden musste.

Es folgte eine Neugestaltung des Zugangs zu den Zimmern im Gartengeschoss. Da die Türöffnungen bereits vorhanden waren und nur freigelegt werden mussten, war dies glücklicherweise ohne große Umbaumaßnahmen möglich. Es mussten lediglich neue Türen eingebaut werden. Durch diese Umgestaltung entstand quasi als Nebenprodukt ein schöner Aufenthaltsraum für die Bewohner des Gartengeschosses.

Schließlich wurde im Gartengeschoss noch eine Waschküche mit Waschmaschine und Trockner eingerichtet.

Das liebe Geld - und viele hilfreiche Bundesbrüder

Die Gesamtkosten der Renovierungsarbeiten beliefen sich auf rund 110.000 Euro. Damit fehlten uns zu dem eingangs erwähnten Darlehen ca. 60.000 Euro. Um diese Lücke zu schließen, starteten Bundesbruder Jost Reischmann und der Verfasser im Dezember 2012 das Projekt „Club der zwölf Tausender für Alamannia" und sammelten damit insgesamt 55.000 Euro ein. Über diese Initiative wird an anderer Stelle dieser Festschrift (siehe Seite 155f) berichtet.

Die guten Hausgeister

Nicht vergessen werden dürfen bei allen Baumaßnahmen jedoch die Personen, die über Jahrzehnte hinweg für das Haus und die Bewohner gesorgt - und manchen auch ein bisschen erzogen haben: Zunächst die Familie Grieshaber, Oskar und Elisabeth. Das Alamannenblatt Nr. 9, Januar 1953 lässt die Wohnungsschwierigkeiten im Nachkriegs-Tübingen ahnen: „Außerdem hat sich im Laufe des Monats März 1952 nach längeren und vergeblichen Versuchen und vielen Bemühungen ein Ringtausch in Tübingen-Lustnau ermöglichen lassen, durch den es uns gelang, den in Aussicht genommenen Hausmeister Oskar Grieshaber mit seiner Familie in der Hausmeisterwohnung unterzubringen. Nachdem der Tausch durch das Wohnungsamt genehmigt worden war, konnte während des Monats Mai 1952 die Familie Grieshaber in die Hausmeisterwohnung einziehen." Nach über 21 Jahren gingen die Grieshabers in Ruhestand und der Altherrensenior Alfred Haile bedankt sich: „Das besondere Verdienst von Frau Grieshaber aber war, dass sie während all der Jahre den jungen aktiven Bundesbrüdern eine ‚Studentenmutter' war. Sie war nachsichtig, wo Nachsicht und Verständnis angebracht war, sie mahnte aber auch und warnte, wenn hierzu Anlass war.“ Die Verdienste der Familie Grieshaber um die Alamannia seien nicht hoch genug einzuschätzen. Und auch nicht das immer für sie gesungene „Gold und Silber lieb ich sehr“. Zum Ritual gehörte dann auch, dass er Frau Grieshaber am Stiftungsfest-Frühschoppen küssen musste/durfte - „einen Kuss in Ehren“.

Im Mai 1974 berichtete das Alamannenblatt Nr. 50: „Alamannia hat ein neues Hausmeisterehepaar“. Am 1. Oktober 1973 übernahm das Ehepaar Fügner als Nachfolger von Frau und Herrn Grieshaber die Hausmeisterstelle auf der Alamannenburg. Und wieder konnte sich Alamannia glücklich preisen, das Haus über 31 Jahre in bewährten Händen zu wissen. Unser AHx Max Gögler (in Nr. 111/Dez 2004) würdigte sie als „zuverlässige, umsichtige, kluge und erfahrene Betreuerin, die Ordnung und Atmosphäre in der Biesingerstraße 15 maßgeblich geprägt hat … Sie ist der „gute Geist“ im Alamannenhaus gewesen.“ Bei der Verabschiedung nach 31 Jahren vertrauensvoller Zusammenarbeit bedankte sich der AHx auch bei Herrn Fügner und der Familie, die bei den zahlreichen Veranstaltungen tatkräftig unterstützt haben.

Die Alamannenburg: Heimat und Aufgabe

Die Alamannenburg steht als Beispiel dafür, wie hinter der gleich gebliebenen Fassade eines Tübinger Verbindungshauses der Zeiten Geist in den letzten 120 Jahren zu ständigen Veränderungen geführt hat. Man darf gespannt sein, was die Zukunft bringen wird.

Neben der Fertigstellung der Alamannenburg im Jahr 1904 ist der 7. Oktober 1950 einer der denkwürdigsten Tage in der Geschichte Alamannias: An ihm ist das Alamannenhaus wieder in den Besitz des „Hausvereines Alter Tübinger Alamannen“ übergegangen. Alfred Haile zitierte aus diesem Anlass damals Hölderlin (Ala.bl. Nr. 5, Dez. 1950, S. 62):

„Du stiller Ort! In Träumen erschienst du fern
Nach hoffnungslosem Tage dem Sehenden,
Und du, mein Haus, und ihr Gespielen,
Räume des Hügels, ihr wohlbekannten!“

Generationen von Alamannen haben diese Burg als ein Stück Heimat erfahren. Sie wird uns immer lieb und teuer bleiben!

Gold und Silber lieb ich sehr:
Club der 1.000er für Alamannia

Helmut Kiener[1], Jost Reischmann[2]

„Wir sind halt eine Beamtenverbindung" kommentierte einst unser unvergessener AHx Alfred Haile die Tatsache, dass Spenden bei Alamannia höchst spärlich und in überschaubarer Höhe eingingen. Das stimmte jedoch nicht ganz. Viele Alamannen waren und sind eben keine Beamten, und viele unserer beamteten Bundesbrüder waren und sind in durchaus beachtlichen Gehaltsklassen. Dennoch gehört eine große Bereitschaft, die Alamannia über den Beitrag hinaus zu bedenken, nicht zu den besonders ausgeprägten Eigenschaften vieler Bundesbrüder. Dies gilt umso mehr, weil unser Beitrag und die obligatorische Spende, an der sich leider nur rund 30 % der Altherrenschaft beteiligt, im Vergleich zu den anderen Tübinger Verbindungen im absolut unteren Bereich angesiedelt sind. Spenden gingen bisher grundsätzlich nur dann ein, wenn ausdrücklich darum geworben wurde. So wie beispielsweise für den Burgfonds, der einst von Max Gögler zur Renovierung der Alamannenburg ins Leben gerufen wurde.

Alamannia testamentarisch bedenken

Trotz großer Anstrengungen ist es bis heute nicht gelungen, Bundesbrüder dazu zu bewegen, die Alamannia testamentarisch zu bedenken. Noch nie wurde unsere Verbindung mit einem Nachlass bedacht. Aber was nicht ist, kann ja bekanntlich noch werden. Und so gilt auch hier: Die Hoffnung stirbt zuletzt.

In meinem Artikel „Fest zu unserer Burg wir stehen" in dieser Festschrift habe ich darauf hingewiesen, dass wir anlässlich der Hausbegehung im Jahr 2012 erheblichen Renovierungsbedarf feststellten. Schon nach einer nur überschlägigen Berechnung war uns bewusst, dass wir für die Baumaßnahmen mehr als 100.000 Euro einplanen mussten. Dieser enorme Betrag war nur mittels eines Kredits zu stemmen. Bei den Überlegungen zur Finanzierung kam natürlich die Frage auf, ob nicht ein Teil davon über Spenden der Bundesbrüder gedeckt werden könnte. Schnell war uns klar, dass dies mit einem Burgfonds nicht zu machen war, denn das beste Einzelergebnis aus diesen Aktionen waren knapp 10.000 Euro. Weiter mussten wir bedenken, dass bei allen Kampagnen jeweils nur zwischen 35 und 47 Bundesbrüder gespendet haben. Von den damals ca. 320 Mitgliedern haben somit rund 270 nicht

---

1 Bio siehe Seite 143.
2 Bio siehe Seite 13.

gespendet, das sind 85 %! Damit war uns sofort klar, ein Spendenaufruf im Alamannenblatt bringt uns nicht wirklich weiter. Um die Renovierung umsetzen zu können, benötigten auf einen Schlag sehr viel mehr Spenden. Die Frage nur: Wie?

Enormer Finanzierungsbedarf für Renovierung

Bundesbruder Jost Reischmann erinnerte sich, dass er bei einem Stiftungsfest neben zwei Bundesbrüdern saß, die beim Burgfonds je 300 Euro gespendet hatten und deshalb im Alamannenblatt erwähnt wurden. Sie lachten darüber, dass eine solche eigentlich doch bescheidene Spende eine besondere Erwähnung („großherzig") im Alamannenblatt fand. Eine weitere Erfahrung in Sachen Spende machte der Altherrenvorstand, als Bundesbruder Christoph Neise aus Berlin 1.000 Euro spendete. Einfach so. Kein Jubiläum, kein Lotteriegewinn und auch kein Ruheständler, der sein Erbe noch mit warmen Händen verteilen wollte. Niemand im Vorstand konnte sich erinnern, dass Alamannia jemals von einem Bundesbruder eine Spende in dieser Höhe ohne besonderen Anlass erhalten hatte.

Und so gesellte sich zu der Freude allmählich die Frage, warum uns die Spende von 1.000 Euro so überwältigend erschien. Was sagte das über unsere Verbindung aus? Sind viele Bundesbrüder gar nicht so knausrig wie wir immer dachten? Könnten wir in Anbetracht der erforderlichen umfangreichen und teuren Renovierungsarbeiten nicht auch manchen Bundesbrüdern eine Spende in einer anderen Höhe zumuten? Nachdem wir uns von Anfang an einig waren, dass uns ein Spendenaufruf im Alamannenblatt nicht weiter bringt, überlegten wir, wie machen das andere. Wie machen es beispielsweise die Amerikaner bei den großen Spendenrallyes? Da brachte man den ersten Millionär dazu, einem zweiten in die Augen zu schauen und zu sagen: „Ich habe 100.000 Dollar gespendet, da machst Du doch auch mit!" Und so wurde dann untereinander weitergefragt, direkt von Person zu Person. Hört sich gut an, aber funktioniert dieses System auch bei Alamannia?

An dieser Stelle holte mich Jost Reischmann mit ins Boot. Er fragte mich: „Was denkst Du, können wir Bundesbrüder gewinnen, die bereit sind, jeweils 1.000 Euro zu spenden?" Ich überlegte kurz und sagte: „Ein Versuch ist es allemal wert". Eine Idee war geboren. Als sich kurz danach im Oktober 2012 die Bundesbrüder, die in den 1980er-Jahren aktiv waren, zum Jahrgangstreffen auf dem Haus versammelten, nutzten Jost und ich die Gelegenheit und trugen unseren Plan vor. Vorsorglich wiesen wir jedoch darauf hin, dass nicht sie in erster Linie unsere Zielgruppe seien, sondern eher die Bundesbrüder in etwas höherem Alter, bei denen die Kinder aus dem Haus und beruflich abgesichert sind. Nach unserem Vortrag ermutigte uns die versammelte Corona, bei den älteren Bundesbrüdern diesen Versuch zu wagen. Und am Ende der Veranstaltung gab es auch noch eine besonders angenehme Überraschung, als Andreas Kovar spontan erklärte: „Ich bin auch dabei“. Damit waren wir schon zu dritt.

Ermutigt durch diese Erfahrung machten wir uns an die Arbeit. Mit dem Hinweis auf die große Hausrenovierung und den Wahlspruch von Max Gögler: „Fest zu unserer Burg wir stehen“, suchten wir neben uns zunächst noch weitere neun Bundesbrüder, die einmalig 1.000 Euro zu spenden bereit waren. Die Anzahl von zwölf Spendern erachteten wir als eine gewisse Sicherheitszone. Sollte peinlicherweise diese Zahl nicht zusammenkommen, sollten auch die paar Gutwilligen nicht als einzige den Geldbeutel aufmachen müssen (deshalb: „Club der zwölf 1.000er“). Daher haben wir auch vereinbart, dass die Überweisungen an den Verband für Studentenwohnheime in Bonn erst dann erfolgen, wenn zwölf Spender gefunden sind.

Wer hätte das gedacht?

Anfang Dezember fingen Jost Reischmann und ich an, Bundesbrüder aus unserem Bekanntenkreis anzurufen. In der Folge telefonierte auch mancher der Angerufenen mit seinen Bekannten. Und dann geschah das Unglaubliche. Bereits am Dreikönigstag war der erste „Club“ mit zwölf Spendern komplett. Und

25. 1. 2013: Andreas Schockenhof präsentiert dem AHx Franz Ackermann und der Altherrenkneipe den symbolischen Scheck vom „Club der 1000er“

zur Altherrenkneipe am 25. Januar 2013 konnten wir bereits einen zweiten Zwölfer-Club bekannt geben. Wer hätte das gedacht – am wenigsten wir Initiatoren! Angespornt durch diesen Erfolg setzten wir die Aktion fort. In unzähligen Telefonaten erklärten sich immer mehr Bundesbrüder bereit, 1.000 Euro zu spenden. Insgesamt gab es natürlich mehr Ab- als Zusagen. Daher mussten Jost Reischmann und ich uns nicht nur einmal gegenseitig wieder Mut zusprechen, um weitermachen zu können. Danach rafften wir uns aber immer wieder auf und telefonierten weiter.

Nachdem wir bis zum Herbst 2013 die stattliche Anzahl von 52 Spendern beisammen hatten, schrieb ich in meinem Bericht im Alamannenblatt vom Dezember, dass ich mir wünsche, im nächsten Heft über 100 Spender berichten zu dürfen. Dieser Wunsch ging leider nicht in Erfüllung. Im Alamannenblatt vom Juni 2014 konnte ich nur noch über zwei weitere 1.000 Euro-Spender berichten. Insgesamt spendeten 56 Personen. Nachstehend die Spender in alphabetischer Reihenfolge:

Spender im „Club der 1.000er“:

Ackermann, Franz
Bassler, Fritz
Bayer, Berthold
Bitzer, Wolfgang
Botzenhardt, Dietmar
Bühler, Konrad
Caspers, Christian
Dieringer, Alexander
Elser, Otmar
Feil, Dominik
Felder, Rupert
Ferdinand, Gerd
Friess Ulrich
Gögler, Alexander
Gögler, Christoph
Gögler, Rita
Grupp, Wolfram
Häfele, Hansjörg
Häring, Klaus
Huber-Stentrup, Eugen
Jäger, Rolf
Jerg, Henry
Kaumanns, Alfred
Kiener, Helmut
Kleine, Gerhard
Klumpp, Bernhard
Kovar, Andreas
Kramer, Otto
Krapf, Werner
Kreidler, Johannes
Krombholz, Richard
Landenberger, Erich
Löffler, Winfried
Luckey, Christoph
Maccari, Artur
Merz, Rolf
Müller, Wolfgang
Neise, Christoph
NN, möchte nicht genannt werden
Nolte, Josef
Rein, Stefan
Reischmann, Jost
Sautter, Meinrad
Schäfer, Elmar
Schilling, Hans
Schloz, Rudolf
Schneider, Norbert
Schockenhoff, Andreas
Völker, Alexander
Walter, Paul
Wienemann, Hans-Heinrich
Wurster, Ralph
Würth, Steffen
Ziller, Gebhard

Dank dieser Spender konnten wir immerhin 56.000 Euro zu den Renovierungskosten von insgesamt rund 110.000 Euro beisteuern. Auf den ersten Blick mag das vielleicht viel erscheinen. Wenn man jedoch bedenkt, dass die Alamannia zum damaligen Zeitpunkt fast 300 A-Philister hatte, dann relativiert sich diese Zahl etwas.

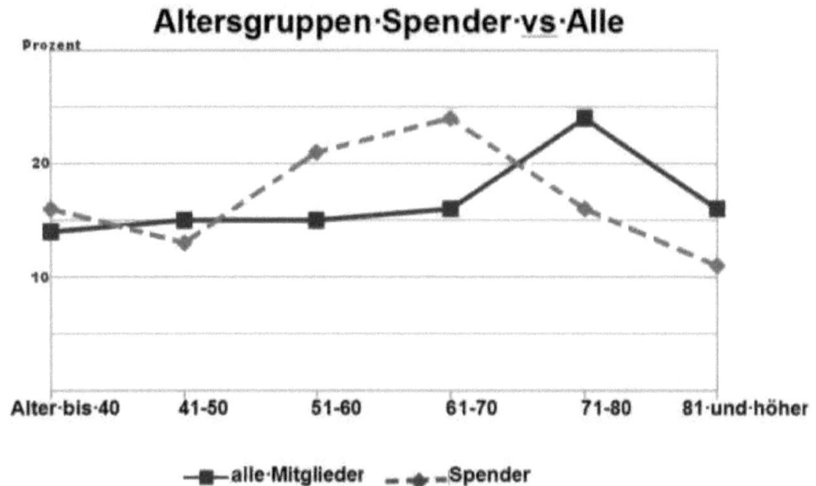

Getäuscht haben wir uns bei der Altersgruppe der Bundesbrüder, die gespendet haben. Wir waren davon ausgegangen, dass eher die Bundesbrüder in höherem Alter spenden würden, bei denen die Kinder aus dem Haus und beruflich abgesichert sind. Das zeigte sich als Fehleinschätzung: Die Gruppe der Fünfzig- bis Siebzigjährigen erwies sich überproportional spendabel, die über Siebzigjährigen dagegen spendierten unterproportional, bezogen auf unsere Gesamtmitgliedschaft. Ob sich damit auch unser eingangs erwähntes Bedauern erklärt, dass Alamannia bisher nie testamentarisch bedacht wurde?

Und dennoch werten Jost Reischmann und ich das Ergebnis als Erfolg. Noch nie kam bei einem Spendenaufruf ein derart hoher Betrag zusammen. Daher nochmals ein herzliches Dankeschön an alle Spender.

Natürlich freuten sich alle über diesen 1000er-„Club" und die Spenden. Aber noch größer ist die Freude darüber, was mit diesen Spenden geschaffen wurde. Unsere Burg hat damit gewonnen. Das ist nicht zu übersehen. Zwei Bilder auf der nächsten Seite können dies dokumentieren (gut, dass ihr nicht seht, wie es vorher ausgesehen hat!).

... sind wir über den Strudel gefahren ...
Alamannia, Tübingen und Stocherkähne

Wolfgang Bitzer[1]

Es ist Sommer, früh am Morgen - beim Gang über die Eberhardsbrücke fällt der Blick unwillkürlich auf die Schokoladenseite von Tübingen: Die Häuserfront vom Neckartor bis hin zum Hölderlinturm; überragt vom Turm der Stiftskirche. Und da liegen sie, noch festgemacht an der Anlegestelle: zehn, zwölf Stocherkähne. Sie bilden eine der Hauptattraktionen auf dem Neckar und im Tübinger Stadtbild. Doch eines nach dem anderen.

Geschichte der Stocherkähne auf dem Neckar.

Die ersten Erwähnungen, bzw. Abbildungen von Stocherkähnen in Tübingen finden sich wohl auf einem Holzschnitt von 1544, in dem ein kleiner Kahn auf dem Neckar dargestellt ist. Sehr wahrscheinlich lag die ursprüngliche Nutzung der Kähne in der Verwendung als Fischer- bzw. Arbeitsbooten, weiterhin als Lastkähne (in Vaihingen an der Enz) und sogar als Fähren (bis 1923 von Hirschau nach Kiebingen). Anfang des 20. Jahrhunderts gibt es eine der ersten Darstellungen als Freizeitgerät.

In diesem Zusammenhang sei auch auf die unterschiedliche Namensgebung für die an sich bauartgleichen Gefährte verwiesen. Wie mir gesagt wurde,

---

1 Wolfgang Bitzer, geb. 1955 in Sigmaringen. Studium der Chemie in Tübingen, Eintritt in Alamannia im WS 1978/79. Seit 1996 Mitglied des Altherrenvorstands als Schriftführer.

hängen die Bezeichnungen von den jeweiligen Flusssystemen ab. So nennt man die Kähne auf der Donau und ihren Zuflüssen „Zillen“, am Rhein werden sie „Nachen“ genannt, am Main spricht man von „Selch“, in Norddeutschland von der „Punt“ und am Neckar sowie im Spreewald vom „Stocherkahn“, wobei im Spreewald eine andere Sitzanordnung üblich ist. Weiteren Quellen zufolge sind Stocherkähne auch in Oxford und Cambridge in Gebrauch.

In das studentische „Brauchtum“ haben die Stocherkähne vermutlich in der Zeit zwischen den beiden Weltkriegen (um 1930) Eingang gefunden. Nach dem 2. Weltkrieg wurden Kähne zuerst nur von Studentenverbindungen unterhalten und dienten ausschließlich dem Vergnügen. Der erste Kahn der Alamannia wurde erst 1959 in Dienst gestellt, aber seit dieser Zeit konnten wir lückenlos über einen Stocherkahn verfügen. Während der Zeit der „68er“ waren Stocherkähne als Ausdruck einer reaktionären Studentenschaft eher verpönt. Aber nur einige Jahre später setzte ein ungeheurer Aufschwung ein. Die Zahl der Stocherkähne stieg rasant an (das machte sich auch an den Starterlisten zum Stocherkahnrennen bemerkbar - doch davon später mehr). Nicht nur die Verbindungen, sondern auch verschiedene Fachschaften (Geologen, Sportwissenschaftler, Zahnmediziner etc.), soziale Gruppierungen (CVJM, Jugendhäuser) und auch Familien- und Freundeskreise legten sich Kähne zu. Dann etablierten sich auch „professionelle“ Stocherer, die ganze Schiffsladungen an Ausflüglern und Touristen bedienten. Auch der Tübinger Verkehrsverein schaffte zwei Kähne an und last but not least wurde 1995 noch der Stocherkahnverein gegründet und ist derzeit mit drei Kähnen auf dem Neckar präsent. Vor geraumer Zeit wurde dann von städtischer Seite aus die Zahl der Liegeplätze geregelt und so die Zahl der aktiv betriebenen Kähne limitiert. Derzeit werden 130 Liegeplätze zugeteilt, von denen die meisten im Losverfahren vergeben werden. Und wie es so ist in der heutigen Zeit, mussten die ursprünglichen „Erfinder“ des Vergnügens recht darum kämpfen, nicht mit in die Verlosung der Plätze mit einbezogen zu werden, denn die Zahl der Interessenten übersteigt die der Liegeplätze bei weitem.

Stocherkahnbau und Stocherkahnpflege.

Lange Zeit wurden Kähne aus Ludwigsburg, später dann aus dem Rheintal bezogen; ein Bootsbauer in der Nähe von Kehl versorgte die Tübinger Verbindungen. Folgelieferant war danach die Firma Anton Witti aus Österreich (ein Betrieb an der Donau zwischen Passau und Linz). Um die Transportkosten zu minimieren, wurden Sammelbestellungen zusammen mit anderen Verbindungen gemacht, was häufig schwer zu organisieren war.

Seit einigen Jahren, genauer seit 2007/2008 stellt die Schreinerei Raidt aus Hirschau Stocherkähne her. Der Bootskörper wird nicht mehr, wie früher aus einzelnen Planken gefertigt, sondern aus sogenannten Drei-Schicht-Platten, wobei die einzelnen Baugruppen teilweise verschraubt werden (Edelstahlschrauben) bzw. aufwendig geschäftet werden. Aufgrund der guten Eigenschaften gegenüber Nässe kommt bei wasserberührten Flächen Lärchenholz zum Einsatz, einige Bauteile im Ausbaubereich werden aus Eiche bzw. Fichte gefertigt. Die unter Wasser liegende Außenfläche erhält einen Anstrich und im Bugbereich werden zwei Stahlschienen angebracht. Der Vorteil dieser Konstruktionsweise liegt darin, dass die Kähne nicht mehr kalfatert (abgedichtet) werden müssen. Üblicherweise wird ein Kahn mit 10 Metern Länge und einer Kapazität von 16 Personen ausgelegt. Die Kosten liegen dann bei ca. 9.000.-€. Unser derzeitiger Kahn ist mit ca. 8,5 Metern Länge und einer Kapazität von 12 bis 14 Personen eher zierlich. Für die kommerziellen Stocherer werden aber durchaus Kähne mit einer Kapazität von bis zu 20 Personen gefertigt. Ein weiteres wichtiges Utensil ist die Stocherstange (Stocher, Stange). Die Länge richtet sich etwas nach der Körpergröße und den technischen Fähigkeiten des Stocherers. Üblicherweise werden zwei Stangen mit einer Länge von 5,5 bis 6 Metern und von 6,5 bis 7 Metern empfohlen. Hergestellt werden sie aus idealerweise astfreien Fichtenstämmen, die entsprechend verjüngt und gehobelt werden. Am unteren Ende ist ein sogenannter „Schuh“ aus Metall mit einem Dorn angebracht. Ergänzt wird die Ausrüstung durch die Sitz- und Lehnbretter; wobei die Lehnbretter im Allgemeinen alle die gleiche Länge haben, während die Sitzbretter unterschiedlich lang sind, um sich besser in die leicht bauchige Bootsform einzupassen.

Für die Pflege der Kähne ist bei uns der Fuxmajor verantwortlich; das betrifft, auf das „Stocherkahnjahr“ (Beginn des Sommer- bis zum Beginn des Wintersemesters) bezogen, die Wasserung, ggf. kleinere Reparaturmaßnahmen während des Betriebs, dann die Bergung und Lagerung des Kahns und schließlich auch Reinigungsarbeiten und (früher) das Kalfatern. Bei guter Qualität und guter Pflege hat ein Stocherkahn durchaus Standzeiten von 10 bis 15 Jahren. Das ist natürlich auch von der Intensität der Nutzung, den Unwägbarkeiten während des Stocherkahnrennens und der Witterung abhängig.

Früher wurde unser Kahn immer im unteren Teil des „quenstedt'schen Gartens" gelagert. Wobei sich der Transport des Kahns aus dem Neckar auf unser Grundstück und auch wieder zurück jedoch immer als ziemlich aufwendig gestaltete. Deshalb nutzen wir seit einigen Jahren das Angebot des Stocherkahnvereins, um unseren Kahn über dessen Rollenbahn bequem aus dem Wasser zu bekommen, um ihn auf dem Vereinsgelände beim Freibad zu überwintern. Sowohl die Kahnbergung als auch die Wasserung brauchen einiges an körperlichem Einsatz und deshalb werden beide Aktionen in den Semesterprogrammen auch als eigene Veranstaltungen geführt - selbstredend mit der Aufforderung an die Aktivitas um möglichst vollständige Teilnahme.

Um die „Verbundenheit" der Alamannen zu ihren Kähnen zum Ausdruck zu bringen, wurden früher Schiffstaufen vollzogen. Der erste Kahn wurde 1959 angeschafft und „Alarich" genannt; dann gab es wohl eine Havarie, bei der Alarich zu Bruch ging. Aber bereits zum Stiftungsfest 1961 konnte der Nachfolgekahn auf den Namen „Alarich II" getauft werden. Eine weitere Namensgebung findet sich in der Fuxenfibel - dort wird ein Kahn namens „Sankt Bonifazius" beschrieben. Der aktuelle Kahn trägt keinen Namen, man erkennt ihn nur an der, allerdings traditionellen Schiffsnummer „40"

Wie lernt man „stochern"?

Ganz lapidar gesagt, so wie Kinder lernen: zuschauen, nachmachen, probieren, Fehler machen, daraus lernen, nochmal probieren, vielleicht mal fragen etc. etc. und irgendwann platzt der Knoten und man hat's „drauf". Dass die Kunst des Stocherns inzwischen nicht nur von Männern erlernt wird, sondern auch von Damen beherrscht wird, ist in der heutigen Zeit ohnehin selbstverständlich. Hier sei auch erwähnt, dass die ersten Übungsstunden der Alamannen mit dem Material und unter Anleitung eines „Stocherpädagogen" der Stochdorfia abgehalten wurden. Zu verschiedenen Zeiten wurden die erfolgreichen Eleven dann mit Gebräuchen wie der „Neckartaufe" oder einem „Stocherdiplom" in den Kreis der Könner aufgenommen. Diese Rituale haben sich aber nicht auf Dauer durchgesetzt.

Die Kunst des Stocherns wird von den Älteren an die Jüngeren weitergegeben, wobei die technische Abfolge in etwa so aussieht: den Stocher (bzw. die

Stange) möglichst zügig und vollständig aus dem Wasser holen, senkrecht - oder leicht schräg nach hinten in den Grund fallen lassen (durch die Hände gleiten lassen!), abhängig von der angestrebten Richtung entweder an der Bordwand anliegend, oder weiter von der Bordwand entfernt, um dann das Heck des Kahns von der Stange abzudrücken (ergibt eine Rechtsbewegung des Bugs), oder das Heck an die Stange heranzuziehen (das ergibt eine Linksbewegung des Bugs). Gleichzeitig muss der Kahn durch abstoßen vorwärts bewegt werden. Das ganze Procedere freistehend und mit der gut sechs Meter langen Stange auf dem hinteren Podest. Die eben beschriebene Technik gilt für steuerbordseitiges stochern. Wenn der Kahn in Fahrt ist, kann die Stange wie ein Ruderblatt eingesetzt werden. Hört sich doch ganz einfach an, ist es aber mitnichten. Größtenteils treten Schwierigkeiten beim Stochern gegen die Strömung, also „bergauf", auf, weil dabei schon relativ kleine Abweichungen von der „Ideallinie" für Anfänger fatale Folgen haben können. Entweder man fährt dauernd Zick-Zack, benötigt viel Kraft für Korrekturen und muss den Kahn dauernd wieder in Fahrt bringen, oder die Strömung gegen den Bug dreht den Kahn soweit, dass ein „Neckarkreisel" folgt.

„Bergab", also mit der Strömung ist bedeutend einfacher; kleinere Fahrfehler sind eher verzeihlich, der Kraftaufwand ist deutlich geringer und man hat die Möglichkeit die Stange lang nach hinten ausgleiten zu lassen und damit geruhsam die Richtung zu korrigieren.

In jedem Fall gilt jedoch: „Der Stocherer bleibt bei der Stange!". Im Klartext heißt das: verliert der Stocherer die Stange, muss er in den Neckar! In der Vergangenheit hat das schon zu einigen unfreiwilligen Bädern geführt. Insbesondere dann, wenn es in relativer Nähe zum Stauwehr passiert, denn dort sammelt sich eine oftmals recht unappetitliche Schwimmschicht, in die man dann eintaucht.

In diesem Zusammenhang darf aber nicht verschwiegen werden, dass auch Gefahren lauern können. So ereignete sich im August 2021 ein Vorfall, bei dem einer Gruppe ehemaliger Studenten während einer Kahnfahrt die Stocherstange abhanden kam. Der Kahn drohte über das Stauwehr abzustürzen und konnte nur durch Eingreifen einiger junger Männer vom Ufer aus gesichert werden. Als Folge dieses Geschehens wurden dann von städtischer Seite Maßnahmen wie Schwimmwesten- bzw. Ankerpflicht diskutiert.

Das vergnügliche Stochern

Am „ursprünglichsten" ist wohl die Situation, bei der man kurz in den, inzwischen online geführten Planungskalender schaut, sich ein Zeitfenster reserviert, um dann ganz lässig, ohne große Vorbereitung zum Hölderlinturm zu gehen und den Kahn klar zu machen. Danach ablegen um sich nach Lust und

Laune entweder zuerst in Richtung Neckarbrücke treiben zu lassen, oder neckaraufwärts, vorbei am Hölderlinturm und dem evangelischen Stift in Richtung „Bügeleisen" (westliches Ende der Neckarinsel) zu stochern. Es bleibt einem vorbehalten, ob man auf der sonnenbeschienenen Seite bleibt, oder sich im Schatten der Platanenallee hält. Die Streckenführung ist völlig zwanglos, man kann nach Belieben auch zwischen Hauptarm und Kanal wählen; und sofern man unversorgt zugestiegen ist, kann am Neckarmüller festgemacht und ein Bier besorgt werden. Was über lange Jahre bei jeder Stocherkahnfahrt gepflegt wurde und wird, ist die zweifache Durchfahrt durch das „Nadelöhr" (die Engstelle zwischen unterem Ende der Neckarinsel und der Eberhardsbrücke) einschließlich der Umrundung des Brückenpfeilers.

Etwas mehr Planung verlangen das Grillen oder größere Feste auf dem Kahn. Hier muss natürlich alles Benötigte mitgebracht werden, aber ansonsten gestaltet sich auch dieses Vergnügen äußerst entspannt. Es sollte natürlich ausreichend Zeit eingeplant werden, dann kann man an der Neckarinsel oder am „Bügeleisen" anlegen, den Grill in Gang setzen und eine herrliche Auszeit genießen. Dass sich auf dem Neckar aber auch Kneipen schlagen lassen, ist so im Sommersemester 2016 geschehen.

Der Kreativität sind natürlich keine Grenzen gesetzt. Sofern man ein Instrument spielt, bzw. jemanden kennt, der es kann, ist es auch ein Genuss, eine Kahnfahrt mit musikalischer Begleitung zu unternehmen. Diese Variante wird seit einiger Zeit unter der Bezeichnung „Wassermusik" auch im größeren Rahmen durchgeführt. Dabei wird auf einem Kahn ein Orchester installiert; auf vielen weiteren Stocherkähnen verteilt sich das Publikum und der ganze Geleitzug treibt in der einbrechenden Dunkelheit neckarabwärts - ein richtiges Event.

Dem Wunsch nach regelrechter Bewirtung auf dem Neckar wird seit geraumer Zeit das sogenannte „Neckarfloss" gerecht. Ein findiger Gastronom hat auf zwei Bootskörpern eine Plattform installiert, auf der ein regelrechter Freisitz mit Bänken und Tisch gestaltet wurde; das ganze wird selbstredend auch bewirtet.

Nun tragen natürliche diese ganzen Aktivitäten, verbunden mit den Ruder- und Tretbooten, den Stand-Up-Paddlern, sowie Kanu- und Kajakfahrern dazu bei, dass an manchen warmen Sommersonntagen der Neckar beinahe trockenen Fußes überquert werden kann. Das ist zwar nicht immer schön, aber wer möchte den ganzen Menschen den Spaß verderben. Unser großer Vorteil liegt darin, dass wir in unserer Zeiteinteilung recht frei sind. Und wenn der Trubel im Bereich Hölderlinturm, Eberhardsbrücke und Verkehrsverein allzu sehr überhand nimmt, können wir in die ruhigeren Gefilde im Bereich des Freibads ausweichen. Um eine allzu großen Beeinträchtigung der Anwohner zu vermeiden, muss der Betrieb auf dem Neckar spätestens um 22:00 Uhr eingestellt werden.

Das Stocherkahnrennen

Einer der wichtigsten Termine in der Stochersaison, wenn nicht der Höhepunkt schlechthin, ist das Stocherkahnrennen. Ein Event, das seit Jahren immer mehr Aufmerksamkeit bekommt. Berichte und Beiträge werden von der lokalen Presse, dem Rundfunk und den lokalen Fernsehsendern (SWR, RT) veröffentlicht; vor Jahren war es auch dem Männermagazin „Playboy“ einen Artikel wert. Die Zuschauerzahlen erreichten in den letzten Jahren, je nach Meldung bis zu 20.000 Menschen, die sich auf und um die Neckarinsel, die Eberhardsbrücke und die Zwingelmauer drängeln. Das Spektakel zählt zu den bedeutenden touristischen Attraktionen im Tübinger Veranstaltungskalender. Das bedingt natürlich einen zunehmend hohen logistischen Aufwand. So werden inzwischen an mehreren Ständen Getränke und Speisen angeboten. Bei einer Veranstaltung dieser Größe sind selbstredend auch sicherheitsrelevante Aspekte zu berücksichtigen. Es sind die Rettungsdienste (DRK, DLRG), sowie die Feuerwehr mit den Feuerwehrtauchern und die Polizei im Einsatz.

Der Anfang der Rennen liegt im Jahr 1956, als angeblich die Studentenverbindung Lichtenstein ihren neuen Kahn einweihen wollte. Aus dieser Feier

entwickelte sich ein Wettkampf, an dem insgesamt sechs Bünde teilnahmen. In den Folgejahren fanden immer mehr Verbindungen an dem Gaudium gefallen und die Zahl der teilnehmenden Mannschaften stiegen bis Ende der 1960-er Jahre rasch bis auf ca. 40 Boote an. Dann erfolgte, wie schon erwähnt, unter dem Eindruck und Einfluss der „68-er Bewegung" ein Rückgang auf ca. 20 Kähne. Erst mit Beginn der 1980-er Jahre waren wieder steigende Teilnehmerzahlen zu verzeichnen. Danach ab etwa 1990, verbunden mit der steigenden Zahl an Stocherkähnen, gehen immer um die 50 bis 60 Kähne an den Start.

Generell gilt: es dürfen nur Kähne ohne jeglichen Fremdantrieb eingesetzt werden; die Besatzung beträgt 8 Personen und an Ausrüstung ist nur eine Stange erlaubt - sonst nichts! Das Reglement ist recht überschaubar, es gilt: Regeln gibt es relativ wenige bis gar keine. Mit einer Ausnahme: der Pfeiler der Neckarbrücke muss einmal von oben kommend und dann in der Gegenrichtung von unten her durchfahren werden, was selbstredend zu heftigen „Kämpfen" führt. Die Besatzungen dürfen mit den Händen rudern; mit der Stange Tempo machen, oder Richtung geben; der Kahn darf verlassen werden, um gegebenenfalls wieder vom Ufer frei zu kommen und andere Kähne dürfen (oder sollen) weggedrückt werden. Bei diesen ganzen Aktionen sind kleinere Blessuren natürlich vorprogrammiert. Von Fall zu Fall werden Ungereimtheiten vom sogenannten „Stocherkahngericht" geregelt.

Als Termin steht seit vielen Jahren traditionell der Fronleichnamstag fest. Am frühen Nachmittag findet zuerst die Kostümprämierung statt, die teils durch die mehr oder weniger lauten Bekundungen der Zuschauer entschieden wurde, in den letzten Jahren jedoch durch eine Jury des Stocherkahngerichts gekürt wird. Anschließend positionieren sich die teilnehmenden Kähne, entsprechend der ihnen zugelosten Startreihenfolge, am Startplatz beim Freibadssteg. Dabei geht das Gerangel dann schon los.

Die Streckenführung hat sich im Lauf der Zeit etwas geändert, derzeit gilt: der Start erfolgt am Freibadsteg, dann hurtig neckarabwärts, zweimal durch das berüchtigte „Nadelöhr" und den Kanal wieder hoch bis unter die Eisenbahnbrücke. Nach der Zieldurchfahrt wird der Siegerkahn benannt. Die meisten Besatzungen gehen dann auch mit einem kühnen und fröhlichen Kopfsprung von Bord ihrer Kähne und die Verlierer sehen einer schweren Prüfung entgegen. Völlig klar ist auch, dass, egal ob gewonnen oder verloren, ausreichend Gerstensaft konsumiert wird.

Die Erstplatzierten werden mit einem Preis belohnt (im Allgemeinen mit einem Fass Bier, von der Stadt gespendet), dazu kommt noch ein Wanderpokal und gegebenenfalls eine Urkunde. Zu früheren Zeiten, als das Teilnehmerfeld noch kleiner war und sich quasi ausschließlich aus Verbindungsstudenten rekrutierte, wurden Siegerkneipen auf den Häusern der Gewinner abgehalten.

Aus eigener Anschauung kann ich berichten, dass das jedoch für die Sieger sowohl was den Bierkonsum, als auch die „Kollateralschäden“ an der Einrichtung der Häuser betraf, öfters ruinös wurde. Heutzutage sind derartige Feiern aufgrund der überbordenden Zuschauerzahlen undenkbar. In einigen der zurückliegenden Jahre fanden die Siegesfeiern noch auf dem Gelände der Alten Straßburger Burschenschaft Germania statt, neuerdings auf der Neckarinsel (z.B. am Bügeleisen).

Aber wo Licht ist, ist auch Schatten und für die Letztplatzierten heißt das: vae victics – Wehe den Besiegten! Zur Stärkung mussten sie jeweils einen halben Liter, aktuell sogar einen Liter Lebertran trinken. Dazu kommt die Aufgabe, das Rennen im kommenden Jahr auszurichten. Trotzdem wird berichtet, dass einige den Lebertran gar nicht so ungern in Kauf genommen haben. Einerseits brachte die Ausrichtung des nächsten Rennens, wohlgemerkt mit der ganzen Bewirtung, ordentlich Geld in die Kasse des Ausrichters und dazu macht es sich in einem Lebenslauf gar nicht schlecht, wenn man eine Veranstaltung dieser Größenordnung organisiert hat. Deshalb sollen wohl schon Rennen absichtlich verloren worden sein.

Wir Alamannen konnten uns bislang zweimal auf dem Siegertreppchen postieren. Das erste Mal im denkwürdigen Jahr 1977, in dem die Universität ihr 500-jähriges Jubiläum beging. Die damalige Siegermannschaft bestand aus: Joe Ströbele (an der Stange), Gerhard Kleine, Helmut Kiener, Wulf Humpfer, Karl Lutz, Rolf Jäger, Richard Kurz und Kurt Sprang. Aufgrund des besonderen Anlasses wurde von der Universität ein neuer Pokal gestiftet, sodass der bisherige

Wanderpokal bei der Alamannia verblieb, darüber hinaus wurde die Verbindung von Seiten der Universität mit einer Urkunde und einem eigens geprägten Zinnteller gewürdigt; alle Trophäen sind noch in unserem Kneipsaal zu bewundern. Selbstredend fiel die damalige Siegesfeier grandios aus; sogar Bundes- und Kartellbrüder aus dem OZ Ellwangen, die im Rundfunk vom Erfolg gehört hatten, riefen an und sponserten ein Fass Bier. Im nachfolgenden Akademischen Monatsblatt schaffte es die Siegermannschaft dann auch auf die Titelseite.

1978 konnte der Alamannenkahn das Rennen ein zweites Mal gewinnen. An der Stange war damals Rudi Kopp, von dem berichtet wird, dass er sich durch akribisches Training auf das Rennen vorbereitet hat. Eigenartigerweise findet sich in keinem der nachfolgenden Alamannenblättern ein Bericht über den zweiten Erfolg.

Der Vollständigkeit halber sei erwähnt, dass in der ganzen alamannischen Renngeschichte seit nunmehr über 60 Jahren noch nie eine Stärkung durch Lebertran nötig war. Das lässt auch für die Zukunft hoffen.

Ein Wunsch zum Schluss

Ich persönlich durfte seit inzwischen 45 Jahren unsere Stocherkähne in vielfältiger Weise nutzen. Und ich hoffe für alle derzeitigen und nachkommenden Bundesbrüder, dass sie eben so viel Freude, Entspannung und Genuss an dieser, fast einzigartigen Einrichtung haben werden.

In diesem Sinne: ein vivat, crescat, floreat Alamannenkahn!

„Wo sind sie, die vom breiten Stein ...“
Die Ortszirkel im KV
– ein kurzfristig aktualisierter und gekürzter Aufsatz von 1996

Christoph Stehle[1]

I. Einleitung - oder: Über die Suche nach den Zirkeln

Zirkel, den Aktiven als verschlungener Anfangsbuchstabe der Korporationen bekannt, bezeichnet nicht nur das Zeicheninstrument, sondern auch eine gesellschaftliche Runde - in der Regel wohl etwas mehr als ein bierseliger Stammtisch, aber auch nicht immer die erhabene Tafelrunde des Königs Artus. In der letzten Bedeutung des Wortes haben sich die Korporationen den Zirkel zu Eigen gemacht: Als Ortszirkel versteht der Kartellverband der Katholischen Deutschen Studentenvereine (KV) Zusammenschlüsse aller Kartellangehöriger am Ort, seien sie Alte Herren oder Aktive. Neben den Aktivitates und den Altherrenvereinen werden sie als dritte Säule des Verbandes bezeichnet.[2]

Der Geschichte dieser dritten Säule nachzuspüren, lautete Anfang 1996 der unverfängliche Auftrag. Unverdrossen am Werk, stellte der Autor bald fest, dass Statistiken nur sehr grob etwas über das Wesen der Zirkel aussagen, und Satzungen geben nur einen Soll-Zustand vor. Auch eine Erkenntnis: Es gibt wenige spektakuläre Ereignisse, über die sich Berichte finden, aber für den Alltag des Zirkellebens sind Informationen rar. Und: Eine Zusammenfassung der Geschichte einzelner Ortszirkel war weder 1996 noch 2022 möglich. Vielleicht bleibt daher die Geschichte der Ortszirkel doch eher unbeschreiblich.

Bei Durchsicht der Notizen ergibt sich für den Chronisten aber dennoch ein Punkt, der das Verständnis erleichtert: Die Ortszirkel haben zwei Gesichter, einerseits der offizielle Ortszirkel mit den Veranstaltungen und andererseits der informelle Kern eines Ortszirkels aus ein paar Persönlichkeiten, der den offiziellen Zirkel trägt. Nachfolgend der Versuch, Befunde und Erkenntnisse in Worte zu fassen.

II. Die Weisheit der Statistiken

Wie viele Zirkel gab und gibt es?

Die Gesamtzahl der Zirkel ist schwer zu erfassen, da schon immer ein Anteil

---

1 Christoph Stehle, geb. 1968 in Ravensburg. Eintritt in Alamannia 1991, vx WS 1991/92, x SS 1992. Agora - Büro für Öffentlichkeitsarbeit / Autor beim Munzinger Archiv.

2 KV- Handbuch 1984. Kartellverband katholischer deutscher Studentenvereine gegr. 1853. Herausgegeben von Bernhard Egen u.a. Beckum 1984, S. 155.

vakant gewesen ist oder nur von wenigen aktiven Mitgliedern besucht wird. Dies ist keineswegs eine neuere Erscheinung. So verwies Kb Johannes Henry 1957 darauf, dass von den 189 registrierten Ortszirkeln viele nur auf dem Papier existierten[1]. Eine weitere Beobachtung: Um 1990 begrüßte der KVRat es, dass sich der Abwärtstrend der Jahre zuvor nun bei einer Zahl von rund 190 gemeldeten Zirkeln stabilisiert habe. Allerdings hat sich seither ein faktischer Rückgang der Zirkel vollzogen: So registriert das KV-Jahrbuch von 1994 zwar 197 Zirkel, aber nur 179 gemeldete. Das KV-Jahrbuch 2010 nennt 208 Zirkel, im Jahrbuch 2015 waren es zwar 207, davon allerdings 62 ohne Kontaktadresse.

Wo gibt es Ortszirkel?

Eine Erhebung über die räumliche Verteilung im Bundesgebiet hat für 1994 eine Konzentration von zwei Dritteln Zirkel in drei Bundesländern ergeben, nämlich 42 Prozent in Nordrhein-Westfalen, 15 Prozent in Bayern und ein Zehntel in Baden-Württemberg. In den 1990er Jahren war der Rückgang besonders im Süden zu verzeichnen und nicht zuletzt in den kleineren Städten.

Eine nähere Betrachtung macht auch deutlich, dass die Ortszirkel kein flächendeckendes Netz ergeben, sondern eine Gemengelage darstellen, teils Gebiete mit hohen Konzentrationen, teils periphere Regionen. Dies hängt eng mit der Entstehung der Ortszirkel zusammen. Die Zirkel entsprangen nicht systematischer, zentralgesteuerter Planung, sondern der Initiative Einzelner. Daher sind die Grenzen zwischen den einzelnen Ortzirkeln auch fließend, insbesondere in den Gegenden mit einer besonderen Dichte, etwa in Teilen Nordrhein-Westfalens oder – früher – in Oberschwaben.

Was weiß man über die Größe der Zirkel?

Da wird es schwierig, denn rein statistisch gehören ja alle Ansässigen in einem Ort oder der näheren Umgebung dem Zirkel an. Doch wo zieht man die Grenze? Und nicht alle KVer auf der Liste nehmen am Zirkelleben teil, und nicht alle von diesen engagieren sich auch im und für den Zirkel. Und einige Nichtmitglieder wie Ehefrauen, die sehr aktiv sind, tauchen in keiner Statistik auf.

Zahlenangaben über die Größe der Zirkel in früherer Zeit sind auch deshalb schwierig , da in den Publikationen meist nur von Teilnehmerzahlen berichtet wird. Immerhin gibt es punktuell einige Angaben: So zählte der OZ Tübingen in den Jahren zwischen den Weltkriegen bis Kriegsende zwar meist nur etwa

[1] Johannes Henry: Stellungnahme zur Situation im KV. siehe Schwarzes Brett. Beilage zu den Akademischen Monatsblättern (Juni 1957) S. 134-138, hier S. 138; (für Akademische Monatsblätter fortan AM). Der Rechtsanwalt und Zentrumspolitiker Johannes Henry (1876-1958) war 1919 bis 1932 zudem KV-Geschäftsführer.

ein halbes Dutzend, dafür aber sehr aktive Mitglieder[1]. Was die Universitätsstädte angeht, ist noch zu ergänzen, dass sich bis heute viele Jungphilister weiterhin der Aktivitas und nicht den Philistern zugehörig fühlen. Die größten KV-Zirkel fanden sich seit jeher im heutigen Nordrhein-Westfalen: So zählte der OZ Bochum nach seiner Wiederbegründung 1949 über 120 Mitglieder, bei Festen sogar über 250 Teilnehmer, der Zirkel in Krefeld scharte 1977 sogar 167 Mitglieder um sich.[2]

Die Größe einer Stadt und deren Einzugsgebiet sagt natürlich nicht allzu viel über die Mitgliederzahl aus, auch nicht über die Attraktivität des Zirkels. Mit Blick auf Geschichte und Selbstverständnis finden sich die großen Zirkel traditionell in katholischen Gebieten, teils sind Zirkel aber auch Sammlungspunkte für Katholiken in der so genannten Diaspora. Was den Südwesten angeht, so ergeben sich Angaben im Protokoll über ein Treffen der Vorsitzenden von 13 württembergischen Zirkeln auf dem Alamannenhaus 1993. Dabei gab es eine Spannweite von acht bis 200 aktiven Teilnehmern bei den Zirkelveranstaltungen[3]. Noch einige Angaben zu einzelnen Zirkeln: Der OZ Wangen[4] zählte 1995 noch 21 Mitglieder, davon war etwa die Hälfte im Zirkelleben aktiv; 2015 allerdings bestand der OZ Wangen nicht mehr, wie die fehlende Kontaktadresse deutlich macht. Der OZ Bodensee verfügte um 1990 noch beinahe über 70 Mitglieder.[5] Im OZ Ravensburg schrumpfte die Zahl in 20 Jahren bis 1995 von rund 65 auf etwa 50. Inzwischen (2022) sind es auf dem Papier rund 30. Dahingegen beklagte der OZ Stuttgart in den 1990er Jahren, dass er von ungefähr 280 wohnhaften KVern nur 180 zu seinen Mitgliedern zählen könne. Dieser Befund dürfte inzwischen auf sehr viel mehr Ortszirkel zutreffen. Unabhängig von der Zahl: Alle Ortszirkel haben schon Mitte der 90er Jahre von einer „Vergreisung" gesprochen.[6]

Zusammenfassend: Die gemeldete Mitgliederzahl sagt wenig über die Lebendigkeit aus. Die hohe Zahl nicht mehr aktiver Zirkel stimmt allerdings skeptisch.

III. Die Ortszirkel aus Sicht der Satzungen des KV

---

1 Eugen Reiner: Der Tübinger Ortszirkel. Tübingen 1996.

2 Erich Hufnagel: 60 Jahre KV-Altherrenzirkel in Bochum. KV-Mitteilungen Dezember 1949, S.4/5. AM (Januar 1977) S. 19.

3 Kuno Walter: Ortszirkel auf dem Alamannenhaus. AM (Mai 1993). S. 2/3.

4 Kurt Pilgram. OZ Wangen. Wangen 1995.

5 Englmar Wenk: KV-Zirkel Bodensee. Friedrichshafen 1995.

6 Adalbert Schorp / Klaus Häring jun.: Der Ortszirkel Ravensburg. Ravensburg 1996.

Die Zirkel sind in den Satzungen Spätzünder

Auffällig ist zunächst, dass die Ortszirkel erst 1913 in die KV-Verfassung Erwähnung finden, obgleich ihre Geschichte sehr viel älter ist und der Verband schon seit 1867 über eigene Statuten verfügt.

Die nächste Erkenntnis betrifft das Verständnis der Zirkel selbst, denn in der KV-Verfassung von 1913[1] ist nicht von Orts-, sondern von Philisterzirkeln die Rede. Entsprechend findet man 2013 die Zirkel auch im Abschnitt über die Philistervereinigungen. Die Verfassung beschränkt sich zudem auf eine Definition, aus der in §76 hervorgeht, die Philisterzirkel seien „Vereinigungen der ortsansässigen Philister desselben Ortes“. Nähere Angaben über das Selbstverständnis der Zirkel können allenfalls der Mustersatzung für die Philisterzirkel entnommen werden. Dort wird als Vereinszweck die „Pflege der Verbandsgrundsätze im privaten und öffentlichen Leben sowie der Geselligkeit“ angegeben.[2]

Die Fassung der Kartellordnung von 1951 bringt lediglich die Präzisierung, dass die Zugehörigkeit nicht nur den Ort selbst, sondern auch die nähere Umgebung umfasse.[3]

1971:Aus Philisterzirkeln werden Ortszirkel

In der KV-Satzung von 1971[4] finden sich grundlegende Neuerungen.

1. Die Zirkel verstehen sich nicht mehr als exklusive Vereinigungen der Alten Herren. §29 Absatz 1 nennt als Mitglieder „die am Ort oder in einem Ortsbezirk wohnenden Kartellangehörigen (Aktive und Alte Herren)“. Augenfälligster Ausdruck dieses neuen Verständnisses ist der noch heute geläufige Ausdruck „Ortszirkel“. Damals gingen die seitherigen Philisterzirkel sowie die zuvor von den Aktiven stärken besuchten Ferienzirkel in die Ortszirkel auf.[5] Das neue Verständnis findet auch Ausdruck im Aufbau der Satzung: Die Zirkel gehören nicht mehr zur den Philistervereinigungen, sondern bilden mit den Ortskartellen und den Zirkelverbänden den Abschnitt

---

1 Die Verfassung des Verbandes der katholischen Studentenvereine Deutschlands. (Berlin zweite überarbeitete Auflage 1919).

2 Anhang zur Verfassung des KV von 1913. Abschnitt II: Mustersatzungen für Philistervereinigungen §119. Die §§120-128 regeln die Institutionen der Zirkel. Die genannten Verbandsgrundsätze finden sich in §1 der Verbandssatzung: "Religion, Wissenschaft, Freundschaft".

3 § 94 der Verfassung des KV in der Fassung von 1951 (Beckum 1951).

4 Kartellverband katholischer deutscher Studentenvereine (KV): Satzung, Geschäftsordnung, Gerichtsordnung. Als verbandsinternes Manuskript gedruckt. (Beckum 1984. künftig: KVS.

5 Kb. Kamper in: AM (Januar 1971).

„Zusammenschlüsse". Konsequenterweise ist deshalb nicht mehr der Altherrenbund für die Belange der Zirkel zuständig, sondern der KV-Rat.[1]

2. 1971 wird der Vereinszweck der Zirkel genau definiert: Es geht um die „Pflege der kartellbrüderlichen Verbundenheit", die vereint wird mit der anschließenden Aufforderung, die Zirkel sollten „gesellschaftspolitische, kirchenpolitische und bildungspolitische Aktivität entwickeln und für die Weiterbildung ihrer Mitglieder in diesen Bereichen Sorge tragen".
3. Die Zugehörigkeit zum Zirkel und die Pflichten innerhalb des Zirkels regelt dieser selbst (§29(2) KVS). Dies bedeutet gewissermaßen eine Kompetenzverlagerung vom bis dahin zuständigen Altherrenbund (§95 Kartellordnung von 1951). Dies kann man als eine Stärkung des Subsidiaritätsprinzips im KV verstehen.

Ein paar Worte zu den Zirkelverbänden

Die KV-Verfassung von 1913 äußert sich sehr zurückhaltend über diese Einrichtung. Nach §77 treten die Zirkel nach Lage der örtlichen Verhältnisse zu Zirkelverbänden zusammen. Dies lässt darauf schließen, dass zum damaligen Zeitpunkt Zirkelverbände bestanden haben, es aber keine Bestrebungen gab, diese besonders hervorzuheben. So kann man in der damaligen Mustersatzung lesen: „Ein Zirkelverband ist eine Vereinigung mehrerer Zirkel zu gemeinsamen Tagungen und derer, die keinem Zirkel angehören".[2]

Dahingegen hat die Kartellordnung von 1951 sehr konkrete Vorstellungen und blickt optimistisch in die Zukunft: „Die örtlichen allgemeinen KV-Altherrenzirkel haben sich in einem Gebiet, das eine gewisse geographische, geschichtliche oder verwaltungsmäßige Einheit bildet, zu AH-Zirkelverbänden zu vereinigen".[3] Das war ja die Blütezeit des KV. In diesem Sinne regte Kb Johannes Henry an, dass die damals 189 Zirkel sich in bundesweit 12 Zirkelverbänden organisieren sollten, um die Zusammenarbeit regional zu verstetigen.[4] Die KVS von 1971 ist wieder wesentlich zurückhaltender, denn die Satzung stellt lediglich die Möglichkeit in Aussicht, solche Verbände zu gründen. Die geringe Bedeutung der Ortszirkelverbände machen auch die Zahlen deutlich: 1981 zählte man acht Verbände[5], 2015 waren es auf dem Papier fünf.

---

[1] Hans-Heinrich Eller: Die Ortszirkel- "Säulen des KV". Geschichte und Bedeutung der örtlichen Zusammenschlüsse. AM (Februar 1985), S.13/14. siehe hierzu auch §29 (4) KVS.

[2] §129 im Anhang der KV-Verfassung von 1913.

[3] § 96 KV-Satzung von 1951.

[4] Henry, S. 138.

[5] Eller S. 14, außerdem die KV-Jahrbücher 1991und 1994.

Die Zirkel in der Verfassung: Eine Zusammenfassung

Der Blick in die Satzungen hat deutlich gemacht, dass der KV die Zirkel erst spät in seiner Verfassung wahrgenommen und noch später auf einen Vereinszweck hin definiert hat. Seit 1971 sind Aktive neben den Philistern formal gleichberechtigte Mitglieder. Es ist aber wahrscheinlich, dass die Aktiven sich auch im letzten halben Jahrhundert in erster Linie ihren Korporation verbunden gefühlt haben. Vielleicht hat die gleichzeitig mögliche Mitgliedschaft in einem Zirkel nach dem Studium den Übergang erleichtert.

IV. Legendäre Anfänge? Wie es zu den Zirkelgründungen gekommen ist

Letztlich wurzeln die Zirkel im Lebensbundprinzip, und trotz der Verfassung von 1971 geht es in erste Linie um Möglichkeiten, dass sich Alte Herren treffen können. Was heute so klar vor uns steht, hat sich aber erst nach und nach geklärt.

Wie bleibt man als Alter Herr KVer?

Der Gedanke eines Philisteriums findet sich erstmals in den studentischen Orden des 18. Jahrhunderts, insbesondere in den Satzungen der Jenaer Amisziten von 1791: Dem Lebensprinzip dieser Korporation zufolge sei die Zugehörigkeit zu einer Korporation nicht auf die Studienzeit begrenzt, sondern solle eine lebenslängliche Bindung bedeuten. Die aus den damaligen Orden entstandenen „Provinziallogen“ waren allerdings nur von kurzer Dauer.[1]

Der KV selbst befasste sich nach seiner Konstituierung 1866 erstmals auf der Generalversammlung (künftig: GV) in Münster 1867 mit dem Thema. Bei diesem Konvent wurde - wenn auch vergeblich- die Gründung eines katholischen Männerbundes angeregt, dem sich alle Kartellbrüder nach dem Studium zur Pflege der Amicitia anzuschließen hätten. Auf Ebene der Korporationen entstand parallel dazu schon früh das Bedürfnis, dass man für die Zeit nach dem Studium einen Rahmen für das Lebensbundprinzip brauchte. Hier waren die Bayern Vorreiter. Der erste Philisterverein war derjenige der Ottonen von 1876/77.

Zurück zur Kartellebene: 1880 klärte der KV dann, was und wer ein Philister sei: ein Kartellbruder, der ins öffentliche Leben eintritt. Entsprechend den feierlichen Riten damals beschloss beispielsweise die K.St.V Alamannia 1892, jedem zu diesem Zeitpunkt ein Philisterdiplom auszustellen. Dies erfolgte sogar kostenlos, wenn die betreffenden Außenstände beglichen waren.[2]

---

1 Siegfried Hermsteiner: Aus der Geschichte des deutschen Korporationsstudententums, in: KV-Handbuch. Herausgegeben im Auftrag des KV von Paul Benkart. Beckum 1957,) S. 44-57, hier S. 45.

2 Josef Forderer: Katholische Studentenverbindung Alamannia Tübingen 1962, S. 61.

Zeitweilig eine Glaubensfrage: Kartell- oder Korporationsprinzip?

Auf Kartellebene ging es Ende des 19. Jahrhunderts um die Grundsatzfrage, ob die überall verstreut lebenden Philister ausschließlich ihrem Verein verbunden bleiben sollten, oder ob es vor Ort Angebote über den Verband geben sollte[1]. Damals ging es also um ein „Entweder - Oder". Ob nun der Kartell- oder der Korporationsgedanke Vorrang haben sollte, war eine Frage, die über mehrere Jahre Gelegenheit für viele und lange Debatten bot. Auf der GV 1872 in Göttingen wurde ein Antrag eingebracht, dessen Grundgedanke später in den Zirkelverbänden wieder auftauchte. So sollte das damalige Reichsgebiet durch den Verband in Kreise um einen zentralen Ort oder eine Universitätsstadt eingeteilt werden. Jeder Philister sollte dem Kreis, in dem er wohnhaft war, auch angehören. Dieses Projekt, das eine zentrale Steuerung durch den Verband voraussetzte und das Kartellprinzip favorisierte, fand keine Mehrheit. Stattdessen beschloss die GV 1872, die sich wie alle GV zu dieser Zeit ausschließlich aus Aktiven zusammensetzte, den Korporationsgedanken zu favorisieren[2]. Allerdings wurde vorerst nichts abschließend entschieden, man überließ die weitere Entwicklung ganz pragmatisch der Initiative der Philister.

Zum damaligen Zeitpunkt existierte noch kein Altherrentag. Zur Klärung der die Philister betreffenden Fragen tagte 1873 - auf privater Ebene - ein Philisterkongress in Bonn, und dort einigte man sich auf eine Stärkung des Lebensbundprinzips nach dem Kartellgedanken. In einer Resolution wurde beschlossen, es sollten jährliche Zusammenkünfte der Verbandsphilister stattfinden und örtliche Philisterzirkel gebildet werden, deren Versammlungsort in den Korrespondenzblättern publiziert werden sollte. Wie es gute parlamentarische Tradition ist, wurde zur weiteren Klärung solcher Fragen ein Ausschuss gegründet, der allerdings in der Geschichte nicht mehr auftaucht. Der schon erwähnte Philisterkongress in Bonn von 1873 blieb keine Ausnahme, denn ab 1881 fanden solche regionalen Zusammenkünfte regelmäßig statt, wenn möglich im Anschluss an das Stiftungsfest eines benachbarten Kartellvereins oder im Rahmen eines Ferienkommerses des Verbandes. Die Beschlüsse des Philisterkongresses von 1873 wurden später vom Verband offiziell auf den GV 1877 und 1879 begrüßt. Gleichwohl betrachtete der Verband die Organisationen des Philisteriums weiterhin als private Vereinigungen und nicht als offiziellen Teil des Verbandes.

Die Lösung: KVer haben letztlich zwei Mitgliedschaften

Damit ist der sehr breit angelegte Rahmen für die weitere Entwicklung gesetzt:

---

1 Eller S. 13.

2 Forderer S. 6.

Der Kartellverband ermöglicht die Verwirklichung beider Formen der Organisation des Lebensbundprinzips, nämlich die Gründung von Zirkeln wie auch von Altherrenvereinen, ohne die Entwicklung insgesamt rechtlich einzuengen. Da die Gründung der Zirkel zur damaligen Zeit zwar durch die Philister erfolgte, die Zirkel aber nicht in den Statuten des KV Erwähnung finden, kann davon ausgegangen werden, dass viel im Fluss war, probiert, verworfen oder beibehalten wurde.

Parallel zur Herausbildung der ersten Zirkel stellte sich auf Verbandsebene alsbald die Frage, wie die Zirkel enger an die KV-Organisation eingebunden werden könnten. In der 1888 aufgestellten Satzung des Münsteraner Zirkels wird in §1 ausdrücklich als Vereinsprinzip angegeben, „die Philister einander anzunähern, um das Interesse für den Verband zu stärken". Doch wie umsetzen? Nach gut zwei Jahrzehnten Grundsatzdiskussion in entsprechenden Gremien setzte sich 1905 die Auffassung durch, dass auf Verbandsebene eine Philisterorganisation zu schaffen sei, die beide Auffassungen berücksichtige, also das Kartell- wie auch das Korporationsprinzip. Auf den Grundsatzbeschluss folgte dann noch ein Jahrzehnt weiterer Beratungen: In dem von Kb Rechtanwalt Dr. ten Hompel der Vertreterversammlung 1909 vorgelegten Entwurf, der nach zwei Lesungen 1911 und 1912 und nach einer Bearbeitung durch einen Verfassungsausschuss 1913 auf der Vertreterversammlung zu Strassburg als Verbandsverfassung[1] verabschiedet worden war, wurde schließlich festgeschrieben, dass jeder in dem betreffenden Gebiet ansässige Philister zum Beitritt in den entsprechenden Zirkel verpflichtet sei.

Erste Zirkelgründungen - die Welt außerhalb des Südwestens

Im Folgenden soll nun ausschließlich interessieren, wie sich die Organisation der Philister nach dem Kartellprinzip in Zirkeln vollzogen hat. Die Idee der lokalen Ortszirkel setzte sich auch deshalb immer stärker durch, weil es in immer mehr Städten und Gegenden immer mehr Alte Herren gab, die darüber hinaus in unterschiedlichen Verbindungen aktiv gewesen waren. Im Protokoll der GV von 1877 sind bereits zwei Zirkel erwähnt, die 1875 auf privater Ebene in Köln und Trier entstanden sind, der Zirkel „Alter Zoll" zu Bonn folgt 1886, und außerhalb der Rheinlande entstand 1894 in Lothringen der Zirkel in Metz. Anlässlich des Katholikentages 1899 in Bochum wurde auch dort ein Ortszirkel gegründet[2], zur gleichen Zeit derjenige von Düren, 1900 einer in Hagen[3]. Diese Orte belegen auch, dass die ersten Zirkel im katholisch geprägten und bevölkerungsreichen Rheinland das Licht der Welt erblickt haben. Nicht selten

1 Vorwort zur Verfassung des KV (Berlin 1919).

2 Hufnagel, S. 4/5.

3 AM Nr.1 1904 (25.10.1904), S. 16/17

waren die Gründer Persönlichkeiten, die auch sonst in den Städten relevant waren. Dies half sicherlich, möglichst alle Philister vor Ort zur Teilnahme zu gewinnen und eine öffentliche Beachtung zu erlangen. So hat beispielsweise der Bürgermeister der Stadt Menden im Sauerland auch den dortigen OZ gegründet[1].

Der Südwesten: Am Anfang war die Alamannia …

Was den Süden angeht, so ist eine Entwicklung feststellbar, die durchaus ihre eigenen Züge trägt. Anfangs war die Alamannia ja die einzige KV-Verbindung im Königreich. Und viele der Studenten aus Württemberg kamen zum Studium in erster Linie nach Tübingen und kehrten danach nicht selten in ihre Heimatorte zurück. Entsprechend waren die meisten Philister in Württemberg Alamannen. So entstand 1892 in Stuttgart ein Verein der Philister Alamanniae für ganz Württemberg. Dieser umfasste aber auch Philister aus Hohenzollern, Südbaden und der Schweiz. Die Statuten des Vereins wurden bereits im Herbst 1892 im oberschwäbischen Ravensburg beschlossen und mit einem Kommers im dortigen Bahnhofshotel entsprechend gefeiert (das Konzerthaus wurde erst 1897 eröffnet). Beschlossen wurde: Die Tagungen sollten jeweils im Herbst in zentraler Lage meist in Plochingen (Bahnknotenpunkt) stattfinden und mit einem Ferienkommers verbunden werden. Das war der erste Schritt sozusagen nur auf Alamannen-Ebene. Hier sei noch ergänzt: Für die Alamannia wurde 1902 ein eigener Hausbauverein der Alten Herren gegründet.

… dann folgten die KV-Zirkel

Doch im Lauf der Jahre ließen sich in Württemberg dann doch immer mehr KVer nieder, die nicht Alamannen waren. Vor diesem Hintergrund war 1897 das Geburtsjahr des Zirkels Stuttgart, 1902 gefolgt von einem Zirkel mit der damaligen Bezeichnung "Oberer Neckar", der später unter dem Namen „Jockele sperr“ bekannter wurde. Während der Stuttgarter Zirkel der Kategorie eines lokalen Zirkels zuzuordnen ist, verstand sich der Zirkel „Oberer Neckar“ als regionaler Zirkel für die KVer zwischen Rottweil und Reutlingen[2]. Wahrscheinlich ist dieser Typus eines „regionalen“ Ortszirkels charakteristisch für Württemberg mit seinen kleinen Städten - im Unterschied zum Rheinland. 1905 wurde in den Akademischen Monatsblättern ein neuer schwäbischer Ortszirkel in Ellwangen angekündigt, der mitteilen ließ, einen Namen habe man noch nicht gefunden (der Zirkel ist heute als „Virngrund“ bekannt geworden) und die Formalien eine Satzung brauche man nicht[3]. 1907 entstand

---

[1] Bernhard Pfändtner: Tradition und Fortschritt. 75 Jahre KV-Philisterzirkel "Domreiter" Bamberg. in: AM, Februar 1985, S. 15/16, zu Menden: AM, September 1975.

[2] Forderer S. 61/62

[3] AM (25.6.1905), S. 193. (Die hohe Seitenzahl bezieht sich auf den Jahresband 1905).

in Ravensburg der Zirkel „Mehlsack“ auf eine Initiative von Prof. Bökeler hin[1]. In den 1920er Jahren konstituierte sich im Norden Württembergs der Zirkel Heilbronn, der sich damals vornehmlich aus Alamannen rekrutierte und dessen Einzugsgebiet sich zeitweise bis Neckarsulm erstreckte[2].

Regional ist nicht gleich regional

Darüber hinaus entwickelten sich auch Zirkelverbände. Zu Beginn des 20. Jahrhunderts traten die Zirkelverbände in zwei Erscheinungsformen auf: Von überragender Wichtigkeit waren sie in Regionen der Diaspora[3], insbesondere in den östlichen Regionen des Reichsgebiets, die großteils protestantisch geprägt waren und in denen es keine lokalen Zirkel gab. Die Verbände ermöglichten mit der Durchführung von Ferienkommersen in zentralen Orten, dass sich die weit zerstreut lebenden Kartellbrüder ab und an aber regelmäßig versammeln konnten. Die häufigere und bis in die Gegenwart praktizierte Erscheinungsform ist aber der formelle oder auch lose Verbund mehrerer Zirkel in den Kerngebieten des KV, um Großveranstaltungen möglich zu machen. 1952 ist auch ein Zirkelverband „Oberschwaben“ entstanden, und zwar in Ravensburg im Rahmen eines Festkommerses, bei dem Landgerichtspräsident AH Hermann Bendel die Festrede hielt. Wann die formelle Auflösung dieses Verbandes war, blieb bisher ein Geheimnis.

Neuanfänge

Interessanterweise erfolgte die Gründung einiger der später lebendigsten Zirkel im Süden der Republik erst nach 1945. Der heutige Stuttgarter Zirkel führt sein seitheriges Bestehen auf die Neugründung im Jahr 1947 durch Konstantin Ilg zurück[4], Wangen hat seine Ursprünge ebenfalls in dieser Zeit[5]. 1983 beschlossen die KVer am Bodensee ihren schon seit den 1970er Jahren bestehenden Stammtisch zum OZ „Bodensee“ zu erheben, also ein regionaler Zirkel[6]. Gerade dieses Beispiel zeigt nochmals den Charakter eines Zirkels auf. Am Anfang stand meist eine Art Treff oder Stammtisch. Und wenn es genügend Teilnehmer gab, so dass auch ein Jahresprogramm möglich wurde, dann erfolgte eine Gründung als Ortszirkel.

Auf der anderen Seite gibt es auch regelmäßige Verbünde Alter Herren, die durchaus eine Art Vereinsleben im Sinne der Satzung pflegen, aber auf die

---

1 Schorp/Häring jun. S. 1.

2 Rudolf Czermak: KV OZ Heilbronn - ein Rückblick. Heilbronn 1995.

3 §77 in der Verfassung von 1913. Dort ist den Verbänden die flächendeckende Betreuung aller außerhalb der Zirkel existierender KVer zugewiesen.

4 Hans Peter Greulich: High lights vom OZ Stuttgart. Leonberg 1995, S. 1.

5 Pilgram: Wangen.

6 Wenk: Bodensee.

formelle Gründung eines Zirkels bewusst verzichten. So lässt sich vielleicht der „Alamannenstammtisch Filderstadt“ verstehen, ein Paradebeispiel für einen privaten, informellen Kernzirkel.

V. Über die Lebendigkeit der Ortszirkel: Geschichte und Geschichtchen:

Sind die Zirkel erst einmal gegründet, dann steht ihnen eigentlich nichts mehr im Wege, um weltbewegenden Taten entgegenzuschreiten. Dies ist in der Regel die Perspektive des Chronisten, der auf der Suche nach der großen Geschichte ist, der aber nach vielen Berichten zur Erkenntnis kommen muss, dass es eigentlich die Geschichtchen sind, die das Zirkelleben prägen. Damit sei wieder an die Einleitung und die definitorische Trennung zwischen dem Kernzirkel und dem Teilnehmerzirkel erinnert. Über die Geschichtchen, die meist mit dem Kernzirkel verknüpft sind, lässt sich in dieser Abhandlung kaum berichten, es sind Anekdoten über Veranstaltungen, es sind Ausflüge und Stammtische ohne eigentliches Programm, private Feiern oder eben auch schlicht Rückblicke in die Zeit der „Alten Burschenherrlichkeit“.

Hat der KV dank der Zirkel überlebt? Diktatur und Nachkriegszeit

Die fundamentale Rolle der Kernzirkel für die Existenz des KV vor Ort wird in Krisenzeiten besonders deutlich, wenn das öffentliche Zirkelleben nicht mehr möglich ist. Daher einige Schlaglichter auf den Nationalsozialismus und die Jahre im und nach dem Krieg. Immerhin hat die NS-Diktatur ja zum Ende eines eigenständigen Korporationslebens geführt. Dass der KV diese Zeit überlebt hat, verdankte er in erster Linie den Zirkeln vor Ort und im Grunde den oft informellen Kernzirkeln.

So berichtete Bb Dr. Eugen Reiner, wie die bundesbrüderliche Verbundenheit des Ortszirkels in den Jahren der Diktatur die Existenz des Zirkels und sogar der Alamannia auf privater Ebene gesichert hat. Interessant ist auch, wie sich während der Kriegsjahre einige junge Mitglieder in den Ortszirkel einreihten – es gab ja keine aktive Verbindung - und so eine Zukunftsperspektive aufzeigten[1]. Ähnlich Ravensburg, wo der engere Zirkel sich unter der Federführung von Rechtsanwalt Bb Hermann Bendel privat weiter im bewährten Lokal getroffen hat. Dies war möglich, weil der Inhaber der Brauereigaststätte „Bechter“ seiner Stammkundschaft ein Zimmer zur Verfügung stellte. Dies zeigt noch eine sympathische Seite der KVer: Man ist nicht elitär von der kommunalen Gemeinschaft abgesondert, sondern ein Teil von ihr. Wahrscheinlich kannte man den Wirt über das gemeinsame Engagement in einem anderen Verein. Ein weiteres Beispiel für die private Weiterführung des Zirkellebens in der Kriegszeit führt Kb Rudolf Czermak für den Zirkel in Heilbronn an.

---

1 Reiner, S. 5.

Nach dem Krieg begann das Zirkelleben in vielen Städten lange vor der offiziellen Wiederbegründung des Verbandes. In Tübingen traf man sich bereits im Frühsommer 1945 wieder im „Kaiser“, dort erhielt der Zirkel auch bald mit dem Beginn des politischen Engagements von Bb Gebhard Müller öffentliche Bedeutung. Eindrucksvoll ist auch die frühe Wiederbelebung des Zirkellebens und die frühe Lizensierung durch die Besatzungsmächte im zerstörten Berlin, was ohne einen vitalen Kernzirkel nicht möglich gewesen wäre. Im Fall von Bamberg fanden ab 1946 wieder regelmäßige Treffen statt, so dass dann 1948 die formelle Neugründung erfolgen konnte[1]. Auf die Initiativen in den Zirkeln aufbauend, konnte auch die Wiederbelebung des Verbandes gelingen: Bereits im September 1947 trafen sich die Ortszirkel und die bestehenden Altherrenvereine in Bochum, an Pfingsten 1949 fand der erste Altherrentag in Würzburg statt[2].

Wann ist ein Zirkel attraktiv? Einige unverbundene Schlaglichter

Zum Alltag der Zirkel hat neben der Pflege von Freundschaft und Geselligkeit immer auch ein Programm gehört, wie es ja auch in §29 (1) KVS vorgegeben ist. Dieses Programm hat in der Regel auch immer die Familien mit einbezogen und teils auch zur öffentlichen Wahrnehmung beigetragen. Die vielen Beispiele aus den Programmen der einzelnen Ortszirkel bis heute mit internen und externen Referenten, mit Ausflügen und Bildungsreisen, mit Diskussionen zur aktuellen Fragen zur eigenen Stadt oder zur Weltlage sowie das Feiern des Jahreskreises seien hier nur summarisch angesprochen.

Was das Charakter des Programms angeht, so sei – die Quellen aus Gründen des Unterhaltungswertes bewusst etwas verzerrend – noch an einen „genius loci“ erinnert. Man wird insbesondere bei der Lektüre der Berichte bis zur Mitte des 20. Jahrhunderts den Eindruck nicht los, als ob das Zirkelleben im Rheinland rauschender und ausgelassener, im Schwäbischen eher pietistisch-besinnlich war. Gerade in den Wirtschaftswunderjahren gab es wohl zur Karnevalszeit am Rhein legendäre KV-Bälle, erwähnt sei ein Kostümball 1956 in Düsseldorf mit drei Kapellen[3]. Umgekehrt erfreute man sich bei einem Treffen der Alamannen-Philister in Rottweil 1905 an der Rezitation von „erbaulichen Liedern und Gedichten“[4]. Das hat sich geändert. Denn später erlangte der OZ Stuttgart wegen seiner großen Herbstreisen verbandsweite Berühmtheit.

---

1 Bernhard Pfändtner (Bamberg), S. 15. In diesem Sinne auch: Hans Siebeneick (Düren) S.5. Für die anderen Fälle siehe: Schorp/Häring jun.: Ravensburg; Reiner: Tübingen; Kb. Stenzel in KV-Mitteilungen Nr.9 (Juni 1950), S. 4.

2 Wilhelm Popp: Gedanken über den Altherrentag. in: KV-Mitteilungen. Monatsblätter für die alten und jungen Angehörigen des KV. 1. Jahrgang 1949/50, S. 2.

3 Schwarzes Brett, 57. Jahrgang (März 1956) S. 6 und S.90.

4 AM (März 1905) S. 138.

Georgien-Reise des OZ Stuttgart 2012

Große Ortszirkel, auch große Aktivitates, der große Optimismus im KV, dafür standen die Boom-Jahren ab etwa 1950. Das war die Zeit, als der KV mit Konrad Adenauer den Bundeskanzler gestellt hat, und irgendwie stand nun auch der KV für die damals eingeführten Reformen samt Westorientierung, und zwar in Abkehr von einem obrigkeitlich geprägten Staatsverständnis, mit dem man bis heute die Burschenschaften und Korps in Verbindung bringt. Der KV stand also für diese neue Zeit[1]. Anders als heute gehörte es durchaus auch zum guten Ton, katholisch zu sein, und auch daher war der KV neben dem CV und auch dem UV attraktiv. Nicht umsonst gab es damals die meisten Aktiven, von denen nach „1968" vielleicht aber nicht alle geblieben sind. Diese Stimmung spiegelt sich auch in den Zirkelveranstaltungen der 50er Jahre wider. So ist damals oft von der Verantwortung des katholischen Akademikers für die neue Sozialordnung die Rede[2].

Auch ohne die formelle Gründung eines Zirkelverbandes hat die Zusammenarbeit mehrerer Zirkel immer eine Rolle für besondere Anlässe gespielt. So hat der OZ Stuttgart über viele Jahre mit Heilbronn und Ulm zusammenarbeitet, und ganz im Süden die Zirkel Bodensee, Wangen und Ravensburg länderübergreifend mit dem OZ Kempten. Letztere organsierten nicht zuletzt in den 1950er Jahren Dreikönigsgottesdienste im Allgäu oder KV-Bälle in Friedrichshafen.

---

1 Th. Maier: Der Weg des KV seit 1949. AM (Juli 1955), Nr. 55, S. 273-277.

2 Hufnagel (Bochum), Kb. Peters: Die „Kluse" feiert Geburtstag. Der Essener Altherrenzirkel 70 Jahre alt. in: KV- Mitteilungen Nr. 5 (Februar 1950). S. 3/4.

Zu Attraktivität eines vitalen Zirkels gehörte auch immer die Einbindung der Damen. Diese nehmen eben nicht nur an Veranstaltungen teil, sondern haben vielfach auch eigene Treffen. Erwähnt sei, dass der Dürener Zirkel zu Beginn des 20. Jahrhunderts regelmäßig Damenkneipen gefeiert hat[1].

Unabhängig vom Programm sei nochmals auf den eingangs erwähnten Begriff eines Kernzirkels verwiesen: Ob ein Zirkel nun groß oder klein ist, es braucht einen Kern ehrenamtlich Engagierter, der den Zirkel trägt. Entscheidend ist, dass diese Gruppe nicht zu abgeschlossen ist, sondern ein möglichst breites Alters- und Interessensspektrum abdeckt und auch ohne Programm etwas mit sich anzufangen weiß. Solche Gedanken spielten bei der Vitalisierung des OZ Stuttgart zu Beginn der 1980er Jahre eine Rolle[2].

Besuch des Kartellverbands Schwäbisch Gmünd bei der Deutschen Bundesbank, 29. März 2012

Auch ganz im Süden: Große KV-Ereignisse

Vielleicht ist es ja die gefühlte Nähe zu Italien. Jedenfalls hat es den KV und die Philister schon früh ganz in den Süden gezogen. Nach dem bereits erwähnten Gründungskommers 1892 des Vereins der Philister Alamanniae in Ravensburg begann 1907 eine langer Tradition herbstliche Zusammenkünfte der KVer in Friedrichshafen[3]. Dass diese Tradition eine Verpflichtung für Gegenwart und Zukunft darstellen sollte, hat auch Bb Dr. Josef Forderer betont: Denn bei

---

1 Reiner S. 1, Kumor S. 211, Kb. Siebeneick, in: AM Nr.1 (Oktober 1904) S. 16.

2 Kumor, Michael J.: Aus der Arbet eines Ortszirkels, in: KV-Handbuch 1984, S. 209-212.

3 Forderer S. 62.

diesen Zusammenkünften würden doch immer neue wissenschaftliche Erkenntnisse vorgestellt, die „anderntags die Spalten der großen Presse füllten."[1] Forderer bezog sich beispielsweise auf die Rede des Bonner Wirtschaftshistorikers Kb Aloys Schulte, der über seine 1923 erschienene „Geschichte der Ravensburger Handelsgesellschaft" referiert hat.

Darüber hinaus: Der OZ Ravensburg war Organisator von drei Kommersen im Konzerthaus. Dies war 1956 der Übergabekommers unter Vorortspräsident Bb Gebhard Ziller, bei dem Gebhard Müller und Bb Kurt Georg Kiesinger zu den Rednern gehörten. 1985 folgte der Übergabekommers 1985 mit Vorortspräsident Bb Rupert Felder und Bb Heiner Geißler als Festredner. Zuletzt fand ein KV-Oberschwabenkommers 1995 im Konzerthaus statt, damals mit Prof. Hans Maier als Festredner und Bb Max Gögler als Schirmherr. Als Auftakt einer neuen Reihe gedacht, war dieser Oberschwabenkommers zugleich Schlusspunkt. Vielleicht war der Termin in den Semesterferien nicht ideal, jedenfalls hielten die Besucherzahlen sich in Grenzen, und der mit der Finanzierung mit befasste OZ Mehlsack hat um das Thema seither einen weiten Bogen gemacht.

VI. Die Zukunft der Ortszirkel – Teil 1 (1996)

Das Gefühl einer Krise ist ein halbes Jahrhundert alt

Seit den 70er Jahren finden sich in den Veröffentlichungen des KV Klagen über den Niedergang. Als Grund wurde meistens der Wertewandel angeführt, der sowohl mit „1968" und dem materiellen Fortschritt verbunden wird: „Mit wachsendem Wohlstand schwanden die Tugenden", „Viele Vorstände verfielen unter dem Eindruck des Protestes gegen Altes, gegen Bürgervereinigungen in Halbschlaf", „Die Jungphilister verkannten den Zweck"[2].

---

1 Forderer in: AM, 68. Jahrgang (August 1956) Nr.11/12, S. 290. In neuerer Zeit wurde immerhin die Rede von Kb Kötting anlässlich des 100-jährigen Jubiläums des OZ Münsters im Rheinischen Merkur abgedruckt. siehe: AM (Oktober 1977), S. 216.

2 Zitate aus: Hans Siebeneick: Auszüge aus dem hundertjährigen Tagebuch des Kreiszirkels Düren. in: AM 1/1986. S. 6.

Schritte auf KV-Ebene

Wie ist der KV allgemein und in Bezug auf die Ortszirkel mit diesen Fragen umgegangen? Zwei Aussagen fallen dabei allgemein immer wieder auf: So erschien es schon in den 70er Jahren notwendig, dass die Zirkel wieder verstärkt an die Öffentlichkeit treten, um ihre Existenz deutlich zu machen[1]. Gleichzeitig wird immer wieder die Sorge formuliert, man möge es vermeiden, allzu „eingefahrenen Gleisen" zu folgen[2].

Vielleicht ist die Neudefinition der Ortszirkel 1971 schon in der Hoffnung erfolgt, neue Impulse durch Einbezug der Aktiven zu gewinnen. Das Ergebnis war aber eher ernüchternd - so die Analyse des „Arbeitskreises OrtszirkelAktive" auf der VV in Regensburg 1985. Aus der Lektüre der Akademischen Monatsblätter gibt es hingegen eine interessante Trendwende: Anders als zuvor finden sich seit Ende der 70er Jahre wieder viele Berichte über die Aktivitäten und die Jubiläen einzelner Zirkel. Hoffnungen verbanden sich auch mit einem außerordentlichen Altherrentag in Würzburg um 1992, der als die größte Versammlung dieser Art seit Jahrzehnten gerühmt wurde[3]. Ein Arbeitspapier von Kb Wolfgang Löhr aus den 90er Jahren, das die Situation der Zirkel untersucht und die Stärkung des Zirkellebens thematisiert, macht deutlich, dass die Möglichkeiten des Verbandes selbst begrenzt sind. Die Initiative müsse von Seiten der Zirkel selbst erfolgen, wie es auch ihrer eigenen Geschichte entspreche – so Kb Löhr.

Initiativen der Alamannen

Von Seiten der Alamannia sind mehrere solcher Initiativen zur Stärkung der Verbindung zwischen den Zirkeln und dem Philisterium bekannt. So besuchte Bb Alfred Haile zu diesem Zweck 1976 die einzelnen Zirkel[4]. 1993 gab es das schon erwähnte Treffen des AH-Vorstandes mit den Vorsitzenden von 13 Ortszirkeln Württembergs. Damals wurde einmal mehr betont, dass die Lebendigkeit der Zirkel eng mit der Einbindung der Familien ins Programm zusammenhänge[5]. Über den Rahmen der Alamannen hinaus gab es 1991 auf Anregung des OZ Bodensee eine Aussprache der OZ-Vorsitzenden aus der Region mit Kb Klaus Gierse vom Altherrenbund[6]. Zudem haben Max Gögler und Bb Sylvester Held im neuen Jahrtausend die Ortszirkel besucht, um diese anzuhalten, neue Mitglieder zu werben („Keilen tut Not").

---

1 Siebeneick S.6.

2 Josef Witte, in: AM (Oktober 1977), S. 214.

3 AM (Februar 1993).

4 Alamannenblätter. Neue Folge 54 (Mai 1976) S. 7.

5 Kuno Walter, in: Alamannenblätter. Neue Folge 88 (März 1993) S. 2/3.

6 Hubert Brugger, in: Alamannenblätter Neue Folge 86 (Juni 1992). S. 3.

VII. Die Zukunft der Ortszirkel – Teil 2 (2022)

Die Kurzfristigkeit, in der diese Aktualisierung des Textes von 1996 erfolgt ist, hat keine belastbaren Erhebungen zugelassen. Eine Anfrage auf der Facebook-Seite der Alamannia hat aber immerhin zwei Antworten gebracht.

Optimistisch zeigt sich Rolf Merz, Vorsitzender des OZ Ellwangen: Die Mitglieder treffen sich über das eigentliche Programm hinaus monatlich, zum Stammtisch kommen auch die Kartellbrüder aus Aalen und Bühlertann. Ebenso regelmäßig treffen sich die Damen. Zudem ist es gelungen, für den KV neue Mitglieder zu werben, die nunmehr auch das eigene Zirkelleben bereichern. Als besonderer Höhepunkt ist der erste Ellwanger Schlosskommers in Erinnerung geblieben. Kb Wilhelm Zoll antwortete, er gehöre mit 74 Jahren zu den beiden jüngsten Mitgliedern des OZ Bodensee. „Bald Zusammenschluss mit Ravensburg?" - so seine Frage. Zu ergänzen ist, dass der OZ Bodensee um Kb Hans-Jürgen Bangen auch in der Corona-Zeit kaum zu bremsen war, um das Zirkelleben mit seinem seit Jahren ambitionierten Programm zu pflegen.

Was den OZ Mehlsack angeht, kann der Autor nichts Autorisiertes beitragen, da seit dem Unfalltod unseres Vorsitzenden Kb Heinrich Angele und seit der Corona-Zeit alles irgendwie im Fluss ist. Es ist sogar so, dass sich die KV-Damen häufiger treffen wie die Kartellbrüder. Ganz allgemein sei betont, dass die Vitalität und die lange Zeit große Teilnehmerzahl beim OZ Ravensburg möglich geblieben ist, weil die Kartellbrüder der nicht mehr aktiven KStV Vineta (PH Weingarten) den Kern des Zirkellebens bilden. Sehr eng ist auch der Verbund mit dem OZ Bodensee und den Wangenern.

Abschließende persönliche Bemerkungen:

Ganz allgemein hat man den Eindruck – auch mit Blick auf die Posts der Alamannen auf Facebook -, dass man sich in erster Linie als Angehöriger der Korporation sieht und allenfalls in zweiter Linie als Mitglied eines Ortszirkels. Rein statistisch sieht es mit KVern in Oberschwaben gar nicht schlecht aus, es gibt durchaus Kartellbrüder vor der Pensionsgrenze. Und persönlich mag man sich auch. Aber beim OZ trifft man sich eher selten. Vielleicht fehlt eine gemeinsame Aufgabe. Möglicherweise ist das ein Vorteil der Service-Clubs: Da organisiert man eine Spendenaktion und inszeniert sich dann öffentlich als gut. Das schweißt zusammen, auch wenn man sonst wenig Gemeinsamkeiten hat. Was es für die Ortszirkel nicht leicht macht, ist der Markenkern des KV, die Religio. Die öffentliche Zurückhaltung der Zirkel hängt sicher auch damit zusammen, dass der Katholizismus der Gegenwart nicht mehr wie früher die allesentscheidende Klammer darstellt, und die Kirche ist derzeit ja auch nicht unbedingt „in". Und wenn man sich an Kontaktversuche bei den Pfarreien zwecks „Keilen" erinnert, dann hatte man nicht den Eindruck, dass die

Gemeinden den Kontakt zu katholischen Verbindungen unbedingt suchen („Ach, Sie sind in einer Verbindung?“).

Brauchen wir überhaupt einen KV? Eigentlich mehr denn je. Wenn wir weiter in einer Gesellschaft leben wollen, in der nicht nur die Kinder der etablierten Eliten Führungspositionen übernehmen, dann brauchen wir wertegebundene Verbindungen wie den KV, die auch einem „homo novus“ helfen, Prinzipen und Praxis unter einen Hut zu bekommen und um beim „Comment“ des gesellschaftlichen Umgangs souverän zu sein. Zudem: Unterhaltsame Reden kommen überall an. Die Krisen in der Gegenwart zeigen aber auch, dass man auf Ebene der Staaten oder auch eines Vereins Verantwortliche braucht, die Wertvorstellungen haben. Werte sind ja was anderes wie Ideologien, auch wenn das nicht immer auseinandergehalten wird.

Und was nun? Die Ortszirkel konnten entstehen, weil der damals junge KV Ende des 19. Jahrhunderts Initiativen vor Ort Freiheiten gelassen hat. Vielleicht sind wir heute wieder in einer Phase, in der man pragmatisch ausprobieren muss, wie man die Verbundenheit zum KV und im KV pflegen kann. An dieser Stelle können hierzu natürlich keine Vorschläge stehen. Nur der Gedanke: Die Pflege der amicitia ist nicht zu unterschätzen. Daher nochmals der Hinweis auf „die Filderstädter“, die eine eigene Form gefunden haben. Genannt seit auch der Alamannen-Freundeskreis der „Ritter derer von der Vogelweide“, die einmal jährlich über den Brenner fahren, um mal fünf grade sein zu lassen (Rupert Felder)[1].

Alamannenstammtisch Filderstadt in Dresden

Oder ganz allgemein: Die Zukunft der Ortszirkel hängt damit zusammen, dass die Zirkel dieser Zukunft in der Überzeugung entgegengehen, dass der Verband eine Zukunft hat. Dabei dürfen sie nicht in der Reproduktion oder Nachahmung der Vergangenheit erstarren. Es ist nämlich alles stets im Fluss und verändert sich. Jedenfalls ist es notwendig, in einer dem steten Wandel unterworfenen Welt, ein paar Sammelpunkte zu wahren und einige Gewissheiten zu gewinnen[2].

---

1 Das Standardwerk hierzu von Rupert Felder (a.a.O.) verweist auf Gebh. Mayerhofer: „La Strada. Wege und Umwege zum Wesentlichen“ (Cembra 2017) und Odilo Hengstler: „Ach Bach: Hubertus Kless an vergessenen Orgeln Italiens“ (Fenken 2018).

2 In völlig anderem Zusammenhang, aber in diesem Sinne: Maurice Couve de Murville: 1958-1969. München 1973, S. 404.

O jerum, jerum ...
Verbindung und Studieren unter Coronabedingungen.

Joshua Ruopp Al![1] Peter Sellnow Al![2]

Als der Weltgesundheitsorganisation im Dezember 2019 Fälle von Lungenentzündung mit unbekannter Ursache aus der Stadt Wuhan zugetragen wird, ist für viele noch nicht greifbar, was für ein tiefer Einschnitt dies sein sollte. Der mit „2019-nCoV", später mit „COVID-19-Virus" betitelte neuartige Virus wird Anfang Januar von chinesischen Behörden als Ursache identifiziert. Circa einen Monat später fasst das Thema auch an der Universität Tübingen Fuß:

„Sehr geehrte Damen und Herren,
liebe Kolleginnen und Kollegen,
in China leiden derzeit zahlreiche Menschen an einer Krankheit, die durch ein bislang unbekanntes Coronavirus ausgelöst wird. Der Erreger ist von Mensch zu Mensch übertragbar und breitet sich derzeit weltweit aus. Auch Deutschland ist inzwischen betroffen."

Dies sind die ersten Sätze, die die Universitätsleitung in einer ersten Unirundmail vom 4.2.2020 zum Corona-Virus an die Studentenschaft richtet. Drei Wochen später konkretisieren sich die Befürchtungen:

„Sehr geehrte Damen und Herren,
liebe Studierende der Universität Tübingen,
das neue Coronavirus hat nun auch Baden-Württemberg erreicht. Nach einem Krankheitsfall in Göppingen wurden in Tübingen zwei weitere Betroffene positiv getestet. Nach Informationen des Universitätsklinikums Tübingen befinden sich beide auf der Infektionsstation der Medizinischen Klinik."

Ein Coronafall in Göppingen, zwei in Tübingen – das sind Zahlen, von denen wir, stand April 2022, nur träumen können. Jedoch beginnt mit dieser am 28.02.2022 verfasste Rundmail das Kapitel ‚Coronavirus und Studium' nun wirklich.

Reaktionen der Universität

In diesem Artikel wollen wir alle LeserInnen an dieser nun mehr als zweijährigen Erfahrung vom Studium während Corona, und insbesondere, was dies für das Verbindungsleben bedeutet, teilhaben lassen.

---

1 Joshua Roupp, geb, 1999 in Bad Urach. Studienfach Informatik. Eintritt in Alamannia WS 2019/20.Vx WS 2020/21, x SS.2022.

2 Peter Sellnow, geb, 1995 in Aalen. Lehramtsstudium Latein und Geschichte . Eintritt in Alamannia SS 2017. vx SS 2018, xx WS 2018/2019.

Aus der oben erwähnten zweiten Mail werden von Seiten der Universität keine echten Konsequenzen gezogen. In den nächsten Tagen folgen Hinweise zur korrekten Husten- und Nies-Etikette und Händehygiene; Reiserückkehrer wurden gebeten zu Hause zu bleiben, und für den Infektionsschutz wurden einige weiter präventive Vorkehrungen getroffen. Sowohl die Lehrveranstaltungen als auch die Klausuren sollten aber in dieser vorlesungsfreien Zeit nach dem Wintersemester planmäßig fortgeführt werden.

Dies ändert sich am 13. März: Die Kultusministerkonferenz beschließt die Schließung der Schulen und Universitäten bis vorerst 20. April – auch die Universität Tübingen ist betroffen. Schlagartig werden sämtliche Präsenzveranstaltungen ausgesetzt. Die Entscheidung, die Bibliotheken und weitere Universitätsgebäude geöffnet zu halten, wird drei Tage später ebenfalls widerrufen. Innerhalb der nächsten Tage häufen sich die Mitteilungen über verschobene Klausurtermine; Prüfungs- und Abgabefristen werden geändert, das gesamte universitäre Leben kommt zum Stillstand.

Dem universitären Lockdown folgen eine Woche später auch weitergehende Maßnahmen im öffentlichen sowie im privaten Bereich: Kontaktverbote, Abstandsregelungen, die Schließung aller Dienstleister, Kultureinrichtungen und der Gastronomie sowie Großteilen des Einzelhandels bewirken eine starke Beschränkung des öffentlichen und privaten Lebens, welche auch auf unserem Verbindungshaus schnell spürbar werden sollten.

Gemeinsame Isolation auf der Alamannenburg

Um der immanenten Einsamkeit entgegenzuwirken, schließen sich im ersten Lockdown einige Bundesbrüder zur gemeinsamen Isolation auf der Alamannenburg zusammen. Die Zeichen für eine einträchtige Corona-Hausgemeinschaft stehen zu Beginn durchaus gut. So eine Zeit lässt sich sicherlich schlechter verbringen als in einer großen Jugendstilvilla, deren Keller stets mit Getränken aller Art gefüllt ist. Das Grundstück mit seinen zwei Balkonen und dem begehbaren Turm vermitteln der Wahlgemeinschaft wenigstens das Gefühl, nicht so ganz eingesperrt zu sein. Und was könnte es Schöneres geben, als mit seinen Bundesbrüdern ein unbeschwertes Leben während der Semesterferien zu führen? Dieser Isolationsalltag auf unserer Burg schließt gemeinsamen Frühsport (nicht aller) anwesenden Bundesbrüder, lange sonnige Nachmittage auf dem oberen Balkon und feuchtfröhliche Abende im Burgstüble und dem Wohnzimmer ein. Man organisiert sich in Kochgruppen, um allzu häufiges Einkaufen zu vermeiden und sich gegenseitig eine tägliche Freude zu bereiten. Das tägliche Zusammensein und die angenehmen Koch- und Trink-Abende schaffen in dieser Situation eine angenehme, corona-konforme Alternative zum sonst gewohnten Ferienprogramm.

Die anfängliche Euphorie der ersten zwei Isolationswochen verfliegt natürlicherweise mit der Zeit. Die gefühlt apokalyptische Gemeinschaft kann sich nicht wirklich aus dem Weg gehen, und so wächst der zu Beginn noch verleugnete Lagerkoller. Man beschließt schließlich nach knapp vier Wochen, die Isolationsgemeinschaft aufzulösen und beendet diese außergewöhnliche Zeit mit einer Pandemiekneipe im Kreise der Hausbewohner.

Online-Studium

Mit einer Woche Verspätung nimmt auch die Universität im April wieder ihren Betrieb auf – online. Präsenzveranstaltungen bleiben aus, und auch eine erhoffte spätere Möglichkeit die Uni als Lehr- und Lernort zu nutzen bleibt unerfüllt. Im Gegenteil, die Universitätsleitung schließt schon zeitnah eine Rückkehr zum Präsenzbetrieb aus. Stattdessen sorgt die Umstellung auf eine digitale Alternative für einen reduzierten Semesterbetrieb, und Professoren vermitteln Ihre Vorlesungsinhalte nun online. Mit Veranstaltungen - verteilt auf unzählige verschiedene Plattformen anstatt auf Hörsäle - wird der Studienalltag um 180 Grad gedreht: Während man bis dato noch anständig gekleidet das jeweilige Uni-Gebäude betreten hat, muss man sich nun zur Mathe Übung absurderweise noch nicht einmal eine Hose anziehen. Die ordentlichen Bänke in den Übungsräumen müssen dem Heimschreibtisch weichen, der neben seiner Funktion als Arbeitsplatz gleichzeitig auch Esstisch sowie Dreh- und Angelpunkt der meisten sozialen Kontakte darstellt. Und dieses Zuschalten zu Vorlesungen vom Schreibtisch ist noch das Höchste der Sittlichkeit: Im weiteren Verlaufe der Online-Lehre werden zunehmend auch Bett oder sogar Toilette als Hörsaalersatz missbraucht.

Professoren kämpfen mit nicht-funktionstüchtiger Technik. Durch die oft mit Schwierigkeiten verbundene Umstellung auf ein Alternativmedium leidet auch die Qualität der meisten Lehrveranstaltungen. Der fehlende persönliche Kontakt macht beiden Seiten zu schaffen: Während Studierende zwar keinerlei Kommilitonen um sich haben, sehen sie immerhin noch das Abbild ihres Professors, der seinerseits meist in einen dunklen Bildschirm mit Namen anstatt Gesichtern starren muss. Sonst gewohnte sichtbare Reaktionen auf den vermittelten Inhalt bleiben aus. Teilweise werden Vorlesungen sogar nicht mehr synchron, sondern nur als vorher aufgenommene Videos angeboten, und die einzige synchrone Schnittstelle bereiten wöchentliche Fragestunden mit den jeweiligen Dozenten. Fragen, die vorher persönlich nach der Vorlesung gestellt worden sind, werden auf Mailverkehr oder Onlineforen verlagert. Krakelige, mit der Computermaus gezeichneten Formeln auf digitalen Whiteboards ersetzen gut konzipierte Tafelbilder. Mit der Zeit bessern sich aber die technischen Umstände, und alle Universitätsangehörigen finden sich mit den neuen Gegebenheiten der Lehre zurecht. Inhalte werden für die digitale Lehre optimiert, Professoren sowie Studierende werden zu Zoom-Profis und die Universität investiert zunehmend in geeignetes Equipment. Klausuren aus dem vergangenen Semester dürfen in Präsenz nachgeholt werden, auch in der Prüfungsphase des Sommersemesters können sich Professoren zwischen Online- und Präsenzprüfungen entscheiden.

Abseits der Lehrveranstaltungen sind es vor allen Dingen die Regelungen für den Zutritt zu den Bibliotheken, die einen starken Kontrast zum vorpandemischen Studieren bilden. So wird auch die Vor- und Nachbereitung von Lehrveranstaltungen sowie die Vorbereitung auf Prüfungen und das Fertigen von Hausarbeiten zum Termingeschäft. Ohne eine mindestens vortägliche Anmeldung für sogenannte Zeit-Slots ist ein Aufenthalt in den Teilbibliotheken bis hin zur bloßen Buch-Ausleihe nicht möglich. Das Arbeiten in den Teilbibliotheken ist geprägt von pandemischen Zusatzbestimmungen. Nachdem man sich beim Zutritt zu den Räumlichkeiten oft noch zusätzlich für den jeweiligen Tag mit Uhrzeit und Unterschrift registrieren muss, wird der Lernfluss durch regelmäßiges Fenster-Lüften und die Maskenkontrolle durch extra dafür angestelltes Security-Personal gestört. Die Bibliotheksaufsichten werden zunehmend eher als Corona-Ordner wahrgenommen. Es gestaltet sich schwierig, bei der Menge der ständig wechselnden Anmeldesysteme, Zeitregelungen und weiteren Bestimmungen noch den Überblick zu behalten.

Verbindungveranstaltungen im Sparmodus

Übersichtlich hingegen ist die Menge der Veranstaltungen unserer Verbindung, die in den ersten drei Coronasemestern planmäßig durchgeführt werden können: Durch die Beschränkungen müssen zahlreiche Programmpunkte verschoben oder ganz abgesagt werden, und diejenigen , die stattfinden dürfen, sind selbst meist nur einer Handvoll Alamannen zugänglich. Große Veranstaltungen wie Stiftungsfeste, die Altherrenkneipen, Krambambuli oder das Stocherkahnrennen finden erst gar nicht statt. Andere

Altherrenkneipe online

Veranstaltungen wie Kneipen bleiben meist den Hausbewohnern vorbehalten; nach Möglichkeit wird das Teilnehmerlimit natürlich voll ausgeschöpft, aber auch dies bietet nicht jedem Bundesbruder die Gelegenheit, voll am Semesterprogramm teilzunehmen. Die Öffnung einiger Vorträge und anderer Veranstaltung durch eine hybride Durchführung schafft wenig Abhilfe. Zwar als guter Versuch gemeint, kann diese von den meisten als pro forma wahrgenommene Alternative nicht gänzlich überzeugen und das bundesbrüderliche Miteinander ersetzen. Die Maxime „Bleibt gesund!" steht über der grundsätzlich kommunizierten Aufforderung, den Veranstaltungseinladungen nachzukommen. Auch am interkorporativen Austausch gehen diese Beschränkungen nicht spurlos vorüber: Gemeinsame Veranstaltungen oder Bummelbesuche bleiben meist nur Wunschdenken. Auch innerhalb der Verbindung nimmt der Kontakt mehrheitlich ab. Einen funktionierenden, engen Kern bildet hauptsächlich die Gemeinschaft der Hausbewohner, vor Allem Inaktive Burschen sind den Füxen zu dieser Zeit eher durch Erzählungen der anderen und seltener persönlich bekannt. Aus dieser Eigenheit heraus ergeben sich interessante Situationen: Oftmals, wenn bei einem der selteneren Besuche eines älteren Bundesbruders dieser an der Bar eine Geschichten zu erzählte wussten, war Füxen diese bereits bekannt. Dadurch entsteht in dieser Zeit schon nach wenigen persönlichen Begegnungen ein natürliches Gefühl, sich schon länger zu kennen. Letzten Endes kann die Corona-Pandemie also den Verbindungsgeist unserer Alamannia doch nicht untergraben! Im Gegenteil: Regelmäßig abgehaltene Zoom-Stammtische eröffnen die Möglichkeit, auch den Kontakt zu fern wohnenden Bundesbrüdern zu suchen und zu pflegen.

Whiskytasting online

Zurück zur Normalität?

Nach drei Semestern beschwerlicher Online-Lehre kündigt die Universitätsleitung im August 2021 dann endlich an, für das kommende Wintersemester den Universitätsbetrieb schrittweise wieder auf den Campus zu verlagern. Die Verfügbarkeit einer Schutzimpfung und niedrige Infektionszahlen seit einer geraumen Zeit mit einer weiter sinkenden Tendenz versprechen zunächst die Möglichkeit, zumindest teilweise Normalität einkehren zu lassen. Da planmäßig über 50% der Lehrveranstaltungen nun in Präsenz stattfinden sollen, sehen sich viele Studierende, die ihre letzten Semester am heimatlichen Schreibtisch verbracht haben, dazu gedrängt, ihren Wohnort auch an den Standpunkt der Alma Mater zu verlagern. Eine schiere Flut an Wohnungssuchenden von nunmehr vier Semestern an Studienanfängern bricht über den Tübinger Wohnungsmarkt herein, und auch diejenigen Bundesbrüder, deren Wohnzeit auf dem Haus zu Ende geht, bekommen dies zu spüren. Aus dieser Situation folgend ist auch die Nachfrage an Zimmern auf Verbindungshäusern groß: Bünde die sonst mit akutem Mitgliedermangel zu kämpfen hatten, können sich über einen vollen Fuxenstall freuen.

Auch auf unserem Haus ist dies der Fall, und so können wir nach mehreren Hausführungen, vielen Telefonaten und noch mehr Anfragen am Anfang des Wintersemesters fünf neue Füxe begrüßen und mit vollem Haus in ein Semester starten, dessen Programm verspricht, endlich wieder das gewohnte Bundesleben wie vor der Pandemie erleben zu dürfen. Die Euphorie darüber stellt sich nicht nur bei den Neueingezogenen ein; auch alle anderen Bundesbrüder freuen sich auf große Veranstaltungen und darauf, alte Freunde und bekannte Gesichter endlich wieder regelmäßig zu sehen.

Das Semester startet mit einer großen Ringkneipe zusammen mit unseren drei aktiven Tochterverbindungen. In einem Kneipsaal, der so voll ist wie schon lange nicht mehr, wird auf die Wiederaufnahme des korporativen Lebens angestoßen. Doch die Freude ist nicht von langer Dauer: Einige Veranstaltungen können zwar noch wie geplant durchgeführt werden, doch bei rapide steigenden Inzidenzen (Omikron-Variante) wird nach der Krambambuli-Kneipe klar, dass das Bundesleben erneut Einschränkungen erfahren muss.

Auch an der Universität wird dies spürbar: Nachdem anfangs noch auf Präsenzlehre oder zumindest ein hybrides Modell gesetzt worden ist, verlagern sich nach vier Wochen die Veranstaltungen wieder zunehmend ins Internet. Bei den verbleibenden Präsenzveranstaltungen wird vor dem Betreten des Hörsaals der 2G-Nachweis überprüft; das dauerhafte Tragen einer FFP2-Maske für die Teilnahme wird obligatorisch.

Wie man sich fühlt ...

Wie sich diese Zeit für einen unserer neuen Füxe anfühlte, berichtet Fux Benedikt Heber: Der Student der Sportpublizistik startete sein Studium im Wintersemester 2021/2022 und zog dafür nach Tübingen auf die Alamannenburg. Schon vor Antritt seines Studiums hatte er sich darauf eingestellt, dass nicht alle Kurse in Präsenz stattfinden würden, und gerade der theoretische Teil wie schon in seiner Schulzeit online vermittelt werden würde. Trotzdem erhoffte er sich Präsenzveranstaltungen für seine praktischen Sportkurse und die Einführungswoche am Anfang des Semesters, da man durch diese in Kontakt mit Kommilitonen kommen kann. Diese Hoffnungen wurden erfüllt, gerade die Einführungswoche, deren Durchführung in den vergangenen Semestern nicht möglich war, überraschte ihn positiv und er konnte wie erhofft Kontakte knüpfen. Die Aufrechterhaltung des Kontakts vor allem mit Mitstudierenden in seinem Zweitfach sei im Laufe des Semesters aber durch die fehlende Präsenzlehre erschwert gewesen. Er betont außerdem, dass die Ankündigung von Präsenzveranstaltungen entscheidungsgebend für den Beginn seines Studiums war. Durch den reduzierten Austausch mit Kommilitonen fand Benedikt Heber nur zögerlich Zugang zur Maschinerie der Universitätsbürokratie. Abhilfe dabei schuf aber die Verbindung, da sich seine Confüxe mit ähnlichen Problematiken konfrontiert sahen; zusätzlich boten erfahrenere Bundesbrüder ihre Hilfe an. Die Verbindung generell diene gerade während Corona als Treffpunkt, bei dem man sich innerhalb des gesetzlichen Rahmens gemeinsam auf einen internen Hygienekonsens verständigen könne. Neben dem dahingehend selbstverständlichen Kontakt zu den auf dem Haus wohnenden Bundesbrüdern würden sich weiterhin alle externen Besucher darum bemühen, die selbstauferlegten Regeln zu befolgen und so ein weitgehend risikofreies Miteinander möglich zu machen. Durch das Vorhandensein großzügiger Räumlichkeiten und der dort wohnenden Hausgemeinschaft sei man zudem weniger auf äußere Faktoren angewiesen gewesen. Die dort bestehende Meinungspluralität und die Möglichkeit, sich auszutauschen, biete zusätzlich einen Weg, aus seiner eigenen, sich in Coronazeiten verhärtenden, Blase auszubrechen. Der junge Fux vermittelt trotz aller Widrigkeiten einen zufriedenen Eindruck von Studium und Verbindungsleben während der Pandemie.

Seit Anfang April diesen Jahres entfällt ein Großteil der Corona-Auflagen bundesweit; auch die Universität Tübingen schließt sich dieser Öffnung an. Die Notwendigkeit einer zum aktuellen Zeitpunkt noch vorhandene Maskenpflicht wird wöchentlich überprüft, um der Studentenschaft so früh wie möglich ein restriktionsfreies Studium zu bieten, ohne dabei unnötige Risiken einzugehen. Die Rückkehr zur Präsenzlehre für das kommende Sommersemester ist zwar geplant, jedoch behält sich die Universität vor, je nach Pandemielage zu reagieren. Allgemein besteht jedoch die Hoffnung, das kommende Semester wie gehabt durchführen und erleben zu können.

Dieses Gefühl besteht auch in unserer Alamannia: Um das Bundesleben wieder aufblühen zu lassen, sind vielversprechende Veranstaltungen aller Art geplant. Den Höhepunkt bildet das 150. Stiftungsfest, mit dem wir nun endlich an die Zeit vor der Pandemie anknüpfen wollen!

Wo zur frohen Feierstunde
Die Stiftungsfestreden bei Alamannia seit 1949

Jost Reischmann[1]

Stolz sind wir Alamannen auf die vielen Jahre unseres Bundes, auf unsere Bundesbrüder und auf unsere gemeinsamen Grundeinstellungen, immer wieder beschworen bei den Festreden unserer Stiftungsfeste. Deshalb mag es interessant sein, einmal auf die Redner und ihre Festreden zurückzublicken. Im folgenden sollen alle Stiftungsfestredner seit Wiederbegründung der Alamannia 1948 zusammengestellt werden.

Als Quelle dienen unsere Alamannenblätter. Weitgehend im Wortlaut abgedruckt werden die Reden etwa ab 1957; vorher hatte unser Schriftleiter Forderer, Journalist und Redakteur reinsten Blutes, die Reden und das Fest insgesamt zusammenfassend dargestellt. Deshalb finden sich in der folgenden Liste in diesen ersten Jahren keine Titel der Festreden. Und auch danach fehlen gelegentlich Überschriften, wenn der jeweilige Schriftleiter nur angab: „Festrede zum Stiftungsfest“. Auch die Berufsbezeichnungen fehlten gelegentlich. Offenbar ging man davon aus, dass der Redner jedem bekannt war. Man kann auch feststellen, dass der eine oder andere Redner mehrfach an unterschiedlichen Stiftungsfesten reden durfte. Natürlich sind alle Redner Männer, oder? Immerhin eine einzige Frau versteckt sich in der Liste – in über 70 Jahren.

Ein Kuriosum: Das 99. Stiftungsfest 1970 findet sich in keinem der einschlägigen Alamannenblätter erwähnt. Weder als Vorankündigung in Heft 41 (Dez. 69), oder in 42 oder 43 (April 71). Glücklicherweise hat Alamannia ein - wenn auch chaotisches - Archiv: Im Semesterprogramm von damals fand sich der Name des Redners, wenn auch nicht das Thema. Und auch etwas, was es noch nie in der Geschichte Alamannias gab: Das 149. und das 150. Stiftungsfest fanden nicht statt; sie mussten wegen der Corona-Pandemie ausfallen

Bei jedem Jahr wird in Klammern die Nummer des Alamannenblattes angegeben, in der der Abdruck zu finden ist, danach die Seitenzahl(en). Wer also will, kann tatsächlich noch nachlesen, was jeweils gesagt wurde. Wir verdanken es Bb Axel Gschwind, dass auf der Homepage der Alamannia im Mitgliederbereich (https://alamannia.de/) die alten Alamannenblätter nachgelesen werden können - zumindest ein Anfang ist bisher gemacht.

1949 Hermann Bendel, Landgerichtspräsident: *Blick nach oben, Blick nach vorn* (3/25)

1950 Dr. Kurt Georg Kiesinger, Bundestagsabgeordneter. (5/64)

---

[1] Bio siehe Seite 13

1951 Dr. Alois Rummel: *Der katholische Student als Staatsbürger* (7/94)
1952 Dr. Josef Beyerle, Justizminister (9/130-132)
1953 Hugo Rauchhaupt, Studienrat (10/150-151)
1954 Dr. Walter Münch, Landrat (11/170-171)
1955 Dr. Walter Hailer, Senatspräsident (13/200-201)
1956 Dr. Eugen Rainer, Oberregierungsrat: *Der Tag der deutschen Freiheit* (15/245-247)
1957 Dr. Theo Maier, Oberfinanzpräsident: *Unser Persönlichkeitsideal in der Gegenwart* (17/286,289-291)
1958 Dr. Wilhelm, Prof.: *Die Substanz unserer Prinzipien* (19/333-335)
1959 Dr. Günther Dürig, Professor: *Die Forderungen der Zeit vom Standpunkt des Staatsrechtlers* (21/360-364)
1960 P. Lukas Menz OSB: *Der Heilige Geist im Leben des modernen Akademikers* (23/382-382)
1961 Dr. Benedikt Reetz, Erzabt Beuron: *Der Mensch – groß oder klein geschrieben* (25/409-411
1962 Kurt Georg Kiesinger, Ministerpräsident: *Ihr tragt die Verantwortung für die ganze Welt* (27/449-451)
1963 Georg Schmid: *Massengesellschaft und Elite* (29/473-476)
1964 (93. Stif.) Walter Hailer, Präsident des Verwaltungsgerichtshofes B.-W.: *Der Student und seine Verantwortung heute* (31/509-510)
1965 Dr. Alfred Pfitzer, Direktor des Bundesrates: (33/533-534)
1966 Dr. Hans-Jörg Häfele MdB: *Gefahren für unsere Demokratie* (35/564-567)
1967 Dr. Heiner Geissler, Sozialminister Rheinland-Pfalz: *Zeit- und Streitfragen an der Universität* (37/5-7)
1968 Dr. Josef Engelfried, Oberregierungsrat (38/6-8)
1969 Dr. Max Gögler, Landrat: *Neuorientierung tut not* (41/1-3)
1970 Dr. Klaus Jäger, Oberregierungsrat
1971 (100. Stif.) Dr. Gebhard Müller, Präsident des Bundesverwaltungsgerichtes: *Die Aufgabe des katholischen Korporationsstudenten in unserer Zeit* (45/5-11)
1972 Norbert Schneider: *Kampf gegen die Not* (47/1-3)
1973 Dr. Klaus Jäger, MdB: *Zukunft in Freiheit?* (49/1-3)
1974 – Dr. Gebhard Ziller: *Verantwortung für sozialen Fortschritt* (51/2-4)
1975 Dieter Stolte, Fernsehdirektor: *Gesellschaft, Kommunikation, Öffentlichkeit* (53/2-4)
1976 Dr. Franz Späth, Professor: *Zum Selbstverständnis des KV* (55/1-3)
1977 Dr. Max Gögler, Regierungspräsident: *Unsere Alamannia im Jubiläumsjahr 1977* (57/2-4)

1978 Siegfried Schiele, Vorsitzender der Landeszentrale für politische Bildung: *Terrorismus und junge Generation* (59/1-4)
1979 Dr. Albert Pfitzer, Dir. des Bundesrates a.D.: *Die Herausforderungen unserer Gegenwart* (61/13)
1980 Dr. Bernhard Wütz, Landrat: *Vom Wert unserer Grundordnung überzeugen!* (63/1-3)
1981 (110. Stife.) Dr. Hansjörg Häfele, MdB: *Freiheit heißt Selbstverantwortung* (65/1-3)
1982 In Verbindung mit VV des KV. Dr. Heiner Geissler MdB: *Im Widerstreit: Politik aus christlicher Verantwortung* (67/264)
1983 Dr. Rupert Schick, Ministerialdirigent: *Die Zukunft und wir* (69/1-5)
1984 Dr. Josef Engelfried: *Bemerkungen zum Namen „Alamannia"* (71/3-7)
1985 Dr. Max Gögler, Regierungspräsident: *Das war Alfreds Fest! Zum 75. Geburtstag von AH-Senior Alfred Haile* (73/1-5)
1986 Dr. Gebhard Ziller, Direktor des Bundesrates : *Zwischen Vergangenheit und Zukunft* (75/1-4)
1987 Dr. Josef Nolte, Professor: *Goethe und Europa* (77/1-5)
1988 Dr. Karl-Arthur Kovar, Professor: *Sucht und Gesellschaft* (79/1-4)
1989 Dr. Paul Selbherr: *Freiheit als Herausforderung und Aufgabe des Alltags* (81/1-6)
1990 Dr. Eugen Huber-Stentrup, Generalstaatsanwalt: *Unterwegs nach Deutschland* (83/7-11)
1991 (120. Stife.) Dr. habil. Jost Reischmann, PD Uni Tübingen: *Vale Universitas. Vom Niedergang der deutschen Universität* (85/1-7)
1992 Dr. Andreas Schockenhoff, MdB: *Wo steht unsere Gesellschaft heute, und wo stehen wir in dieser Gesellschaft?* (87/1-5)
1993 Prof. Dr. Rolf Keller, Ministerialdirigent: *Radikalismus heute – eine neue Herausforderung der Strafjustiz* (89/8-13)
1994 Dr. Georg Wieland, Professor: *Zu welchen Zeiten leben wir?* (91/1-3)
1995 Rupert Felder: *Visionen und Ziele können Menschen motivieren* (93/1f
1996 (125. Stife.) Dr. Heiner Geissler, MdB: *Zeit der Herausforderung, Zeit der Wende* (95/1-4)
1997- Dr. Friedo Ricken, SJ, Professor: *Vom Wert der Gemeinschaft. Solidarität auf dem Prüfstand* (97/1-3)
1998 Dr. Eugen Reiner, Leiter der Abt. f. Gymnasien Oberschulamt Tübingen i. R.: *50 Jahre Alamannia seit der Neugründung 1948* (98/1-5)
1999 Dr. Rudolf Böhmler, Ministerialdirigent: *Abschied von Humboldt* (101/1-7)
2000 Dr. Dieter Stolte, Professor, Intendant des ZdF: *Was uns in Deutschland zusammenhält* (103/1-5)

2001 (130. Stife.) Dr. Lorenz Menz, Staatssekretär i.R.: *Alamannia in Zeiten des Umbruchs* (105/1-5)
2002 Dr. Eberhard Schockenhoff, Professor: *Das Bild des Menschen und die Wissenschaft* (107/1-5)
2003 Dr. Josef Nolte, Professor: *Europa – wohin?* (109/1-6)
2004 Dr. Alois Rummel: *Ein großer Staatsmann. Würdigung von Kurt Georg Kiesinger zu seinem 100. Geburtstag* (111/3-8)
2005 Dr h.c. Siegfried Schiele, Direktor der Landeszentrale für politische Bildung i. R.: *Wertevermittlung in einer säkularen Gesellschaft* (113/3-7)
2006 Dr. Hansjörg Häfele, MdB i.R.: *Orientierungspunkte* (115/3-5)
2007 Dr. Winfried Löffler, Altbürgermeister Rottenburg: *Bekennerbischof Dr. Joannes Baptista Sproll* (117/ 3-7)
2008 Dr. Rudolf Böhmler, Mitglied des Vorstands der Deutschen Bundesbank: *Aktuelle Finanzmarktfragen* (119/3-8)
2009 Dr. Friedo Ricken, SJ, Professor: *Braucht Markt Moral?* (121/1-5)
2010 Tanja Gönner, Ministerin für Umwelt, Naturschutz und Verkehr B.-W.: *Umweltpolitik mit Verantwortung: Chancen und Aufgaben für Gesellschaft und Wirtschaft von morgen* (123/1-7)
2011 (140. Stife.) Dr. Heiner Geißler, Bundesminister a.D.: *Neue Intelligenz in Wirtschaft und Politik* (125/7-12)
2012 Hermann Strampfer, Regierungspräsident: *60 Jahre Baden-Württemberg* (127/1-6)
2013 Dr. Eberhard Amon, Leiter des deutschen liturgischen Instituts in Trier: *Gipfel und Quelle. 50 Jahre Liturgiekonstitution* (129/1-5)
2014 Dr. Daniel Rapp, Oberbürgermeister Ravensburg: *Oberbürgermeister heute – Stadtvater oder Manager?* (131/1-3)
2015 Dr. Christoph Gögler, Vorstandsvorsitzender der KSK Tübingen: *Die Euro-Falle – die Entwicklung der Weltwirtschaft und die Situation in Deutschland und Europa* (133/1-7)
2016 Dr. Hans Michelberger, Syndicusanwalt: *Der gläserne Bürger – Chance oder Risiko?* (135/1-4)
2017 Dr. Siegfried Schiele, Direktor der Landeszentrale für politische Bildung i. R.: *Globale Risiken – Wir sind gefordert* (137/1-6)
2018 H. H. Dr.-Ing. Peter Häring: *Ende der Volkskirche – und was kommt danach?* (140/28-35)
2019 Dr. Gregor Schmid: *Psychiatrie, Spiegel der Gesellschaft* (141/25-28)
2020 wegen Corona-Pandemie ausgefallen
2021 wegen Corona-Pandemie ausgefallen

Hier sind wir versammelt zu löblichem Tun ...
Die Chargen 1948 bis 2022

Konstantin Kiesel Al![1], Tim Rauland Al![2], Jost Reischmann Al![3]

Verantwortung übernehmen, gestalten, kooperieren, Einsatz für Andere - und auch so manches auszuhalten - wie lernt man solche für viele Bereiche des Lebens wichtige Schlüsselqualifikationen? Liest man die vielen Erfahrungsberichte von Aktivensenioren in den Alamannenblättern, dann beantwortet sich diese Frage: „Ich konnte dank Alamannia vieles lernen, was über die an der Universität gelehrten Weisheiten hinausging" - so wertet Michael Kleinmann seine Erfahrungen als Senior des SS 2010 (Ala.bl. 123, S. 22). Und Julian Regner beschreibt sein Seniorenamt im SS 2011 als „eine Erfahrung, die mir für meinen weiteren Werdegang sehr nützlich sein wird." (Ala.bl. 125, S. 21). Ähnliches berichtet unser AHx Kuno Walter: „Ich konnte beobachten, dass die Bundesbrüder, die in der Aktivitas Verantwortung durch Übernahme von Chargen übernommen haben, durch die Wahrnehmung dieser Aufgaben als Persönlichkeit in besonderem Maße gereift sind. Die Tätigkeit im Vorstand ist also keine ‚vergeudete Zeit', sondern sie stärkt die Persönlichkeit eines Bundesbruders." (Ala.bl. 96, S. 6). Solches trifft sicherlich auch auf die vielen anderen Chargen zu, die in den vielen Jahrzehnten Verantwortung und Mühe für Alamannia übernommen haben. Man kann die folgende Auflistung aller Chargen seit 1948 also auch lesen einerseits als individuelle Qualifizierung, andererseits als Beitrag Alamannias zu vielen Bereichen unserer Gesellschaft.

Und natürlich auch: Ehre, wem Ehre gebührt (und Dank)! In diesem Sinne erfolgt hier eine Auflistung (soweit rekonstruierbar) der Vorstände der Aktivitas seit 1948/49.

Sem.	Senior	Consenior	Fuxmajor	Scriptor	Quaestor
1948/49	Alfred Kaumanns	Otto Skoropea	-	Wolfgang Heenen	Erich Dreher
1949	Alfred Kaumanns	Peter Hagenmeyer	Alfred Schanz	Wolfgang Jung	Erich Dreher
1949/50	Alois Rummel	Kuno Walter	Peter Hagemeier	Alfred Roth	Franz Münch
1950	Alois Rummel	Roland Schlichte	Wolfram Brechtold	Eberhard Bundschu	Wolfram Koch
1950/51	Peter Hagenmeyer	Franz Schlichte	Werner Joel	Norbert Futscher	Karl Jerg

[1] Konstantin Kiesel, Dr., geb. 1986 in Künzelsau, Studienfach Economics. Eintritt in Alamannia WS 2007/2008. Referent am Bildungszentrum der Bundeswehr.

[2] Tim Rauland, Bio siehe Seite 63.

[3] Jost Reischmann, Bio siehe Seite 13.

1951	Alexander Rensing	Viktor Brüssermann	Elmar Schäfer	Lothar Freund	Eugen Brauchle
1951/52	Franz Schlichte	Max Schneckenburger	Kurt Grabinger	Rainer Wilhelm	Wolfgang Deininger
1952	Gerhard Tiefenbacher	Lothar Freund	Walter Wochner	Jörg Schneckenburger	Manfred Bichler
1952/53	Kuno Bux	Hubert Groß	Eugen Huber	Hans Pfeifer	Manfred Wahl
1953	Max Gögler	Hubert Jungblut	Helmut Kulle	Werner Renz	Anton Schlosser
1953/54	Hans-Jörg Häfele	Norbert Schoch	Max Gögler	Heinrich Rieth	Gerd Kolb
1954	Hans-Jörg Häfele	Gebhard Ziller	Josef Heine	Albert Braig	Karl Feßler
1954/55	Gebhard Ziller	Hans Johner	Hermann Grupp	Ansgar Siessegger	Hans Grolig
1955	Josef Engelfried	Gert van Gelder	Hermann Grupp	Klaus Engelhardt	Rudolf Hohl
1955/56	Manfred Wendler	Albert Müller	Richard Krombholz	Hubert Heinrich	Klaus Mauser
1956	Joachim Spors	Manfred Neidlinger	Franz Merk	Christan Bechler	Walter Haas
1956/57	Norbert Schneider	Herbert Wahl	Willibald Pilz	Berthold Bayer	Winfried Grupp
1957	Walter Herdeg	Heiner Wallenfang	Dieter Stolte	Peter Völker	Hans Eger
1957/58	August Kaspar	Horst Uhl	Hermann Buck	Fritz Ramjoué	Manfred Kaspar
1958	Peter Völker	Hans-Peter Hirner	Otto Schmieg	Gerhard Baum	Gert Dortenmann
1958/59	Franz Josef Gerster	Peter Köster	Franz Josef Götz	Notker Glocker	Hans Hummler
1959	Notger Gloker	Erwin Bumiller	Heinz-Peter Neher	Ekkehard Friedrich	Manfred Stütz
1959/60	Paul Peters	Albrecht Engel	Walter Rieken	Günther Schick	Heinz-Peter Neher
1960	Paul Erwig	Hans-Jürgen Pfaff	Georg Cohnen	Adolf Rubitscheck	Josef Stöhr
1960/61	Gernot Lukas	Rainer Schüle	Alex Völker	Helmut Zeittrager	Helmo Hesslinger
1961	Hans-Peter Neher	Gerhard Hufnagel	Heinrich Wessling	Edgar Thorwart	Klaus Goedel
1961/1962	Klaus Goedel	Eugen Zeller	Odilo Hengstler	Wolfgang Fridrich	Edgar Thorwart
1962	Peter Cromme	Peter Johannes Schuler	Reiner Köchling	Gerd Mittenzwei	Ralf-Leo Hüsen
1962/63	Elmar Kowalski	Walafrihd Gloker	Notker Gloker	Josef Kppers	Kurt Sitterberg
1963	Heribert Warnking	Elmar Vorbach	Joachim Triebsch	Norbert Rosenwick	Rudolf Reitz
1963/64	Wolfgang Ostberg	Manfred Engst	Jörn Schwall	Herbert Schaefer	Manfred Neher
1964	Heiner Völker	Dieter Geisinger	Wolfram Staiger	Wolfgang Weickhard	Eckart Schmid
1964/65	Gerhard Mittenzwei	Hansfried Heier	Helmut Reich	Otto Rainer	Rudolf Schneider
1965	Gerhard Mittenzwei	Manfred Gratzl	Günter Mahr	Norbert Rauch	Hans Muth
1965/66	Herman Winkels	Erwin Gärtner	Manfred Neher	Günter Neher	Friedemann Spaeth
1966	Alfred Grupp	Hans-Josef Terhardt	Josef Burann	Georg Elles	Michael Alexander
1966/67	Jost Reischmann	Josef Bornhorst	Alfred Nathrath	Klaus Röscheisen	Anton Hald
1967	Günther Wahl	Alois Schweizer	Peter Scharpf	Erwin Angele	Gerhard Glaser
1967/68	Peter Müller	Klaus Reiner	Hans Roth	Franz Strasser	Helmut Ganzenmüler

1968	Michael Schwade	Helmut Failenschmid	Peter Becker	Wilhelm Zoll	Karl-Hermann Widmann
1968/69	Max Wiget	Günter Karle	Dietmar Benne	Wolfgang Schlichte	Hermann Liebig
1969	Artur Maccari	Horst Zimmermann	Ulrich Bitter	Peter Rörig	Max Biedermann
1969/70	Albert Reich	Bernd Spindler	Alois Uhl	Hans Matzke	Wilfried Mayr
1970	Julius Wülker	Edmund Hemmer	Otmar Elser	Werner Lang	Bernd Bongers
1970/71	Bernhard Seitz	Elmar Baumgärtner	Bernhard Dirr	Rudolf Graf	Hans Ziller
1971	Jost Reischmann	Frank Roland Kühnel	Jürgen Siegel	Heinrich Jerg	Karl Egon Schmid yx: Johannes Anders zx: Hans-Ulrich Brix
1971/72	Hansjörg Klink	Klaus Ganzenmüller	Paul Müller	Elmar Dreher	Kurt Geckeler
1972	Bernhard Kopf	Wolfgang Dangelmeier	Dietmar Botzenhardt	Rudi Schick	Rudolf Böhmler
1972/73	Georg Nakowitsch	Clemens Wastl	Alex Hafen	Waldemar Bürkle	Wolfgang Stierle
1973	Wilhelm Zoll	Hermann Liebig	Peter Lenze	Wolfram Feifel	Frank Roland Schröter
1973/74	Benedikt Haller	Matthias Forsteneichner	Karl-Egon Schmid	Peter Sprandel	Matthias Walz
1974	Bernd Hinderer	Felix-Johannes Schielein	Gerhard Kleine	Eberhardt Bayh	Wolf-Dieter Bollacher
1974/75	Heinrich Jerg	Matthias Forsteneichner	Josef Ströbele	Werner Stahl	Hans-Karl Rössler
1975	Franz Ackermann	Thomas Haager	Helmut Kiener	Heinrich Dilzer	Rudi Kopp
1975/76	Hans-Christof Schmid	Robert Walz	Rolf Merz	Paul Hauser	Klaus Aleker
1976	Gerd Ferdinand	Harald Baiker	Hubert Kotzur	Günther Schäffer	Erwin Braun
1976/77	Gerhard Kleine	Franz Ackermann	Werner Frick	Karl Lutz	Peter Manz
1977	Norbert Bröckel	Hans-Ernst Mauthe)	Hans-Gallus Kotzur	Werner Krapf	Richard Kurz
1977/78	Klaus Aleker	Hubert Kotzur	Rolf Jäger	Hans-Peter Novak	Hans-Ulrich Schäfer
1978	Detlef Horst	Reinhold Walz	Hans-Peter Broghammer	Josef Gögler)	Karl-Heinz Brücker
1978/79	Josef Gögler	Hans-Joachim Wegener	Christoph-Martin Radtke	Karlheinz Engstler	Dieter Stiebler
1979	Detlef Horst	Josef Gögler	Christoph Radtke	Roland Stiebler	Dieter Stiebler
1979/80	Thomas Klötzel	Wolfgang Bitzer	Michael Burger	Andreas Schockenhoff	Achim Ossig
1980	Sylvester Held	Hans Michelberger	Alexander Mayer	Ulrich Stegmaier	Ulrich Heckmann
1980/81	Hubertus Kless	Sylvester Held	Alexander Mayer	Peter Grupp	Matthias Schwenzer
1981	Hans Michelberger	Helmut Laaff	Christoph Jäger	Peter Grupp	Matthias Schwenzer
1981/82	Stefan Scheffold	Hubertus Kless	Marcus Dannecker	Roland Stiebler	Ulrich Stegmaier
1982	Detlef Horst	Stefan Scheffold	Klaus Wegele	Ansgar Kleiner	Günter Wilka

1982/83	Helmut Laaff	Manfred Mirling	Hans-Joachim Beigel	Joachim Renz	Thomas Fraidel
1983	Hans-Joachim Beigel	Steffen Würth	Thomas Bausch	Markus Raab	Thomas Fraidel
1983/84	Ansgar Kleiner	Rupert Felder	Richard Krombholz	Andreas Schaller	Günter Wilka
1984	Rupert Felder	Wolfgang Hönle	Stefan Müller	Paul Walter	Martin Warlies
1984/85	Wolfram Grupp	Tilman Küchler	Gebhard Mayerhofer	Ekkehard Küchler	Peter Hauck
1985	Manfred Grübel	Bernd Kraft	Christoph Gögler	Stefan Schneid	Martin Stegmaier
1985/86	Bernhard Jäger	Wilhelm Widmaier	Dietmar Hörmann	Franz Brendle	Werner Hönle
1986	Christoph Gögler	Stefan Blüm	Magnus Weiger	Klaus-Peter Dannecker	Christoph Wolfmann
1986/87	Daniel Schwenzer	Georg Kovacic	Wolfgang Nuber	Markus Schmidt	Wolf-Dietrich Tillner
1987	Markus Schmidt	Andreas Kovar	Udo Fritz	Claus-Joachim Lohmann	Georg Kovacic
1987/88	Andreas Kovar	Oliver Schurr	Heinz Rupp	Michael Felder	Werner Hönle
1988	Wolfgang Hönle	Richard Krombholz	Christoph Neise	Hans-Georg Brendle	Jürgen Ott
1988/89	Martin Warlies	Werner Hönle	Wolfgang Holzschuh	Hans-Georg Brendle	Berthold Roll
1989	Franz Brendle	Nicolas Schwarz	Bernhard Jäger	Oliver Schurr	Eckhard von Rosenberg
1989/90	Jürgen Rütsch	Burckhard Diem	Nicolas Schwarz	Oliver Schurr	Christian Ungermann
1990	Jürgen Rütsch	Burckhard Diem	Rainer Kögel	Johannes Ruf	Christoph Palme
1990/91	Eckhard von Rosenberg	Justus Loskant	Michael Maier	Hans Fröhle	Werner Hönle
1991	Daniel Schwenzer	Albrecht Schnappinger	Christoph Hermes	Hans Fröhle	Jürgen Rütsch
1991/92	Klaus-Georg Niedermaier	Christoph Stehle	Alexander Gögler	Markus Sieber	Konrad Schneider
1992	Christoph Stehle	Andreas Haussmann	Georg Truffner	Klaus-Georg Niedermaier	Georg Brüssermann
1992/93	Andreas Haussmann	Michael Birk	Fritz Springob	Oliver Schurr	Pascal Kolb
1993	Carsten Kohler	Dominik Schilling	Thomas Kienzle	Hans-Georg Brendle	Andreas Schmid
1993/94	Fritz Springob	Carlos Moyano	Jochen Dressler	Hans-Georg Brendle	Christoph Hagen
1994	Thorsten Wieland	Michael Maier	Christian Keller	Michael Hochgeschwender	Rainer Kögel
1994/95	Eric Werner	Joachim Stehle	Thilo Rebmann	Michael Kienle	Markus Heinzelmann
1995	Daniel Rapp	Markus Bühler	Frank Eberhardt	Michael Stadelmaier	Markus Heinzelmann
1995/96	Daniel Couzinet	Peter Kapphan	Hannes Hartung	Michael Stadelmaier	Ulrich Fries
1996	Dean Martinovic	Johannes Stoll	Andreas Begerow	Thomas Kapp	Christoph Lukas
1996/97	Achim Haibt	Christian Schmehl	Tobias Zink	Karsten Kensbock	Peter Kapphan
1997	Stefan Scheytt	Tobias Grösche	Markus Hanesch	Johannes Stoll	Christoph Lukas

1997/98	Christian Schmehl	Jens Schwarz	Gerald Kneissle	Bastian Zink	Tobias Grösche
1998	Stefan Rein	Volker Benzing	Gregor Schmid	Stefan Scheytt	Dean Martinovic
1998/99	Achim Haibt	Jens Schwarz	Markus Hanesch/ Daniel Rapp/ Johannes Stoll	Stefan Scheytt	Peter Kapphan
1999	Gernot Unseld	Michael Bolz	Walther Puza	Gerald Kneissle	Bernd Schetter
1999/00	Florian Rehm	Alexander Diem	Stephan Raab	Stefan Rein	Jörg Weiser
2000	Carsten Scupin	Ingo Ewald	Ralph Wurster	Stefan Scheytt	Alexander Dieringer
2000/01	Michael Schmid	Ralph Wurster	Alexander Diem/ Gernot Unseld/ Gerald Kneissle	Alexander Dieringer	Dr. Peter Häring
2001	Heiko Anders	Patrick Weber	Dominique Hopfenzitz	Walther Puza	Bernd Schetter
2001/02	Dominik Ocker	Dominik Feil	Volker Benzing	Nicolas Schwenzer	Claudius Hopfenzitz
2002	Bernhard Klumpp	Patrick Hauser	Heiko Anders/ Claudius Hopfenzitz	Dominik Feil	Bernd Schetter
2002/03	Julian Aleker	Magnus v. Hirschheydt	Thomas Rieger	Nicolas Schwenzer	Timo Krumm
2003	Magnus v. Hirschheydt	Thomas Rieger	Julian Aleker	Patrick Hauser	Michael Schmid
2003/04	Friedrich Witte	Phillip-Josef Merz	Thorsten Reutter/ Dominik Feil	Jens Schwarz	Timo Krumm
2004	Sven Warga	Tobias Beck	Bernhard Klumpp/ Nicolas Schwenzer/ Walther Puza	Thomas Rieger	Pawel Lacki
2004/05	Phillip Josef Merz	Sven Warga/ Thorsten Reutter	Tobias Beck	Friedrich Witte	Dominik Feil
2005	Michael Kleinmann	Patrick Weber	Magnus v. Hirschheydt/ Heiko Anders	Nicolas Schwenzer	Timo Krumm
2005/06	Michael Kleinmann	Philipp Gaugler	Simon Aleker	Julian Aleker	Timo Krumm
2006	Simon Aleker	Manuel Mayer	Christian Pude	Philipp Gaugler	
2006/07	Michael Kleinmann	Christian Pude	Gabriel Stengel	Walther Puza	Patrick Weber
2007	Julian Aleker	Simon Aleker/ Christian Puder	Gabriel Stengel	Manuel Mayer	Patrick Weber
2007/08	Clemens Ackermann	Manuel Mayer	Gabriel Stengel/ Christian Raiser	Simon Aleker	Johannes Kettenhofen
2008	Christoph Luckey	Tilmann Klosa/ Gabriel Stengel	Philipp Gaugler/ Christian Raiser	Clemens Ackermann	Johannes Kettenhofen
2008/09	Marco Polunic	Martin Ott	Christoph Luckey	Manuel Mayer	Simon Stenzel
2009	Manuel Erath	Christoph Luckey	Konstantin Kiesel	Martin Ott	Simon Stenzel
2009/10	Simon Aleker	Johannes Kettenhofen	Manuel Erath	Christoph Luckey	Patrick Weber
2010	Michael Kleinmann	Norman Schmid	Patrick Hauser	Gabriel Stengel	Dominik Feil
2010/11	Moritz Kreidler	Michael Bösel	Norman Schmid	Simon Püschel	Dominik Feil
2011	Julian Regner	Moritz Kreidler	Michael Bösel	Simon Püschel	Lars Strohbehn
2011/12	Philipp Bürkle	Julian Regner	Moritz Kreidler	Simon Püschel	Lars Strohbehn
2012	Jörg Scheiderer	Lukas Hermes	Philipp Bürkle	Julian Regner	Lars Strohbehn

2012/13	Max Hodina	Maximilian Moser	Laurél Müller	Kristoffer Krone	Simon Stenzel
2013	Max Hodina	Axel Gschwind	Michael Bösel/ Moritz Kreidler	Kristoffer Krone	Maximilian Moser
2013/14	Nick Niederberger	André Gatzky	David Starace	Matthias Müller	Paul Raudzus
2014	Axel Gschwind	David Starace	André Gatzky	Paul Raudzus	Manuel Mayer
2014/15	Axel Gschwind	Michael Stier	Moritz Kreidler	Laurél Müller	Simon Stefaner
2015	Moritz Kreidler	Max Hodina	Michael Bösel	Paul Raudzus	Simon Stefaner
2015/16	Johannes Grupp	Axel Gschwind	Nick Niederberger /David Starace	Manuel Mayer	Simon Stefaner
2016	Max Hodina	Axel Gschwind	Nick Niederberger	Julian Witte	Amadeus Schraag
2016/17	Christian Kurz	Benjamin Rebholz	Tim Rauland	Patrick Volpert	Janis Tortora
2017	Sebastian Mauthe	Benjamin Rebholz	Tim Rauland	Patrick Volpert	Axel Gschwind
2017/18	Moritz Kreidler	Daniel Schöffel/ Manuel Mayer	Christian Kurz	Tim Rauland	Johannes Ungermann
2018	Marco Ernst	Peter Sellnow	Manuel Mayer	Tim Rauland	Michael Stier
2018/19	Aaron Oechsle	Martin Heumesser	Daniel Schöffel	Peter Sellnow	Daniel Danders
2019	Martin Heumesser	Nils Keck	Daniel Schöffel	Lukas Kaufmann	Simon Nagel
2019/20	Nils Keck	Simon Nagel	Christian Kurz/ Tim Rauland	Michael Stier	Patrick Volpert
2020	Daniel Schöffel	Marco Ernst	Christian Kurz/ Tim Rauland	Nils Keck	Patrick Volpert
2020/21	Marco Freitag	Nils Weigt	Aaron Oechsle	André Gatzky	Tim Schaffroth
2021	Martin Batzill	Nils Weigt	Marco Freitag	Nils Keck	Tim Schaffroth
2021/22	Nils Weigt	Joshua Ruopp	Martin Batzill	Michael Stier	Tim Schaffroth
2022	Joshua Ruopp	Tim Schaffroth	Martin Batzill	Leonard Dietze	Nils Weigt

ALAMANNIA